T0089413

MEGHAN

&

HARRY

EN LIBERTAD

MEGHAN

&

HARRY

EN LIBERTAD

LA FORJA DE
UNA FAMILIA REAL MODERNA

OMID SCOBIE
y
CAROLYN DURAND

Cualquier forma de reproducción, distribución, comunicación pública o transformación de esta obra solo puede ser realizada con la autorización de sus titulares, salvo excepción prevista por la ley.
Diríjase a CEDRO si necesita reproducir algún fragmento de esta obra.
www.conlicencia.com - Tels.: 91 702 19 70 / 93 272 04 47

Editado por HarperCollins Ibérica, S.A.
Núñez de Balboa, 56
28001 Madrid

Meghan & Harry. En libertad
Título original: Finding Freedom
© 2020, Omid Scobie y Carolyn Durand
© 2020, HarperCollins Ibérica, S.A.
Publicado originalmente por HarperCollins Publishers LLC, New York, U.S.A.
© De la traducción del inglés, Victoria Horrillo Ledesma

Todos los derechos están reservados, incluidos los de reproducción total o parcial en cualquier formato o soporte.
Esta edición ha sido publicada con autorización de HarperCollins Publishers LLC, New York, U.S.A.

Diseño de cubierta: Ploy Siripant
Imagen cubierta: GettyImages
Maquetación: Fernando Contreras Chico
Imágenes de interior: GettyImages, @meghanmarkle/Instagram, @SussexRoyal/Instagram y Chris Allerton/SussexRoyal.

I.S.B.N.: 978-84-9139-560-7
Depósito legal: M-16924-2020

ÍNDICE

No vayas adonde te lleve el camino. Ve, en cambio, por donde no hay camino y deja un sendero.

RALPH WALDO EMERSON

PRÓLOGO

Fue un momento fugaz, tan fugaz que con un pestañeo podría haber pasado desapercibido. Mientras se alisaba el cinturón del elegante abrigo blanco de Line the Label y se apartaba un mechón de cabello suelto de los ojos, Meghan miró a Harry, como se conoce popularmente al príncipe Enrique. Saltaba a la vista que estaba nervioso. Meghan le puso la mano en la espalda y se la frotó varias veces. El príncipe estaba acostumbrado a comparecer ante la prensa, pero aquello era distinto. En esos momentos no estaba promocionando la labor de una organización benéfica, ni animando a los líderes mundiales a tomarse en serio el cambio climático. Estaba compartiendo algo muy personal: la noticia de su compromiso matrimonial con Meghan. Tomados de la mano, avanzaron hacia la nube de fotógrafos que esperaba allí cerca.

—Tú puedes con esto —le susurró Meghan cuando salieron por una cancela del lateral del palacio de Kensington y echaron a andar por el largo camino emparrado que conduce al Sunken Garden, «el jardín hundido» que, con su estanque repleto de lirios de agua y sus coloridos macizos de pensamientos, tulipanes y begonias, era uno de los rincones preferidos de la princesa Diana en el palacio que antaño fue su hogar.

Al decir «esto», Meghan se refería a la primera sesión oficial de fotos con motivo del anuncio de su compromiso, a la que yo había llegado con apenas unos minutos de antelación tras volver precipitadamente de un largo fin de semana en Oxfordshire. Carolyn, que había llegado antes que yo, estaba ya en su puesto, junto al grupito de periodistas especializados que cubren habitualmente los actos de la familia real. Como integrantes veteranos de este grupo, Carolyn y yo seguimos a los principales miembros de la familia real británica en sus actos oficiales tanto en territorio británico como en el extranjero y tenemos, por tanto, acceso a información de primera mano sobre la Casa Real.

Seguir desde tan cerca las andanzas de los *royals* es un privilegio porque te permite asistir en primera fila a los momentos más señalados de sus vidas. Carolyn y yo nos encontrábamos en la escalinata de la maternidad de Lindo Wing cuando nacieron los hijos del príncipe Guillermo y Kate Middleton. A veces no atribuimos la suficiente importancia a esos instantes, que alguna vez formarán parte de los libros de historia. Pero cuando Harry sonrió a Meghan, que sostenía su mano entre las suyas, y el público reunido en el jardín de Kensington estalló en un grito de «¡Hurra!», hasta los periodistas más curtidos tuvieron que sonreír. La atmósfera de magia que había en ese instante era innegable.

Carolyn y yo hemos seguido de cerca el trabajo de la familia real desde mucho antes de que Meghan se uniera a *the Firm*, «la Empresa», como se conoce a la Casa Real en los medios periodísticos británicos. Durante años, hemos acompañado a Guillermo, Kate y Harry en sus viajes por todo el mundo. De Singapur a las islas Salomón, de Lesoto a la India, de Estados Unidos a Nueva Zelanda, hemos compartido los mismos aviones y los mismos vertiginosos itinerarios que los jóvenes príncipes. Las giras reales siempre me han recordado a una excursión o a un campamento escolar, porque te apiñas con tus compañeros en grandes autobuses y tratas de conseguir las mejores habitaciones en los hoteles. Y porque reina también un ambiente de camaradería, no solo entre los periodistas, el personal de palacio y los guardias de seguridad, sino con los propios príncipes.

Pienso, por ejemplo, en la vez que perdí el pasaporte en São Paulo, Brasil. Estaba en el aeropuerto registrando mi bolsa como un loco cuando me llamó uno de los asistentes de Harry. Oí de fondo la risa del príncipe, tan característica. Habían encontrado mi pasaporte en el suelo y el príncipe, que no quería dejarme tirado en Brasil, mandó a uno de sus escoltas a mi terminal para que me llevara el pasaporte y pudiera llegar a Chile a tiempo. La siguiente vez que vi a Harry, me gastó una pequeña broma: en vez de llamarme por mi nombre, me llamó «Pasaporte».

El hecho de hallarnos lejos de la atención mediática y de las presiones siempre presentes en el Reino Unido nos brindaba, además, la oportunidad de mantener charlas de tú a tú. En ese mismo viaje, Harry me confesó en un pequeño cóctel celebrado en nuestro hotel que le encantaría ser «un tío normal»: poder hacer las maletas y pasarse un año en Brasil dedicado a las cosas que le apasionaban. Dijo que odiaba que le pusieran constantemente teléfonos delante de la cara y que el ruido de los obturadores de las cámaras al disparar a veces le ponía físicamente enfermo.

Carolyn y yo siempre hemos sabido que Harry soñaba con llevar una vida alejada de los muros de palacio, pero mientras le acompañábamos en sus viajes, especialmente al campo, notábamos que su deseo de conectar con la vida cotidiana estaba impregnado a menudo de un sentimiento de tristeza. Aunque sabía que era imposible, deseaba relacionarse con la gente de a pie sin el revuelo que siempre provocaba su aparición.

Entonces, como ahora, Harry anhelaba una normalidad como la que su madre, Diana, trató de proporcionarles a su hermano y a él cuando los llevaba a un parque de atracciones o a un McDonald's. (Es curioso que para aquel niño que había nacido rodeado de privilegios y riquezas inimaginables, lo mejor de ir a comer un Happy Meal fuera descubrir el juguetito de plástico que venía dentro de la caja de cartón).

Harry es distinto a su hermano Guillermo, que, por su carácter ordenado y pragmático, se parece más a su abuela, la reina. Es una persona emotiva que se aferra a ideales utópicos, pero siempre a su manera, lo que resulta admirable. Su deseo de vivir fuera de la burbuja del palacio —que se manifiesta en todos los aspectos, desde su costumbre de saludar con un abrazo en actos oficiales a su empeño en servir en primera línea del frente de guerra como miembro de las Fuerzas Armadas— es una cualidad muy positiva, aunque a veces cause complicaciones al resto de la familia real.

Su determinación y su energía le permitieron inaugurar un capítulo nuevo de la historia de la familia real al enamorarse de Meghan Markle.

Yo mismo, por ser británico de ascendencia interracial, me entusiasmé al descubrir que una actriz norteamericana iba a ingresar en la dinastía de los Windsor, y lo mismo le ocurrió a gran parte de esa población joven y diversa que se ha aficionado a seguir a través de los medios la vida de los duques de Sussex. Curiosamente, conocí a Meghan antes que Harry. Charlé con ella por primera vez allá por 2015, en un acto de la Semana de la Moda de Toronto, después de su aparición en la alfombra roja. A nadie le sorprendió más que a mí que justo un año después, Meg (como la llaman las personas de su círculo más íntimo y su marido) conquistara el corazón del soltero más codiciado a este lado del charco.

Desde el comienzo de su relación estuvo claro que Harry había encontrado en ella a una mujer que apoyaba su pasión por las causas humanitarias y en la que veía reflejado como un espejo su afán por mejorar las condiciones de vida de quienes ocupan los márgenes de la sociedad. El mundo entero contempló con asombro el rápido desarrollo de su relación de pareja. Carolyn y yo también lo observábamos, mientras ciertos tabloides británicos acusaban a Meghan de ser una trepa, una advenediza exigente y problemática. Algunos de ellos apenas se molestaron en disimular el racismo que impregnaba sus titulares y sus comentarios mordaces.

Ese discurso que afloró en los medios sorprendió muchísimo a Meghan, que abordó sus compromisos oficiales y su labor benéfica como nuevo miembro de la familia real con la misma franqueza y audacia con la que, a los once años, escribió cartas a los políticos de su país —incluida Hillary Clinton— para protestar por el machismo de un anuncio de lavavajillas. Sabemos, por ejemplo, que suele quedarse levantada hasta muy tarde antes de un acto oficial importante para documentarse por su cuenta y preparar sus notas, a pesar de que tiene asistentes que se ocupan de eso.

—No sé otra forma de hacerlo —me confesó una vez.

Por eso, entre otras cosas, afirmó el príncipe que en ella había encontrado a la «compañera de equipo» que siempre había estado buscando.

Fue un poco surrealista, por tanto, estar dándole a Meghan un fuerte abrazo de despedida en un salón del palacio de Buckingham en marzo de 2020 al terminar su último acto oficial en solitario como miembro de la familia real británica. Harry y ella habían tomado la difícil decisión de desvincularse de la Corona a fin de proteger su vida familiar. Solo habíamos visitado el opulento Salón 1844 con ocasión de acontecimientos felices, como recepciones para miembros de la prensa y actos oficiales con la presencia de la reina. Aquel día, hasta los candelabros de malaquita que alumbraban los retratos reales proyectaban una luz melancólica mientras la joven pareja se despedía no solo del personal de palacio, sino de toda una forma de vida.

Aunque Carolyn y yo habíamos acompañado a Meghan en sus últimos actos oficiales, nos costaba creer que aquel fuese el último. El personal que había acompañado a la pareja desde el primer día lamentaba el brusco final de lo que se suponía que iba a ser una historia feliz: dos personas que se enamoran, se casan, tienen un bebé, sirven a la reina, y fin. En cambio, iban a abandonar el país. Al darme un último abrazo de despedida, Meghan me dijo:

—No tenía que ser así.

Sí, Carolyn y yo habíamos sido testigos de las muchas dificultades tanto públicas como privadas que tuvieron que afrontar Meghan y Harry durante sus dos primeros años de matrimonio. Aun así, este no era el final del libro que ninguno de nosotros esperaba escribir, ni ellos protagonizar.

Por norma, ningún miembro de la familia real británica tiene permitido autorizar oficialmente una biografía. Pese a todo,

Carolyn y yo hemos podido tener amplio acceso al círculo más íntimo de la pareja: amigos, asistentes de confianza, funcionarios destacados y numerosas personas del entorno privado de los Sussex. Hemos acompañado a Meghan y Harry en centenares de actos oficiales, viajes de trabajo y giras, desde Irlanda a Tonga, todo ello con el afán de crear un retrato íntimo y preciso de una pareja real verdaderamente moderna que, al margen de que sus decisiones les hayan granjeado elogios o críticas, siempre se ha mantenido fiel a sus convicciones.

Omid Scobie y Carolyn Durand. Londres, 2020

INTRODUCCIÓN

Con la llegada del resto de su equipaje a Mille Fleurs, una finca de casi dos hectáreas en Victoria (Canadá), donde planeaban quedarse un mes y medio, Meghan y Harry pudieron al fin respirar tranquilos. La mayor parte de sus efectos personales ocupaba ya los espaciosos vestidores de la mansión de más de mil metros cuadrados que habían alquilado a un conocido. La pareja se hallaba muy muy lejos de Frogmore Cottage, su hogar en Windsor, pero eso no era de por sí algo malo.

A pesar de que no dejaron de sonreír en los actos públicos a los que asistieron antes de su partida, las semanas previas al despegue del avión en el que viajaron desde el aeropuerto londinense de Heathrow a mediados de noviembre no fueron precisamente alegres. Tras demandar a tres tabloides británicos por vulnerar su intimidad y pinchar sus teléfonos móviles, los duques de Sussex parecían estar más que nunca en el ojo del huracán.

Para Harry, en especial, las cosas habían llegado a un punto intolerable. *¿No se merece la reina algo mejor?*, proclamaba un titular del *Daily Mail* que el príncipe leyó en Internet. No entendía por qué los medios arremetían así contra ellos.

—Esa gente no son más que trols pagados —le comentó después a un amigo—. Nada más que trols. Y es repugnante.

A veces, cuando miraba su iPhone, no podía evitar leer los comentarios al artículo.

H y M me dan asco.
Son una vergüenza para la familia real.
El mundo estaría mejor sin Harry y Meghan.

Este último comentario tenía más de tres mil quinientos votos a favor.

Harry se arrepentía enseguida de haber abierto el enlace. Se le hacía un nudo en el estómago cada vez que veía comentarios de esa índole.

—Es una lacra de la sociedad en la que vivimos, y nadie está haciendo nada al respecto —proseguía—. ¿Qué ha sido de la positividad? ¿Por qué todo el mundo es tan infeliz y está tan enfadado?

No eran únicamente la prensa y los trols de Internet los que atacaban a Harry. También era la propia maquinaria de la institución monárquica. Casi no pasaba una semana sin que algún aspecto de su vida íntima o de sus asuntos personales se filtrara, tergiversado, a la prensa. Tenían la sensación de que había muy pocos miembros del personal de palacio en los que pudieran confiar. La relación de Harry con su hermano

Guillermo, que ya era tensa desde hacía tiempo, no dejaba de empeorar.

Si algo tenía de positivo todo aquello, era la constatación de que su decisión de alejarse un tiempo de los focos y el «ruido», como lo llamaba Meghan, era justo lo que necesitaban. Les sentaría de maravilla pasar una temporada en contacto con la naturaleza, en el relativo aislamiento de la finca situada en la zona de North Saanich, en la isla de Vancouver, sobre todo tras la vorágine de los seis meses anteriores, desde el nacimiento de su hijo en mayo. Con su paternidad recién estrenada, habían trabajado sin descanso, sometidos en todo momento al escrutinio implacable de la opinión pública, como es propio de quienes forman parte de la familia real británica.

Pero, aunque estaban rodeados de bosques vírgenes, Meghan y Harry no encontraron la paz que buscaban.

—El «descanso» no fue tal, ni mucho menos —afirma una fuente cercana a la pareja.

Lo que aparentaba ser una escapada idílica fue, de hecho, una época marcada por la zozobra. Meghan y Harry pasaban horas y horas tratando de planificar posibles escenarios para su futuro. El príncipe estaba harto de las discusiones constantes, los rumores y la exasperante tirantez de su relación con el palacio de Buckingham.

Ese año había estado marcado por algunos momentos muy especiales para la pareja, de los cuales el más significativo era el nacimiento de su hijo, Archie. El número de septiembre del *Vogue* británico, en el que Meghan ejerció como editora invitada, fue el que con mayor rapidez se agotó en la historia de la revista, y la colección de ropa que creó para recaudar dinero destinado a Smart Works, una organización de ayuda a mujeres desempleadas, obtuvo un éxito instantáneo en Marks & Spencer y otras tiendas de ropa. Harry había creado hacía poco Travalyst, una nueva iniciativa de turismo global sostenible que esperaba cambiase para siempre la industria turística.

Ambos pensaban seguir trabajando durante su estancia en Canadá. Tenían muchas cosas que hacer; entre ellas, acabar de crear una organización sin ánimo de lucro y seguir promoviendo la labor de las entidades benéficas que, como miembros de la familia real, patrocinaban en el Reino Unido. Les resultaba en cierto modo más fácil ponerse manos a la obra en el despacho de paredes de madera de la finca canadiense, con vistas al cuidado jardín poblado de abedules y píceas blancas (aunque en realidad acabaran casi siempre trabajando en la cocina, donde de vez en cuando se apartaban de sus MacBooks para preparar una taza de té o un café).

Su decisión de irse al extranjero y de pasar allí la Navidad, en lugar de volver a Sandringham, la finca de la reina en Norfolk, para pasar las fiestas con otros miembros de la familia real como mandaba la tradición, contribuyó a reforzar la opinión negativa que circulaba sobre ellos en el Reino Unido. Hubo periódicos que lo tacharon de «grave desplante» a la reina, a pesar de que Harry había consultado sus planes con su abuela —y jefa— y había obtenido su visto bueno antes de su partida. La reina, que veía con frecuencia a Meghan y Harry desde que vivían todos en Windsor, lo animó, de hecho, a hacer el viaje. A fin de cuentas, habían pasado las dos últimas Navidades en la residencia de la reina en Norfolk, y otros miembros de la familia —incluidos los duques de Cambridge— también se saltaban de vez en cuando la tradicional visita navideña a Sandringham.

Aún faltaba algún tiempo, no obstante, para empezar a colgar los adornos de Navidad. Todavía tenían que pensar en la fiesta de Acción de Gracias, y Doria, la madre de Meghan, se preparaba en ese momento para viajar desde Los Ángeles, donde residía, a Victoria. Meghan y su madre, que estaba deseando ver a Archie, habían intercambiado numerosos mensajes, emocionadas por la perspectiva de volver a verse. Archie crecía a toda prisa y estaba mucho más alto que la última vez que Doria lo había visto, en verano.

—Está en el percentil noventa de altura —presumía Meghan delante de sus amigos, y acto seguido se ofrecía a sacar el teléfono para enseñar algunas de las muchas fotos que tenía de su niño.

Aunque su estancia en Canadá era temporal, Meghan y Harry habían procurado que la casa estuviera adaptada a un bebé. Se cubrieron las esquinas con protectores de goma discretos y se retiraron ciertos muebles que podían resultar peligrosos. No querían correr ningún riesgo ahora que su bebé, que tenía seis meses, se ponía ya en pie y caminaba apoyándose en los bordes de los muebles, más que gatear. Intentaron, además, proteger la finca de los *paparazzi*. Se instaló una nueva valla alrededor del recinto para impedir que las cámaras con teleobjetivo, que sin duda aparecerían en algún momento, interrumpieran sus paseos diarios con Archie por el bosque y la playa.

Proteger a Archie y preservar su intimidad era un asunto de importancia vital para la pareja, como se puso de manifiesto cuando decidieron no darle a su hijo un título regio. Harry, que había visto cómo los *paparazzi* perseguían sin descanso a su madre y conocía desde niño los inconvenientes de crecer en la pecera de la monarquía, y Meghan, que estaba aprendiendo rápidamente esa misma lección, querían asegurarse de que su hijo eligiera su destino, en lugar de verse obligado a asumir el que le venía impuesto por su pertenencia a la dinastía real.

Aquellos primeros días en la casa junto al mar les proporcionaron la tranquilidad que tanto anhelaban. Fue la primera vez en meses que la pareja —que empezaba el día haciendo yoga y preparando juntos el desayuno— disfrutaba de cierta calma. Pero pese a la quietud que los rodeaba, Meghan y Harry estaban angustiados. Una decisión difícil los abrumaba. Tras casi tres años soportando ataques de la prensa británica sin que la familia real hiciera, a su modo de ver, lo suficiente por apoyarlos, las cosas tenían que cambiar. Aún no habían decidido cómo ni en qué sentido, pero sabían que tenían que seguir lo que les dictaba el corazón.

1

Londres

A la mañana siguiente de aterrizar en Londres en junio de 2016, Meghan se fue derecha a Selfridges. La joven actriz estadounidense tenía una misión: comprar zapatos.

En los grandes almacenes de Oxford Street, recorrió la sección de zapatería, de casi quinientos metros cuadrados —la más grande del mundo—, buscando creaciones de sus diseñadores favoritos, como Stella McCartney, Chloé y Marc Jacobs, para ver si encontraba un par de zapatos por el que valiera la pena pagar el precio desorbitado que marcaba la etiqueta. Aunque *Suits*, la serie televisiva en la que trabajaba, iba ya por su sexta temporada, Meghan seguía teniendo mucho cuidado con lo que compraba. Tras pasar su niñez en un pequeño apartamento que antes había sido un garaje, en el centro de Los Ángeles, hija única de padres divorciados con escasos recursos económicos, no le gustaba malgastar el dinero en prendas que pasaban de moda enseguida. Si iba a invertir en algo, quería que fuera algo duradero, como sus zapatos de tacón Sergio Rossi. Ella, que de niña tenía tendencia a preocuparse por todo, aún seguía sintiendo en ocasiones que las cosas buenas que se le presentaban podían desaparecer en un abrir y cerrar de ojos.

Es comprensible, sin embargo, que aquella mañana de junio se sintiera un poquitín derrochadora rodeada de carísimas sandalias y tacones de aguja. Acababa de volver de un lujoso fin de semana con sus amigas en la isla griega de Hidra que había organizado ella misma para celebrar la despedida de soltera de Lindsay Roth, una de sus mejores amigas de la universidad. Meghan se tomaba muy a pecho sus responsabilidades como dama de honor y había planeado el viaje con todo cuidado. Hicieron excursiones, se bañaron, durmieron la siesta y disfrutaron de la gastronomía local de esa pequeña isla que, situada a dos horas en barco de Atenas, solo puede recorrerse en burro o en bicicleta.

El fin de semana no fue, ni mucho menos, la típica despedida de soltera al estilo de Las Vegas en la que las invitadas suben a una limusina y van de discoteca en discoteca, emborrachándose, ataviadas con lo que Meghan llamaba «diademas del culto fálico». Su grupo de amigas buscó placeres más sofisticados en el sol y el mar mediterráneos, las ensaladas y el pescado griegos, el vino a raudales y su mutua compañía.

Fue una celebración al más puro estilo Meghan: sencilla pero no austera, divertida en un sentido relajado e íntimo, y meticulosamente planeada. Meghan siempre tenía un plan, desde sus tiempos de universitaria, cuando compaginaba los estudios con distintos trabajos, pasando por sus años de aspirante a actriz, cuando hacía una prueba tras otra en busca de un papelito, hasta convertirse en una conocida actriz de televisión que seguía ampliando sus horizontes profesionales al crear una popular página web sobre estilo de vida. Y trabajaba con denuedo no solo para idear esos planes, sino para llevarlos a cabo.

Su viaje a Londres no fue una excepción. La visita a la zapatería era solo el principio del itinerario que Meghan se había trazado antes de llegar a la capital británica. Tenía una lista de restaurantes en los que quería comer, de bares que quería visitar y de gente a la que quería conocer.

Aquel era un momento emocionante para una mujer de treinta y cuatro años como ella. Su éxito en el competitivo mundo del espectáculo, que empezaba a brindarle oportunidades de todo tipo, era fruto de la seguridad en sí misma, la perseverancia y la disposición a trabajar con más ahínco que sus iguales que había demostrado desde que era niña.

Su seguridad en sí misma se debía en parte al cariño y la entrega que le profesaban sus padres. Su madre, Doria Ragland, y su padre, Thomas, se conocieron en el plató de *Hospital General*, donde él trabajaba como director de iluminación y ella como empleada eventual en el departamento de maquillaje y se separaron tras dos años de matrimonio. Siguieron, no obstante, unidos en la crianza de su única hija, a la que educaron conjuntamente sin grandes desavenencias, compartiendo la custodia y celebrando juntos las fiestas.

Lo que mejor refleja la dedicación de Thomas y Doria a su hija es el compromiso con su educación. Ninguno de los dos pudo ir a la universidad nada más terminar la educación secundaria, a pesar de que Doria pertenecía al club de alumnos aventajados del instituto Fairfax de Los Ángeles. Al acabar la educación secundaria, trabajó en la tienda de antigüedades de la que era dueño su padre, Alvin Ragland, y en una agencia

de viajes, inaugurando así una larga serie de empleos tempo-
rales. Doria no fue a la universidad hasta mucho después porque su familia no podía permitírselo. Y teniendo en cuenta las
dificultades económicas que había sufrido debido a su falta de
formación universitaria, siempre procuró que Meghan fuera
consciente de lo importante que era tener estudios.

En materia educativa, Thomas y Doria querían lo mejor
de lo mejor para su hija. Eligieron en primer lugar la Little
Red Schoolhouse, un pequeño y prestigioso colegio privado
de educación primaria que desde la década de 1940 educaba
a la élite de Hollywood y al que asistieron, entre otros, Scar-
lett Johansson y la hija de Johnny Depp. Posteriormente, Meghan ingresó en el Inmaculate Heart, un instituto católico
femenino situado en el barrio de Los Feliz.

Consciente de cuánto se habían sacrificado sus padres
para que asistiera a esos centros educativos, Meghan sentía
que ese privilegio llevaba aparejada una responsabilidad personal.

*Mis padres tenían poco y por eso decidieron dar mu-
cho (…) haciendo pequeños gestos de solidaridad —un
abrazo, quizá, o una sonrisa o una palmada en la espalda— para demostrar a quienes más lo necesitaban que las
cosas podían mejorar,* escribió en 2016 en *The Tig,* su blog
de estilo de vida. *Es lo que vi durante mi infancia, y es lo
que aprendí a hacer.*

Meghan era una alumna aplicada. Siempre la primera en
levantar la mano cuando los profesores preguntaban en clase
o en ofrecerse a leer en voz alta, sacaba sobresalientes y nunca
faltaba a clase. Pero su sentido de la responsabilidad no se limitaba al ámbito escolar. Una vez, de niña, se encontró cara

a cara con un indigente en la calle y le preguntó a su madre si podían hacer algo por ayudarle. Es frecuente que los niños que se encuentran con personas necesitadas sientan el impulso de ayudarlas, pero lo que distingue a Meghan es que no se olvidó del asunto una vez pasaron de largo. Durante el resto del día, y mucho tiempo después, siguió formulándose la misma pregunta: «¿Qué puedo hacer?».

A los diez años visitó Jamaica con su madre. Aquel fue su primer viaje al extranjero. Pero Doria no quiso que se encerraran en un resort como hacían la mayoría de los turistas, sino que la llevó a los barrios pobres para que viera cómo vivían los menos afortunados. A los trece años, Meghan trabajó como voluntaria en un comedor social del barrio angelino de Skid Row, conocido por el gran número de indigentes que hay en sus calles.

—El primer día pasé mucho miedo —comentaría después—. Era muy jovencita y allí el ambiente era muy duro y, aunque estaba con un grupo estupendo de voluntarios, me sentí sobrepasada.

Tratando de resolver sus dudas sobre si debía volver o no al comedor social, Meghan recurrió a Maria Pollia, su profesora de teología en el instituto. Maria, que era voluntaria de la ONG Catholic Worker y tenía mucha experiencia trabajando con personas que vivían en los márgenes de la sociedad, animó a aquella alumna tan joven y responsable a hacer lo mismo.

—La vida consiste en anteponer las necesidades de los demás a nuestros propios miedos —le dijo.

La joven estudiante regresó al comedor social.

—Esa idea me ha acompañado desde entonces —afirmaría Meghan posteriormente.

Su disposición a ayudar a los demás y su afán de sobresalir en los estudios hacían que a menudo sus compañeras de clase la tacharan de falsa porque, decían, era imposible que fuera tan «perfecta». Ella, sin embargo, nunca se consideró perfecta. De hecho, sentía con frecuencia que tenía más que demostrar que el resto de sus compañeras. Por el hecho de ser de origen interracial y de no saber siempre dónde encajaba, sentía en parte la necesidad de hacer ver a los demás que era excelente en todo lo que hacía. No le gustaba que la consideraran digna de lástima.

En el instituto siguió dando muestras de su ímpetu y su energía. Participó en todos los clubes del centro, desde el comité del anuario hasta el grupo de teatro escolar —las Genesian Players—, y fue elegida reina del baile de inauguración del curso lectivo. Meghan, que tenía madera de actriz y se esforzaba siempre por ser digna de alabanza, empezaba a mostrar una personalidad muy marcada.

Gigi Perreau, que fue su profesora de teatro varios años, afirma:

—Era increíblemente trabajadora. Me impresionaban la responsabilidad y el esfuerzo que demostraba para ser tan joven.

Meghan se dejaba la piel hasta en los papeles más pequeños, como cuando hizo de secretaria en un montaje de *Annie*.

Su padre, Thomas, solía echar una mano en el diseño de los decorados de las funciones escolares de Meghan y «venía a todas las representaciones a las que podía», recuerda Perreau.

—Siempre veíamos su cara entre el público, sonriendo de orgullo por su niña.

Thomas desempeñó, además, un papel decisivo en el desarrollo de la conciencia feminista de Meghan, que la convirtió, como ella misma dice, en una «defensora de las mujeres».

A los once años, mientras sus compañeros y ella veían un programa de televisión en clase, se emitió un anuncio de lavavajillas que tenía por lema «Mujeres de todo Estados Unidos luchan contra cazuelas y sartenes grasientas». Un niño que estaba sentado a su lado gritó:

—¡Sí, ahí es donde tienen que estar las mujeres, en la cocina!

Thomas animó a su hija, que estaba disgustada por lo ocurrido, a escribir cartas de protesta contra el anuncio.

—Escribí a las personas más poderosas que se me ocurrieron —contaría después Meghan.

Entre ellas, la entonces primera dama, Hillary Clinton, la presentadora de Nickelodeon Linda Ellerbee y los fabricantes del lavavajillas, y todos ellos respondieron. La Casa Blanca le envió una carta; Nickleodeon emitió una entrevista con Meghan; y la marca de detergente cambió el texto del anuncio, que pasó a decir «*Personas* de todo Estados Unidos luchan contra cazuelas y sartenes grasientas».

Durante sus años de instituto, Meghan, a la que siempre le había interesado la interpretación, empezó a plantearse seriamente la posibilidad de ser actriz, pero su madre, convencida de la importancia de la educación superior, le aconsejó que obtuviera un título universitario. Quería que su hija tuviera una alternativa, en caso de que no consiguiera dedicarse profesionalmente a la actuación. Esto no supuso ningún problema para Meghan, que decidió no presentarse a ningún *casting* hasta que acabara el bachillerato, y ya tenía asegurada una plaza en la Northwestern University.

Se había preinscrito en esa universidad privada, situada a las afueras de Chicago y considerada una de las mejores del país, cuando consiguió su primer papelito como figurante, en un vídeo musical de Tori Amos; en concreto, de su tema

1000 Oceans. Interpretaba a una de las transeúntes que observan a la cantante encerrada en una caja de cristal y, aunque es fácil perderse su aparición con un solo pestañeo, ganó seiscientos dólares y a las pocas semanas hizo otra prueba para un vídeo de Shakira. (No le dieron el papel, y de hecho no volvió a trabajar como actriz hasta que apareció en *Hospital General* durante su último curso en la universidad).

En la facultad, Meghan volvió a encontrarse rodeada de estudiantes procedentes de familias acaudaladas. Ella, en cambio, se acogió al programa de trabajo y estudio que ofrecía la universidad para costear el precio de la matrícula y la residencia universitaria, y compaginó las asignaturas del curso completo con diversos empleos de media jornada, además de trabajar como canguro para pagar gastos extra, actuar en los montajes teatrales de la carrera de Arte Dramático y seguir haciendo labores de voluntariado.

—No sé cómo te cunde tanto el día —le dijo un día una buena amiga que la acompañó a la oficina de administración de la universidad a recoger los papeles de un nuevo empleo temporal.

Le maravillaba la capacidad de Meghan para soportar la presión y el esfuerzo que requerían sus estudios y compaginarlos con todo lo demás.

—¿Cómo es que tienes tiempo para hacer tantas cosas? —le preguntó.

Lo tenía porque no salía de fiesta, como la mayoría de los estudiantes de su edad. Sus amigos nunca se encontraban a Meg, como la llamaban, en un bar entre semana. Los viernes por la noche, cuando sus compañeras de sororidad salían de fiesta, ella solía irse a casa de algún profesor o profesora a trabajar de niñera. Ingresó en la sororidad Kappa Kappa Gamma y, pasado un tiempo, acabó viviendo en la residencia de esa hermandad estudiantil y haciendo allí algunas de sus mejores amigas, como Genevieve Hillis y Lindsay Roth. Pero hasta ese aspecto de la vida universitaria de Meghan se pareció más a la película *Una rubia muy legal* y a su protagonista, Elle Woods, que a *Desmadre a la americana*. Como jefa de reclutamiento de su sororidad, se encargaba de atraer a nuevas socias y de que las recién llegadas se sintieran como en casa, además de recaudar dinero para obras benéficas mediante diversas iniciativas, como un maratón de baile en el que participó junto con sus compañeras de sororidad. Bailaron durante treinta horas a beneficio de Team Joseph, una ONG centrada en el desarrollo de una cura para la distrofia muscular de Duchenne.

—Fue agotador —reconoce Meghan.

En el penúltimo curso de carrera había completado ya casi todos sus créditos y, gracias al hermano mayor de su padre, Mick, consiguió unas prácticas en la embajada estadounidense en Buenos Aires. En la familia nadie sabía a qué se dedicaba exactamente el tío Mick; cabía la posibilidad de que trabajara para la CIA y de que su puesto de técnico de comunicaciones en Buenos Aires fuera solo una tapadera. Fuera como fuese, el caso es que los contactos de Mick hicieron posible que, a sus veintiún años, Meghan ampliase sus horizontes más allá del escenario.

—En la universidad siempre había sido una obsesa del teatro. Sabía que quería dedicarme a la interpretación, pero odiaba la idea de convertirme en un tópico: la chica de Los Ángeles que quiere ser actriz —contó Meghan en una entrevista para *Marie Claire*—. Quería hacer más cosas y, como siempre me había apasionado la política, acabé cambiando mi plan de estudios por completo y haciendo un doble grado en Arte Dramático y Relaciones Internacionales.

Posteriormente se presentó a la oposición del Servicio Diplomático para entrar a trabajar en el Departamento de Estado norteamericano, pero el examen era extremadamente difícil y Meghan se llevó un disgusto al no aprobarlo. No estaba acostumbrada a suspender. Fue un duro revés que minó la seguridad en sí misma que siempre había procurado cultivar.

Así pues, en 2003, tras graduarse en la Northwestern University, Meghan se encontró de vuelta en Los Ángeles. Era una aspirante a actriz que, entre *casting* y *casting*, se ganaba la vida con trabajos esporádicos. Entre ellos, por ejemplo, el de calígrafa. En 2004, la contrató Paper Source, una lujosa papelería de Beverly Hills, donde hizo un taller de dos horas de caligrafía y aprendió a envolver regalos y encuadernar libros. Mientras trabajaba allí, se encargó de hacer las invitaciones de la boda de la actriz Paula Patton, en 2005, y del cantautor Robin Thicke.

Los primeros años que pasó «a la busca de un papel», en sus propias palabras, estuvieron marcados por largos periodos de sequía profesional. Y cuando conseguía alguno —como cuando hizo de «chica guapa» en la comedia romántica *Muy parecido al amor*, de 2005, con Ashton Kutcher como protagonista—, no era precisamente digno de un Óscar.

En 2006 empezó a trabajar en el concurso televisivo *Deal or No Deal* como «azafata del maletín», una de las veintiséis jóvenes vestidas a juego que sostenían maletines con sumas de dinero que iban entre un céntimo y un millón de dólares. El programa de la NBC no solo le proporcionaba un sueldo fijo, sino que se convirtió en un trampolín hacia la fama. Tras su estreno en diciembre de 2005, la primera temporada tuvo una media de entre diez y dieciséis millones de espectadores por emisión. Y aunque la audiencia bajó considerablemente durante las temporadas siguientes, el concurso siguió teniendo mucha aceptación entre el público, se emitió en diversas cadenas y generó toda una serie de productos asociados, como videojuegos y juegos de mesa.

—¡Hola, chicas! —les decía el presentador, Howie Mandel, a las azafatas dispuestas en filas en el plató.

—¡Hola, Howie! —respondían ellas al unísono.

Esa fue la rutina de inicio del programa durante las treinta y cuatro entregas en las que intervino Meghan, en 2006 y 2007. Como azafata número veinticuatro, tenía que abrir su maletín, al igual que el resto de sus compañeras, cada vez que uno de los concursantes que trataban de ganar un millón de dólares decía su número.

Meghan y las demás azafatas grababan hasta siete programas en un día. Grabar a ese ritmo exigía largas jornadas de trabajo. Después, a la mayoría de las azafatas les gustaba salir a pasar un rato de asueto juntas. A veces, ni siquiera esperaban a quitarse el maquillaje del plató antes de irse a tomar algo. Meghan, no. Aunque era amable con todas, no salía con ellas.

—A las otras chicas les caía muy bien —comenta Leyla Milani, una de sus compañeras en el concurso—, pero en cuanto acabábamos se marchaba a hacer otra cosa.

Como había hecho en la universidad, Meghan trabajaba mientras sus compañeras se relajaban. Incluso se mantenía ocupada durante los descansos en la grabación de *Deal or No Deal*.

—Cuando otras chicas se ponían a charlar o a cotillear —cuenta Leyla—, ella se quedaba a un lado leyendo guiones o preparando una prueba.

Tras dos temporadas trabajando en el concurso, Meghan dejó el maletín plateado. Durante los tres años siguientes, continuó presentándose a *castings*. Protagonizó un anuncio de Tostitos y consiguió pequeños papeles en varias películas y series de televisión, entre ellas *Cómo acabar con tu jefe*, *CSI: Nueva York*, *El coche fantástico*, *Sin rastro* y *Hasta que la muerte nos separe*. En 2008 apareció en dos episodios de *Sensación de vivir: la nueva generación* interpretando a Wendy, una chica que provocaba un conflicto al ser sorprendida haciéndole una felación al rompecorazones del instituto, Ethan Ward, en un aparcamiento. Le costó decidirse a rodar la escena, pero una aspirante a actriz no puede permitirse poner muchos reparos a un papel.

Meghan no se dio nunca por vencida, ni siquiera cuando creyó que había hecho mal la prueba para el papel fijo de Rachel Zane, la bella y desenvuelta pasante de *Suits*, una serie de nueva producción que iba a emitir la cadena USA Network. No se echó a llorar ni se fue a casa a atiborrarse de helado, sino que llamó a su agente.

—Creo que lo he hecho fatal —le dijo—. Tengo que repetir la prueba.

—Ya no se puede hacer nada —contestó su agente—. Tú céntrate en tu próximo *casting*.

2

Cuando Harry encontró a Meghan

Al llegar a Londres en junio de 2016, hacía ya cinco años que Meghan se había trasladado a Toronto para protagonizar *Suits*. Su vida se hallaba a años luz de la de aquella aspirante a actriz de Los Ángeles que iba a los *castings* en un viejo Ford Explorer con el cierre automático averiado porque no podía permitirse llevarlo al taller (de hecho, se pasó cinco meses entrando en el coche por el maletero).

Si bien su papel en la serie de la cadena USA Network no la habría catapultado a la fama en urbes como Los Ángeles o Nueva York, en Canadá la convirtió rápidamente en una celebridad. Y pese a que su carrera ya había despegado, Meghan nunca dejó de esforzarse por conseguir nuevas oportunidades. Contrató a la agencia londinense de relaciones públicas Kruger Cowne para que la representara y comenzó a cobrar

—hasta diez mil dólares por evento— por aparecer en la alfombra roja, como en la inauguración de la pasarela Marchesa Voyage con motivo del lanzamiento de la colección ShopStyle, en septiembre de 2014, en Nueva York, o como presentadora y ponente; por ejemplo, en el Dove Self-Esteem Project de Toronto en 2015 o en el almuerzo celebrado por la asociación Women in Cable Telecommunications que tuvo lugar en Chicago ese mismo año.

Cuando firmó con Kruger Cowne, Meghan reclutó asimismo la colaboración de APA, una de las principales agencias de representación artística del mundo, a fin de lanzar su carrera como *influencer* a través de *The Tig*, el blog de estilo de vida que inauguró en 2014. El blog era un lugar en el que Meghan podía hablar sobre sus pasiones (la alimentación, la moda, los viajes, o cuestiones sociales tales como la igualdad de género) con un «talante espontáneo y desenfadado, pero con aspiraciones». Su título hacía referencia al Tignanello, un vino tinto con mucho cuerpo que se convirtió en su preferido desde la primera vez que lo probó.

Fue la primera vez que lo entendí: por fin comprendía qué quería decir la gente cuando hablaba del cuerpo, de la estructura, del final o de las lágrimas del vino, escribía. *Entender algo, cogerle el tranquillo; eso es para mí el tig. No solo al vino, sino a cualquier cosa.*

No era la primera vez que Meghan recurría a Internet para expresarse y dar a conocer sus opiniones. Entre 2010 y 2012 publicó *The Working Actress*, un blog anónimo en el que hablaba de los obstáculos y las alegrías de la lucha diaria por triunfar en Hollywood. Durante su época de estudiante siempre le había gustado escribir, y en cierto momento incluso pensó en dedicarse al periodismo, una profesión que le permitiría canalizar su creatividad y sus frustraciones. El blog recogía tanto los momentos de euforia por conseguir un trabajo como el desánimo y la sensación de rechazo que experimentan los actores cada vez que pierden un papel, en una industria en la que a menudo pesa más la apariencia física que el talento interpretativo. Dentro de la profesión era un secreto a voces que Meghan se hallaba detrás del blog, aunque ella nunca lo reconociera públicamente, y el acierto de sus consejos y la sinceridad de las anécdotas que contaba le granjearon un reconocimiento casi instantáneo.

Si *The Working Actress* tenía un tono franco y descarnado, *The Tig* se caracterizaba, en cambio, por su optimismo y su refinamiento. El mimo con que estaba confeccionada la página web se dejaba sentir en todos sus detalles, como cuando Meghan aparecía fotografiada paseando por los acantilados de la costa vestida con un abrigo de color camel con el cinturón bien ceñido; conversando con sus amigos famosos, como la actriz Priyanka Chopra, o explicando paso a paso una receta de sopa picante de brócoli y semillas de cáñamo. Meghan confiaba en que el blog fuera *un semillero de ideas y entusiasmo para llevar un estilo de vida lleno de inspiración*.

En esa misma época hizo acto de aparición en su vida profesional Violet von Westenholz, una ejecutiva de relaciones públicas de Ralph Lauren que había programado varios eventos para el viaje de verano de Meghan a Londres, donde la actriz sería una de las muchas caras famosas que ejercían como embajadoras de esa marca de ropa. Violet no solo era muy conocida en el mundo de la moda, sino también entre la alta sociedad británica. Su padre, Frederick Patrick Piers, barón Von Westenholz, exesquiador olímpico, era desde hacía muchos años amigo íntimo del príncipe Carlos, y Violet y sus hermanos habían esquiado a menudo en Suiza con los príncipes Guillermo y Harry durante su infancia.

Wimbledon era uno de los acontecimientos sociales previstos en la agenda de la actriz. Ralph Lauren era el patrocinador a cargo del *merchandising* oficial del torneo, y Violet disponía de entradas y pases. El segundo día de competición, Meghan se sentó en las gradas para animar a su amiga Serena Williams, a la que había conocido en una fiesta de la Super Bowl —la final de la liga de fútbol americano— en Miami, en 2010. De entre todas las estrellas y deportistas de élite presentes en aquella fiesta, Meghan y Serena «congeniaron al instante», como recordaría Meghan más tarde. Hablaron de «cosas de chicas de las de toda la vida» y se hicieron fotos con sus móviles.

En Wimbledon, sin embargo, Meghan asistió muy seria al partido entre Serena y su rival, Amra Sadikovic. Era la primera en levantar el puño cuando su amiga se anotaba un punto o en ponerse de pie para vitorearla cuando ganaba un set. Desde que había trabado amistad con Serena se había aficionado al tenis, un deporte que antes conocía muy poco.

En cierto momento Meghan se ausentó de las gradas durante el partido y coincidió en el bar de la zona VIP con el actor Dominic Cooper, el protagonista de la serie *Preacher*, y les comentó en broma a sus amigas que estaba un poquitín enamorada de él. Incluso pensó fugazmente en acercarse a hablar con el encantador actor británico, que es todo un caballero. Finalmente, sin embargo, decidió no hacerlo. Estaba muy ocupada divirtiéndose con su grupo de amigas.

Violet no era la única que le había programado actividades en Londres. Un par de meses antes de su llegada a la ciudad, Jonathan Shalit —que había ayudado a abrirse paso en el mundo de la televisión a Simon Cowell, Mel B y otros personajes muy conocidos en el Reino Unido— consiguió que Meghan se sumara a la cartera de actores de Roar, su agencia de representación. Tenía la esperanza de que la actriz norteamericana se abriera nuevos horizontes profesionales presentando, quizá, un espacio televisivo dedicado a temas de alimentación saludable.

Su interés por Meghan para un posible programa de gastronomía, cultura y viajes derivaba de la lectura de *The Tig*, que era justamente lo que ella esperaba conseguir al escribir su blog.

—Tiene cierta visión, y muy amplia, además —comentaba Meghan sobre *The Tig*. De hecho, soñaba con que el blog diera origen a un libro de cocina o a una marca propia—. Las oportunidades son infinitas.

Una de sus principales fuentes de inspiración en cuanto a autopromoción era la actriz Gwyneth Paltrow, que se había convertido en una gurú del estilo de vida saludable gracias a su página web, *Goop*, un emporio de doscientos cincuenta millones de dólares. Pero Meghan tenía además otro modelo a seguir, mucho más cercano a ella: Jessica Mulroney, la *influencer* más conocida de Canadá y una de sus mejores amigas.

Jessica y su marido, Ben —hijo mayor del ex primer ministro canadiense Brian Mulroney y presentador del magacín televisivo *eTalk*—, formaban la pareja joven más afamada de Toronto. Gracias en parte al prestigio de su familia política, Jessica había conseguido convertir su sentido del estilo en una exitosa carrera profesional como *influencer*, estilista y organizadora de bodas. Su muro de Instagram estaba lleno de fotografías de pura felicidad doméstica. En una de ellas, por ejemplo, aparecía con su larga melena castaña y sus ojos azules ribeteados de negro, sentada en el suelo con las atléticas piernas cruzadas y unos zapatos negros de tacón vertiginoso, leyendo un libro junto a sus adorables hijos gemelos, Brian y John.

Después de que las presentara un publicista especializado en moda, Jessica no solo alentó a Meghan a seguir su mismo camino, sino que la introdujo en una efervescente esfera social en la que abundaban los actos benéficos, las inauguraciones de locales de moda, los restaurantes fabulosos y los personajes célebres, como Michael Bublé. Jessica y Ben eran buenos amigos del cantante y compositor canadiense y de su esposa, la actriz y modelo argentina Luisana Lopilato, cuyas fiestas íntimas en su hogar de Vancouver eran muy codiciadas. La pareja invitó a Meghan a cenar en su casa en noviembre de 2015, y esa experiencia inspiró una entrada de su blog titulada *Tig Tunes with Michael Bublé* en la que hacía un repaso a las canciones navideñas preferidas del cantante.

En 2016, el blog y su cuenta de Instagram tenían ya suficientes seguidores como para que Meghan se animara a buscar oportunidades más allá de *Suits*. Deseosa de cambiar de rumbo, había firmado un contrato con una agencia literaria estadounidense y se hallaba en conversaciones para publicar un libro de cocina que rentabilizara su nueva plataforma de seguidores. Mientras estaba en Londres, Jonathan —vestido con su uniforme habitual: chaleco negro, camisa blanca, corbata a rayas y calcetines de colores— le propuso protagonizar un espacio televisivo en el que ella viajaría por el mundo descubriendo nuevos platos y poniendo especial énfasis en las cuestiones relacionadas con la sostenibilidad. Algo así como un cruce entre Padma Lakshmi y Anthony Bourdain.

Jonathan no fue el único peso pesado del sector con el que Meghan se codeó durante su estancia en la capital británica. También conoció a Piers Morgan, el presentador del programa *Good Morning Britain*, en el Scarsdale Tavern, el pub que el periodista frecuentaba en Kensington. *Voy a estar una semana en Londres por reuniones de trabajo y para ir a Wimbledon*, le escribió discretamente mediante un mensaje directo de Twitter al llegar a la ciudad. *¡Me encantaría saludarte!* Nunca habían coincidido en persona, pero Meghan estaba deseando conocer al controvertido periodista que se mofaba en Twitter de Donald Trump, su «enemigo íntimo» desde que participara en *Celebrity Apprentice*, el programa de telerrealidad de la NBC.

Meghan se presentó en el acogedor y oscuro pub londinense con aspecto de ser *una estrella de Hollywood de la cabeza a los pies*, escribiría posteriormente Piers en el *Daily Mail*.

> *Muy delgada, con unas piernas larguísimas, elegante y extremadamente glamurosa. Hasta llevaba las enormes gafas de sol que tanto gustan a las actrices de Los Ángeles.*

Pasaron dos horas juntos. Meghan bebió varios martinis secos mientras hablaban de control de armas, de su carrera, de su sueño infantil de convertirse en presidenta de los Estados Unidos o en periodista televisiva, y de su educación interracial. Piers quedó encantado.

Justo antes de las ocho, Meghan se despidió de él. Había quedado para cenar con Misan Harriman, el hijo de Hope Harriman, uno de los fundadores de la Nigeria moderna. A Misan —creador del sitio web *whatwesee.com* y director de la liga de polo internacional British Polo Day— se le veía a menudo en partidos de polo junto al príncipe Guillermo y Kate Middleton.

Misan invitó a Meghan al 5 Hertford Street, el exclusivo restaurante del barrio de Mayfair que tiene fama de ser uno de los clubes privados más prestigiosos del mundo. George y Amal Clooney, Mick Jagger o la princesa Eugenia, prima de Harry, son algunos de los privilegiados que han traspuesto la discreta puerta de color burdeos de Hertford Street para cenar en los reservados del restaurante con cubertería de plata y a la luz de las velas. Pero, aunque es muy posible que Meghan disfrutara bebiendo *gin-fizz* a la tenue luz del local, lo que de verdad le hacía ilusión era la cita a ciegas que tenía planeada para el día siguiente.

Era verano y ella estaba soltera y sin compromiso. Aunque hacía poco tiempo que había puesto fin a una relación sentimental de dos años (la primera seria desde su divorcio, tres años antes), Meghan seguía creyendo en el amor duradero. Durante su visita a Londres, no obstante, le dijo en broma a una amiga que se conformaba con «un amable *gentleman* inglés con el que tontear».

El hombre con el que había quedado al día siguiente no era, sin embargo, un tipo corriente. El 1 de julio, mientras comían, Meghan le contó a Gina Nelthorpe-Cowne, su agente en Londres, quién era su cita misteriosa. Gina y Meghan, que se habían conocido en 2014 en la cumbre de la ONG One Young World, habían viajado juntas a menudo por motivos de trabajo e incluso habían pasado unos días de vacaciones en Malta en marzo de 2015. De modo que la actriz sabía que podía confiar en su agente y amiga.

—Esta noche tengo una cita a ciegas —le confesó en tono cómplice tras acabarse su ensalada en el restaurante Delaunay, cerca del Covent Garden.

—¿Con quién? —preguntó Gina—. ¿Le conozco?

Meghan se inclinó, emocionada, y susurró:

—Seguro que sí. Es el príncipe Harry.

Gina se quedó de piedra.

—¿Sabes en lo que te estás metiendo? —le preguntó a su amiga en voz baja.

—Bueno, va a ser una experiencia —contestó Meghan—, y por lo menos será divertido.

—Pero podría ser una locura —le dijo Gina tratando de hacerle entender la persecución a la que sometían los tabloides británicos a quienes salían con un *royal*—. No te dejarán en paz.

Meghan no quería adelantarse a los acontecimientos, sobre todo porque la persona que había organizado su cita con el príncipe le había dicho que «solo iban a juntarlos en una habitación, a ver qué pasaba».

A pesar de que se ha afirmado a menudo que fue Violet von Westenholz quien organizó el encuentro, parece ser que fueron los amigos de Meghan, Misha Nonoo y Markus Anderson, quienes propiciaron aquella primera cita. (La pareja prefiere mantener en secreto, incluso ante sus amigos cercanos, la historia de cómo se conocieron. La única pista que les dio Meghan en aquel momento fue que su primer encuentro con Harry había sido fruto de «una casualidad afortunada»).

El canadiense Markus Anderson, director global de membresía de Soho House, siempre procuraba que Meghan se sintiera como en casa en la filial de Toronto del famoso club privado, que cuenta con locales en todo el mundo. Tras la roja puerta del edificio georgiano del siglo XIX —en cuya reforma el club invirtió ocho millones de dólares para convertirlo en un oasis exclusivo—, Meghan, que tenía su propia mesa reservada en la segunda planta cuando iba a tomar una copa, pasó muchas tardes acomodada en alguno de los sillones de cuero de la biblioteca con su MacBook, trabajando en su blog, o tomando algo con sus compañeros de reparto en *Suits*.

Markus le presentó a numerosos miembros de la élite empresarial y cultural, no solo canadiense, sino internacional. Fue él quien, en una comida en el Soho House de Miami, sentó a la actriz junto a Misha Nonoo, una diseñadora de moda en ciernes, dueña de una personalidad arrolladora y de un pedigrí impecable. El motivo de aquel viaje a Miami en diciembre de 2014 fue la celebración de Art Basel, la conocida feria de arte que durante una semana reúne a ricos y famosos de todo el mundo en fiestas y eventos de toda índole. Markus invitó a Meghan, aficionada al arte, a alojarse en el epicentro de la acción, el club Soho Beach House, para tomar el sol, ver un poco de arte y divertirse.

La comida en el Soho House era una ocasión perfecta para hacer nuevos amigos y contactos, y Misha y Meghan hicieron buenas migas de inmediato. Nacida en Baréin y educada en Inglaterra, la rubia diseñadora vivía a caballo entre Nueva York y Londres, y antes de entrar en el mundo de la moda había estudiado en una escuela de negocios de París. Su marido, Alexander Gilkes, un hombre muy guapo y bien relacionado, era el fundador de la casa de subastas *online* Paddle8, lo que le había valido figurar en la lista de las cien personas más poderosas del mundo del arte que confecciona la revista *Art + Auction*. Alexander, que había sido compañero de estudios de los príncipes Guillermo y Harry en Eton, conoció a Misha cuando ella tenía diecisiete años. Se casaron en Venecia siete años después, en 2012, y en su boda actuó nada menos que Lana del Rey.

Meghan se sintió subyugada de inmediato por el glamur espontáneo de Misha, y Misha, a su vez, sucumbió ante la naturalidad y la energía desbordante de Meghan.

—Es una mujer impresionante y muy divertida —contaría después.

Antes de que acabara la comida, intercambiaron sus datos de contacto y se etiquetaron mutuamente en fotografías de Instagram.

La guapa e inteligente diseñadora le habló de nuevas oportunidades de negocio a Meghan, que estaba ansiosa por ampliar sus horizontes sociales y profesionales. Le encantaba pasar tiempo con Misha, a la que una amiga describía como «la típica chica rica y simpatiquísima que no aparenta ser de la aristocracia». Cada vez que iba a Nueva York, Meghan se alojaba en el dúplex que la diseñadora y su marido tenían en el Village, frecuentado por un nutrido y variopinto grupo de personajes interesantes.

Su amistad no era unilateral, sin embargo. Cuando, en noviembre de 2015, Misha fue elegida finalista de los premios CFDA/Vogue durante la Semana de la Moda de Nueva York, Meghan causó sensación al aparecer en la alfombra roja de la gala con un diseño de su amiga. Al día siguiente, su imagen posando con el minivestido plateado de escote vertiginoso estaba en todas partes, lo que supuso un espaldarazo definitivo a la marca de Misha, que por entonces aún estaba despegando.

Cuando se conocieron, Meghan tenía pareja estable, a pesar de que hacía menos de un año y medio que se había divorciado.

Tenía veintitrés años cuando se enamoró de su primer marido, Trevor Engelson, un productor joven y desenvuelto al que en 2009 la revista *Hollywood Reporter* incluyó en su Top 35 de los personajes más influyentes de la industria menores de treinta y cinco años. Estuvieron siete años saliendo antes de oficializar su relación. Se casaron en Jamaica el 10 de septiembre de 2011, en una romántica ceremonia junto al mar, cuando ella contaba treinta años y él treinta y cuatro.

Mientras todavía eran novios, Meghan solía preguntarse

en voz alta delante de sus amigas más íntimas por qué Trevor no la apoyaba más en su carrera como actriz. A fin de cuentas, tenía muchos contactos en el sector. Meghan tenía la impresión de que le gustaba que dependiera de él. Esa era la dinámica de su relación de pareja: Trevor era la figura dominante.

—Estaba acostumbrado a ser el que ganaba el dinero y a que Meghan lo necesitara para que le presentara a gente de la industria —comenta una amiga respecto a aquella época de su relación.

Su boda, no obstante, coincidió con la elección de Meghan para protagonizar una serie de la televisión por cable que iba a alcanzar un éxito importante. En 2010, apenas unos meses después de que Trevor le pidiese matrimonio durante unas vacaciones en Belice, Meghan consiguió su papel en *Suits*.

—La dinámica cambió de pronto —añade esa misma amiga—, y a él eso no le gustó.

El hecho de que Meghan viviera en Toronto la mayor parte del año aceleró el declive de su relación. Al principio se esforzaron por pasar todo el tiempo posible juntos. Pero, con el paso de los meses, las visitas se hicieron menos frecuentes. En febrero de 2013, Trevor no llevó a Meghan a la ceremonia de los Óscar, a la que estuvo invitado. Alegó que solo tenía una entrada, pero Meghan sospechó que quizá no quería que le robara protagonismo. Seis meses después, la pareja —que menos de dos años antes, en aquella playa de Jamaica, parecía locamente enamorada— se divorció. Meghan había creído que Trevor era el hombre indicado para ella, pero se había equivocado. Aun así, nunca perdió la fe en que algún día encontraría a su media naranja.

Cuando la actriz decidió darle otra oportunidad al amor,

se decantó por el soltero más cotizado de Toronto, Cory Vitiello, conocido *tanto por sus habilidades culinarias como por figurar en todas las listas de los hombres más deseados*, según la revista *Toronto Life*. Nacido en Brantford (Ontario), el escultural Vitiello siempre iba del brazo de mujeres despampanantes. Había creado su empresa de *catering* en casa de sus padres cuando solo tenía quince años y era el propietario del Harbord Room, uno de los restaurantes preferidos de Meghan, donde se conocieron en junio de 2014. Poco después, ella escribió en *The Tig* acerca del restaurante... y de Cory.

> *[Tiene] el encanto campechano y la solidez de principios de quien no procede de la gran urbe pero sueña a lo grande y lleva a cabo sus sueños*, afirmaba. *De ahí que sus platos sean tan accesibles y al mismo tiempo tan inspirados.*

Aunque al principio fue el físico de Cory lo que la atrajo, pronto se prendó también de su sensibilidad, sus maneras suaves y sus habilidades como empresario. La gastronomía fue, por supuesto, un vínculo esencial entre ellos. A Meghan le encantaba cocinar y era una *foodie* apasionada ya antes de conocer a Cory, pero él «le abrió los ojos a la cocina a otro nivel», según una amiga. A finales de ese verano ya se dejaban ver juntos y al mes de empezar a salir Meghan les contó a sus amigas que se estaba enamorando.

—Es precavida, pero cuando alguien le gusta se enamora enseguida —cuenta una amiga—. Tiene un espíritu romántico, a la antigua.

Nunca le habían interesado las relaciones pasajeras, ni siquiera cuando estaba en el instituto o en la universidad, y tampoco le interesaron tras su divorcio. Buscaba siempre estabilidad. Con Cory, también. Aspiraba a tener una relación de pareja sana, a casarse y, con el tiempo, a tener hijos. La familia de Cory, con la que pasó la Navidad de 2015, estaba encantada con ella. Todos le tenían cariño —incluida la madre de Cory, Joanne— y estaban convencidos de que no tardarían en prometerse en matrimonio.

La relación, sin embargo, había empezado a deteriorarse. A principios de 2016, Meghan les confesó a sus amigas que se arrepentía de que las cosas hubieran ido tan rápido con él. Para algunas de sus amigas más íntimas ya era evidente, puesto que Meghan no había dejado el alquiler de su casa pese a haberse ido a vivir con el chef. Por fin, a principios de mayo, pusieron fin oficialmente a su relación, que había durado dos años. El problema, según una fuente cercana a la pareja, era que Cory no quería sentar la cabeza y formar una familia. Meghan rompió con él sin reprocharle nada concreto y él no opuso resistencia.

—No fue una buena época para ella —cuenta esa misma fuente.

Aun así, la tristeza dio paso rápidamente al alivio y, cuando llegó el verano, la joven actriz estaba deseando irse de viaje al extranjero y pasárselo en grande. Su nueva amiga Misha opinaba, además, que el verano era el momento ideal para organizarle alguna que otra cita.

El príncipe Harry parecía un tipo simpático y divertido, aunque formara parte de una familia real empapada por una rigidez protocolaria que a una americana como Meghan le resultaba completamente ajena. Desde que, a la edad de tres años, le fotografiaron sacando la lengua mientras su madre, la princesa Diana, le sostenía en brazos junto a la reina en el balcón del palacio de Buckingham, con ocasión del Desfile del Estandarte, quedó claro que Harry era el travieso de la familia. Sacar la lengua a los fotógrafos, como hacía a veces de pequeño, era un acto de rebeldía especialmente llamativo, sobre todo si se tiene en cuenta que, antes del nacimiento de Guillermo y Harry, los niños de la familia real británica aparecían siempre en perfecta pose, quietecitos y en segundo plano.

Su madre no hizo apenas intentos de domar ese espíritu rebelde. Cuando los niños estudiaban en el internado de Ludgrove School, en Berkshire —primero Guillermo y más tarde Harry—, Diana les escondía chucherías en los calcetines cuando iba a verlos jugar al fútbol. Y, como le gustaba mucho escribir cartas, solía enviarles tarjetas con comentarios graciosos.

—Puedes portarte mal —le dijo una vez a Harry—. Pero que no te pillen.

Harry se tomó muy en serio aquel consejo. Le interesaba más montar a caballo o practicar deportes que estudiar, y compartía con su madre esa inclinación por el humor y las bromas. Una vez, mientras jugaba con el escolta personal de Diana, Ken Wharfe, se escabulló por la verja de palacio y llamó a Ken por su *walkie-talkie*.

—¿Dónde estás? —le preguntó Ken por radio al ver que ni él ni los guardias del palacio le encontraban por ninguna parte.

—Enfrente de Tower Records —respondió Harry.

Ken corrió con todas sus fuerzas hasta Kensington High Street, a casi un kilómetro de distancia, y allí encontró al príncipe, vestido con su minúsculo uniforme de faena del ejército.

Es posible que Diana fuera más permisiva con esa indiferencia que mostraba Harry hacia las normas debido a que, según las leyes dinásticas, su hermano mayor, Guillermo, ostentaba un título más importante que el suyo. A la edad de cuatro años, Harry ya era consciente de que uno era el heredero y el otro «el repuesto». Consciente de ello, su madre procuraba dejar claro que quería a sus dos hijos por igual. La igualdad entre los dos hermanos era una cuestión fundamental dentro de su núcleo familiar, precisamente porque fuera de él no lo era.

A medida que los niños crecían, su diferencia de estatus fue haciéndose más evidente. Guillermo se reunía a solas con la reina para aprender a desenvolverse en su futuro puesto. Harry, en cambio, nunca lo hizo. Diana había intentado inculcarle a su hijo pequeño la idea de que no debía permitir que nadie le hiciera de menos por el simple hecho de que no iba a ser rey. En todo caso, argumentaba Diana, el afortunado era él, porque tendría la oportunidad de encontrar su propio camino. Los títulos reales son un enorme privilegio, pero también son una pesada carga.

Como era de esperar, Harry se convirtió en un joven que se encontraba a gusto, sobre todo, rodeado de amigos íntimos y personas que no se dejaban impresionar por su título. Poco amigo del protocolo, nunca le agradaron ciertos compromisos «de etiqueta», como los banquetes de estado en el palacio de Buckingham o el atuendo formal que exigían en ocasiones. Hoy en día, sigue sin gustarle llevar corbata. Una vez les confesó a los autores de este libro:

—Hay que animar un poco estas cosas, que sean más divertidas e interesantes.

En parte, si se enamoró perdidamente de su primera novia formal, Chelsy Davy, fue porque a ella le gustaba la aventura tanto como a él y no se dejaba impresionar por su linaje real. Harry la conoció en 2004, durante su año sabático tras concluir el bachillerato. Chelsy, una chica rubia, inteligente y vivaz nacida en Zimbabue, era hija de Charles Davy, un acaudalado terrateniente y organizador de safaris, y Beverley Donald Davy, ex Miss Rodesia. Se sentía tan a sus anchas montando a caballo a pelo o disfrutando de la sabana africana como asistiendo a los actos de la alta sociedad londinense. Harry y ella tuvieron una historia de amor compleja pero sin duda apasionada, que duró siete años. A Chelsy le gustaba divertirse, pero también era leal y entregada. El amor sincero que sentía por su novio, al margen de su linaje, era una de las cualidades que le granjearon el cariño tanto de Harry como de la familia real. Discreta y fiel, estuvo junto a Harry en los momentos más importantes de su juventud, como cuando en 2006 se graduó en la Real Academia Militar de Sandhurst, en el concierto homenaje a Diana de 2007 o en la boda de su hermano y Kate Middleton en 2011. Finalmente, sin embargo, el constante escrutinio público al que estaba sometida su vida privada se le hizo imposible de soportar.

El acoso de los *paparazzi*, que aparecían en los lugares más insospechados, y los artículos poco halagüeños que publicaba la prensa sensacionalista dieron también al traste con la siguiente relación seria de Harry, la que mantuvo con la actriz Cressida Bonas. Fue su prima, la princesa Eugenia, quien los presentó en la primavera de 2012. La esbelta rubia se movía en los mismos círculos aristocráticos que Harry: era hija de *lady* Mary-Gaye Curzon, una de las herederas del imperio bancario Curzon, y del empresario Jeffrey Bonas.

En el verano de 2016, Harry creía estar preparado para volver a mantener una relación sentimental estable. De hecho, Chelsy y él se reencontraron brevemente antes de que Harry conociera a Meghan, de la que algunos medios sensacionalistas aseguraron que aún era pareja de Cory Vitiello cuando conoció al príncipe. Cory nunca ha hablado con la prensa de su ex, salvo para negar que Meghan mantuviera dos relaciones en paralelo.

—Tengo muchísimo respeto por ella y por su intimidad. Es una chica maravillosa —afirma.

Misha opinaba que Meghan y Harry podían hacer buena pareja. Alexander, su marido de entonces, pertenecía al *Glosse Posse*, como lo denominaban los tabloides británicos: el estrecho círculo de jóvenes de la élite social que rodeaba a Guillermo y Harry. También pertenecía a este círculo su hermano Charlie, que en 2008 salió con Pippa, la hermana de Kate Middleton, mientras estudiaban ambos en la Universidad de Edimburgo. Alexander estuvo invitado a la boda de Guillermo y Kate en 2011, y Harry asistió a la boda de Charlie en 2014, cuando se casó en Italia con Anneke von Trotha Taylor. (La madre de Kate y sus hermanos, James y Pippa, también asistieron a la boda, pero la duquesa de Cambridge, que estaba embarazada, no pudo acudir debido a los fuertes mareos que le provocaba su estado).

¿Cómo encajaría Meghan, una californiana, en ese entorno social?

—Los dos tienen una mirada muy inocente —cuenta una amiga común de la pareja.

Además, sus amigos opinaban que les sentaría bien salir un poco y conocerse.

Como es lógico, los dos protagonistas de aquella cita a ciegas hicieron los deberes y se buscaron mutuamente en Google. Harry, que se informó de Meghan a través de las redes sociales, estaba interesado. Una persona cercana a él le enseñó una foto de Instagram en la que aparecía Meghan con el minivestido plateado que llevó a la gala de los premios CFDA/Vogue. A él le gustó lo que vio, pero no dio más importancia al asunto. A fin de cuentas, solo iba a tomar una copa con una mujer que le parecía atractiva. No podía prever, desde luego, que Meghan sería su esposa algún día.

Lo que Meghan encontró en Internet podría perfectamente haberla disuadido de seguir adelante con la cita.

Cuando tenía poco más de veinte años, Harry era un asiduo a las discotecas y los clubes de moda londinenses. Pasó muchas noches locas en conocidos locales nocturnos como el Jak's, el Funky Buddha o el Wellington Club. Pero su fama de «príncipe fiestero» había empezado mucho antes, cuando todavía era un adolescente cuyas gamberradas alcohólicas (algunas ciertas; otras no tanto) aparecían con frecuencia en los tabloides. Continuamente se publicaban informaciones en las que Harry aparecía *desparramando*. Una vez le echaron por mal comportamiento de un pub al que solía ir, a escasos kilómetros de Highgrove, la residencia real en Gloucestershire. Al parecer, había asimilado perfectamente aquello que le dijo su madre de que podía portarse mal. Lo de que no le pillaran era otra historia.

Harry tocó fondo en 2005, cuando apareció en la portada de *The Sun* con una copa y un cigarrillo en la mano... y llevando un brazalete con una esvástica. El titular del tabloide británico no se andaba con rodeos: *Harry el nazi*, proclamaba. Harry había sido uno de los cerca de doscientos cincuenta invitados que asistieron a la fiesta de disfraces celebrada en casa de Richard Meade, uno de los más conocidos jinetes británicos, con motivo del cumpleaños de su hijo. No hay duda de que el disfraz del príncipe no fue acertado, por lo que Harry se disculpó, pero el hecho de que la fiesta tuviera lugar justo antes del sesenta aniversario de la liberación de Auschwitz lo hizo aún más ofensivo.

Otro escándalo que aparece invariablemente cuando se

busca el nombre del príncipe en Internet fue su viaje a Las Vegas en 2012 con sus amigos de toda la vida Tom *Skippy* Inskip y Arthur Landon. Aquella escapada de unos días, empapada en alcohol —durante la cual Harry desafió a una carrera al doce veces medallista olímpico de natación Ryan Lochte en una fiesta en una piscina— tuvo un brusco final. *TMZ* publicó unas fotos borrosas en las que se veía a Harry desnudo, tapándose con las manos las «joyas de la corona», como las llamó la página web de cotilleos, durante una partida mixta de *strip pool*, un juego de billar en el que los jugadores van quitándose prendas cada vez que fallan. Las imágenes, que se volvieron virales de inmediato, hicieron preguntarse al palacio de Buckingham cómo podía haber ocurrido tal cosa y quién era el culpable.

—Fue un momento difícil —comenta un exescolta de la Casa Real—. Se armó un lío muy gordo.

Pese a las noticias que encontró en Internet sobre el *Windsor Salvaje*, como le llamaba la prensa, Meghan no se desanimó. El incidente de Las Vegas había tenido lugar cuatro años antes y la actriz, que también había sido blanco de los tabloides durante su divorcio y su noviazgo con Cory, sabía por experiencia que los medios no siempre contaban la verdad.

—No sabía mucho de él, aparte de lo que publicaba la prensa —afirmaba una persona cercana a Meghan—. Pero sabe cuánto pueden tergiversar las cosas los tabloides y quería conocer al verdadero Harry, al margen de lo que contaran *TMZ* y otros medios.

La noche de su primera cita con Harry le preocupaba más lo que iba a ponerse que la fama del príncipe en Internet. Cuando por fin se decidió por un conjunto, empezó a maquillarse en su *suite* del Dean Street Townhouse, el hotel propiedad de

Soho House. Le habían ofrecido alojarse a precio especial en el Dorchester, un hotel de cinco estrellas, pero había preferido la lujosa habitación que le consiguió su amigo Markus Anderson. En su calidad de famosa *influencer*, Meghan solía recibir ofertas de vacaciones pagadas, descuentos en viajes, etcétera, pero decidió rechazar la oferta del Dorchester para apoyar el boicot que se había promovido en Hollywood contra el dueño de esa cadena hotelera, el sultán de Brunéi, que acababa de imponer la *sharía* en su país, incluida la lapidación de quienes fueran condenados por practicar la homosexualidad.

Además de la *suite*, Markus también se encargó en parte de la organización de la cita. Sería una reunión informal que incluiría a otros amigos «para que hubiera menos tensión», explica una fuente cercana a la actriz.

—Si ese primer encuentro iba bien, podían planear una cita de verdad, ellos dos solos.

El edificio georgiano del siglo XVIII, en el que se ubicaba el hotel de Soho House, era el escenario perfecto para el encuentro. Antes de que el club privado lo comprara en 2008, había sido lugar de reunión de artistas e intelectuales. Ya en el siglo XVII vivió allí, en una casa anterior, la actriz Nell Gwynn, amante del rey Carlos II. En la década de 1920, el inmueble albergó el Gargoyle Club, entre cuyos clientes habituales se contaban el dramaturgo Noël Coward, el bailarín Fred Astaire y la leyenda del celuloide Tallulah Bankhead. En los años cincuenta, tras una nueva remodelación, se convirtió en un bar al que acudían asiduamente artistas de la talla de Lucian Freud.

El club actual brindaba a Harry la privacidad que necesitaba el príncipe para relajarse. Sus muchas salas, que ocupan cuatro plantas y dos edificios comunicados, le permitían mantenerse alejado de la vista de clientes curiosos. Markus escogió para la reunión de aquella noche un comedor privado, acotado por cortinas de terciopelo que llegaban del suelo al techo.

Durante sus vacaciones en Londres, Meghan se instaló en una de las treinta y nueve habitaciones del hotel, muchas de las cuales tenían camas con dosel y bañeras victorianas con patas de garra. Allí fue donde se vistió para la velada, decantándose por fin por un vestido de verano azul marino con zapatos de tacón alto.

Al bajar, entró en la sala cálidamente iluminada, llena de acogedores sillones y caras conocidas y se sentó un momento, hasta que entró Harry —vestido, como de costumbre, con pantalones chinos y camisa blanca— y se le presentó al instante. *Allá vamos.*

Una persona perteneciente al círculo de amigos de Meghan ha reconocido que la actriz se puso nerviosa al principio ante la perspectiva de conocer al príncipe, debido a que Harry y ella procedían de mundos *muy* distintos. Según otra fuente, Misha le dijo que no se preocupara, que los dos tenían «un corazón enorme». Y, si las cosas se torcían y la velada resultaba un fiasco, Markus estaría allí cerca para echarle un cable.

A Harry no es fácil impresionarle, y aun así se quedó de piedra cuando entró en la sala y vio a Meghan. Sabía que era preciosa —había visto las fotos de su cuenta de Instagram y otras que había encontrado en Internet—, pero en persona era aún más impresionante.

—Uf —le dijo después a un amigo—. Es la mujer más guapa que he visto en mi vida.

Pero Meghan no era solo guapa. También era distinta a las mujeres a las que estaba acostumbrado, y a Harry le intimidaban las situaciones que se salían de su rutina habitual.

Debido a su pertenencia a la familia real, no podía hacer muchas de las cosas que el resto de la gente hace cotidianamente, como montar en metro o ir a cualquier parte sin escolta. De hecho, vivía en cierto modo en una burbuja.

Y eso incluía el tipo de mujeres con las que solía salir, todas ellas pertenecientes a su pequeño mundo. Las chicas que conocía en el Jak's o el Funky Buddha alucinaban solo con ver que era el príncipe Harry. Él ni siquiera tenía que abrir la boca.

Meghan, en cambio, le hizo perder pie de inmediato, y no solo por sus pecas encantadoras, por su sonrisa perfecta o su acento americano. Es una mujer con mucho carisma. En cualquier reunión atrae todas las miradas. Su risa es más sonora; su brillo, un poco mayor que el de las demás. Su aplomo y su desenvoltura llaman la atención.

Harry comprendió enseguida que para impresionar a Meghan no le bastaría con dedicarle una de sus amplias sonrisas.

—Voy a tener que esforzarme, sentarme y procurar hablar de algo interesante —comentó de su primer encuentro.

Puede que ella percibiera su nerviosismo, porque al principio se mostraron los dos un tanto tímidos. No tardaron, aun así, en empezar a hablar relajadamente. Muy relajadamente. Sentados en sendos sillones de terciopelo, parecían «estar en su mundo», comenta una fuente cercana.

Mientras tomaban una copa (una cerveza él, un martini ella), se interesaron mutuamente por su trabajo. Puede que hubiera canapés desplegados en la mesa baja que había delante de los mullidos sillones donde estaban sentados, pero ellos no los tocaron. Estaban tan enfrascados en la conversación y tan interesados el uno por el otro que no repararon en el provocativo papel pintado que recubría las paredes, repleto de fotografías de pubis femeninos.

Harry habló de su trabajo benéfico y le contó, emocionado, anécdotas de sus muchos viajes por África. «La pasión por querer cambiar las cosas de verdad», como la describió Harry, fue, en palabras de Meghan, «una de las primeras cosas en las que conectamos». A Meghan se le iluminó la cara cuando empezaron a hablar de sus dos perros, que había adoptado en un refugio para animales. De hecho, al poco rato estaba enseñándole fotos en su teléfono, como una mamá orgullosa.

Al acabar la velada, que duró casi tres horas, Meghan y Harry se dijeron adiós. A pesar de la atracción palpable que había entre ellos, no hubo beso de despedida ni expectativa alguna, salvo la intuición de que allí había algo y de que ambos confiaban en volver a verse muy pronto.

Harry no tardó en empezar a escribirle mensajes a Meghan, que había vuelto a su habitación del hotel. Eran mensajes cortos y llenos de emoticonos. Sobre todo, del emoticono del fantasma, que el príncipe solía utilizar en lugar de la carita sonriente. ¿Por qué? Quién sabe. A Meghan, en todo caso, sus mensajes le parecieron divertidos y encantadores, igual que el príncipe.

—Él no quería ocultar que estaba dispuesto a ir a más —cuenta una amiga de Meghan—. Quería dejarle claro que estaba muy interesado.

3

Amor en tierras salvajes

Si bien «todos confiaban» en que Meghan y Harry se lo hubieran pasado bien, lo que sucedió a continuación fue una sorpresa mayúscula para sus amigos.

—Se obsesionaron el uno con el otro casi enseguida —cuenta alguien cercano—. Era como si Harry estuviera en trance.

Hasta Misha les comentó a sus amigos que estaba sorprendida por lo rápida e intensa que había sido su atracción mutua.

Al día siguiente de su primer encuentro con el príncipe, Meghan llamó a una de sus amigas.

—Si te digo que creo que esto puede tener futuro, ¿vas a pensar que estoy loca? —le preguntó.

Esa misma noche hicieron planes para volver a verse. Esta

vez, sin amigos ni distracciones: solo ellos dos. Al día siguiente, volvieron al Dean Street Townhouse para una cena romántica que organizó Markus Anderson, al que el personal del local llamaba en broma Lady A por el mimo que puso en preparar hasta el último detalle.

Como no convenía que se los viera entrando por la puerta principal, recibieron instrucciones de utilizar una entrada situada lejos de miradas curiosas, que solo usaban el personal y los repartidores que llevaban verduras frescas y pescado del mercado de Billinsgate. No fue un comienzo glamuroso, desde luego.

El personal del club hizo todo lo posible para que no trascendieran detalles de la cena privada. Un solo camarero de confianza se encargó de servirles durante toda la velada. Como acostumbran a decir los socios del club, «lo que pasa en Soho House, se queda en Soho House».

Según cuenta una persona perteneciente a su círculo de amigos, Meghan y Harry «charlaron mucho» esa noche, que acabó castamente con la vuelta del príncipe a palacio. Aun así, ambos coquetearon durante toda la cena, y entre ellos había tanta química que saltaban chispas cada vez que se rozaban el brazo o se miraban a los ojos.

—Harry supo entonces que iban a estar juntos —afirma otra fuente—. Ella le encantaba en todos los sentidos.

A pesar de que compartió en redes sociales muchas de sus actividades en Londres, Meghan sabía que debía mantener en secreto sus citas con quien entonces ocupaba el quinto lugar en la línea de sucesión al trono británico. Las pistas, no obstante, estaban ahí. Más o menos a la hora de su primer encuentro con Harry, comenzó a seguir una cuenta de Instagram de aspecto misterioso que llevaba el nombre @SpikeyMau5. La foto de perfil mostraba solo un casco en forma de ratón, lo que a la mayoría de la gente no le habría dicho nada. En realidad, era la cuenta privada de Harry, que, gran aficionado a la música *house*, se inspiró en el nombre de su DJ favorito, DeadMau5, para crear su pseudónimo. Lo de Spikey procedía de otro pseudónimo, Spike Wells, que utilizaba en una cuenta de Facebook. (Spike era como le apodaban a veces, sobre todo los agentes de Scotland Yard.) En su cuenta de Facebook, que cerró tras el escándalo de Las Vegas, había una foto de perfil de tres hombres de espaldas, con sombrero panamá, hecha en una *suite* del hotel MGM Grand de Las Vegas. La cuenta afirmaba que su titular era originario de Maun, Botsuana. Y anteriormente Harry tenía como foto de perfil una imagen del rey Julien, el excéntrico lémur de *Madagascar*, la película de Dreamworks.

Mucho más atrevido fue el *post* que publicó Meghan en Instagram la misma noche de su primera cita a solas: una foto de una chuchería en forma de corazón con las palabras *Kiss Me* («Bésame») escritas dentro y un comentario: *Corazones en #Londres.*

Harry, aunque nadie más lo entendiera, captó el mensaje.

La noche siguiente, el 3 de julio, Meghan salió de su hotel y subió a un taxi como una ciudadana de a pie. El tortuoso recorrido que siguió el taxi por las calles oscuras de Londres tenía, sin embargo, un destino poco corriente: el palacio de Kensington.

El coche abandonó la avenida, enfiló la carretera privada de Palace Avenue y condujo a Meghan hasta una reja de aspecto industrial, con una oficinita de seguridad, que se parecía muy poco a la dorada verja palaciega que ella había imaginado. Aquella entrada carente de encanto, que solían usar los empleados y las visitas que acudían a alguna reunión, era la manera más discreta de entrar en el palacio. Meghan dio propina al taxista, como hace siempre, y entró en la oficina, donde la recibió un escolta.

Desde allí, la condujeron rápidamente por un camino adoquinado bordeado de casitas que, según comentó más adelante, tenían un aspecto tan coqueto, con sus jardineras y sus tiestos de flores, que casi parecían irreales. Meghan ignoraba entonces cuánta gente vivía en el recinto del palacio de Kensington, en el que de hecho tienen su domicilio cerca de una docena de miembros de la familia real, así como varios funcionarios de la Corona ya jubilados.

—¡Monísima! —le dijo posteriormente Meghan a una amiga refiriéndose a Nottingham Cottage, la casa de Harry.

Aquella encantadora casa de estilo inglés tampoco se parecía, ni de lejos, al imponente palacio de piedra que ella había edificado en su imaginación inspirándose en las ilustraciones de los cuentos infantiles. Cuando Harry le abrió la puerta, no vio una espléndida escalera, ni una mullida alfombra roja, ni arañas de cristal, ni altísimos techos, ni cuadros con gruesos marcos dorados, ni sirvientes de librea. El príncipe, en cambio, parecía desmesuradamente alto en el pequeño pasillo, en el que había un montón de abrigos colgados de un perchero y unas botas junto a la puerta, como en una casa corriente.

Los nervios que pudiera tener Meghan antes de su llegada sin duda se disiparon cuando entró en la acogedora casita de Harry. Aunque Nottingham Cottage —o Nott Cott, como la conocen quienes frecuentan el palacio— es una casa muy agradable desde cualquier punto de vista, también es una vivienda muy modesta para un heredero al trono. Estaba claro que Harry no era una persona materialista. Y tenía, además, una sonrisa grande y tierna.

Meghan tenía suficiente experiencia como para reconocer a un ligón cuando se tropezaba con uno, y evidentemente Harry no era de esos. Al contrario, no tenía filtros. Aunque saltaba a la vista que quería impresionarla contándole una y mil cosas de su trabajo, hablaba con espontaneidad y no mencionó ni una sola vez su condición de príncipe o miembro de la Casa Real. Como mucho, reconoció que su vida era «a veces una locura».

Era extrañamente franco y abierto para alguien de su posición, pero también era un caballero de la cabeza a los pies. Fueran donde fueran, hasta el día de hoy, siempre le cedía el paso a Meghan. No hay duda de que hizo lo mismo entonces, al invitarla a entrar en el cuarto de estar.

Tras la visita a Nott Cott, el viaje de Meghan a Londres tocó a su fin. Pasó su último día en la capital británica animando a su amiga Serena Williams en el palco de jugadores de Wimbledon, donde los fotógrafos apenas repararon en ella (se centraron, en cambio, en la editora jefe de *Vogue*, Anna Wintour, y en Pippa Middleton, que ocupaban el mismo palco). Después, volvió a cruzar el Atlántico para regresar a Toronto. *Tristísima por marcharme de Londres*, escribió en Instagram. De nuevo, solo un puñado de personas sabía lo que significaban de verdad esas palabras.

Una de esas personas era Doria, su madre, a quien le habló casi enseguida de su incipiente relación con el príncipe. Seguramente, Doria es la persona que más ha influido en la vida de Meghan.

—Gracias a ella, Meghan se convirtió en una mujer independiente, fuerte y poderosa —afirma Joseph, el hermano de Doria.

El vínculo entre ellas se forjó en la infancia de Meghan. Haciendo yoga, saliendo a correr por su barrio de Los Ángeles, yendo en bici hasta el parque de La Brea Tar Pits después del colegio, cocinando con ingredientes frescos y saludables y viajando, Meghan hizo suyas muchas de las aficiones de su madre. Siempre fueron muy abiertas la una con la otra, y eso no cambió al llegar Meghan a la edad adulta.

Durante las semanas siguientes, Meghan viajó a Nueva York y Boston para promocionar la nueva temporada de *Suits* y pasó después unas cortas vacaciones con Misha y Markus en Madrid, donde bebieron vino en abundancia en la taberna La Carmencita, visitaron el museo del Prado y bailaron en bares de copas. Mientras tanto, era frecuente ver a Meghan escribiendo mensajes en el móvil y sonriéndose para sus adentros. Se mensajeaba con su nuevo amor. Harry y ella se mandaban selfis (nada escandaloso, solo fotos tiernas de ellos dos en su día a día), y Meghan mandaba también fotografías de los platos que cocinaba o de ella vestida y maquillada para rodar en el plató.

Con su círculo íntimo, Harry hablaba con el corazón en la mano. Por eso procuraba protegerse, para evitar que le hicieran daño. Ganarse su confianza requería mucho tiempo, porque nunca estaba seguro de qué era lo que impulsaba a los demás a intentar granjearse su amistad. Esa desconfianza se agravaba en el caso de las mujeres. ¿Les interesaba porque buscaban hacer contactos en la alta sociedad? ¿Porque querían presumir de haber salido con un príncipe? ¿O quizá porque pretendían vender una exclusiva? Harry tenía siempre el radar activado, atento a las preguntas que le hacían sobre la Casa Real o la propia reina. Si hubiera podido, se habría lanzado de cabeza cuando encontraba a una mujer que le gustaba y con la que congeniaba; le habría escrito mensajes y llamado cada día. Pero era un príncipe y le habían enseñado a desconfiar de las intenciones de los demás.

Meghan y él siguieron escribiéndose durante los primeros días de agosto, cuando ella viajó a Nueva York para asistir a la boda de su amiga Lindsay con el empresario británico Gavin Jordan. De Nueva York pasó a la costa de Amalfi para pasar unos días de vacaciones con Jessica Mulroney, como tenían planeado desde hacía tiempo. Las dos amigas se alojaron en Le Sirenuse, un hotel de cinco estrellas de Positano, y pasaron la mayor parte del tiempo junto a la piscina, charlando, tomando el sol y bebiendo *negronis, bellinis* y champán. «La hora del cóctel», lo llamaban. Frente a las aguas azules y cristalinas del mar Tirreno, con Capri visible a lo lejos, Meghan le habló a su amiga de muchas cosas; entre ellas, del príncipe. Dejó constancia en las redes sociales de cada momento del viaje —o «*Tour* comer, rezar, amar de la costa Amalfitana», como lo denominó ella— y, en un guiño a su nuevo amor, colgó una fotografía de un libro encuadernado en piel de color rojo con el título *Amore eterno*.

Jessica era una de las poquísimas personas que conocían su secreto: que Meghan volvería a reunirse muy pronto con Harry en Londres. Apenas un mes y medio después de aquel primer encuentro, el príncipe iba a llevarla de viaje. Harry lo tenía todo planeado para su escapada de cinco días. Le dijo solamente que fuera a Londres y que él se encargaría del resto.

Su destino era África, un continente que para él tenía una importancia especial.

Unas semanas antes, Harry le contó a Meghan que pensaba viajar a África pronto, como hacía cada verano, y le preguntó si quería acompañarle. Dijo que le encantaría que aceptara, porque era la ocasión perfecta para que pasaran tiempo juntos en un lugar donde era casi seguro que nadie los molestaría.

Cuando Meghan le preguntó por la planificación del viaje

—habría que buscar, por ejemplo, un sitio donde alojarse—, el príncipe contestó:

—Eso déjamelo a mí.

No era la primera vez que Meghan visitaba África. En enero de 2015, viajó a Ruanda como representante de la ONU para visitar el campo de refugiados de Gihembe y reunirse con diversas parlamentarias en Kigali.

El viaje surgió a raíz de una entrada que Meghan publicó en su blog el 4 de julio de 2014, en la que vinculaba el Día de la Independencia de Estados Unidos con la independencia individual.

Brinda hoy por ti, escribía. *Por el derecho a la libertad, por el empoderamiento de las mujeres (y los hombres) que luchan por ella, y por conocerte, asumirte, respetarte, cultivarte y quererte a ti misma.*

Este mensaje llamó la atención de un directivo de HeForShe —la campaña global de Naciones Unidas para la igualdad de género—, que quiso contar con ella para promover su causa. Meghan deseaba que su creciente popularidad como actriz sirviera para algo más que para que la invitaran a posar en la alfombra roja o le regalaran ropa. Quería crecer y superarse intelectual y moralmente. Había visto cómo Angelina Jolie y otras actrices patrocinaban causas humanitarias, y deseaba utilizar su «posición como actriz para contribuir a un cambio tangible». De modo que aceptó la propuesta e incluso se ofreció a trabajar como voluntaria para la organización aprovechando que iba a tener unos días de descanso en el rodaje de *Suits*. Fue algo muy propio de ella: antes de aceptar cualquier compromiso, le gustaba prepararse a conciencia.

Ruanda es el único país del mundo cuyo parlamento está

formado en un 64 % por mujeres. Esta muestra de empoderamiento femenino surgió de las cenizas del genocidio que asoló el país en 1994, en el que murieron entre ochocientas mil personas y un millón, lo que ha hecho que las mujeres constituyan desde entonces entre un 60 y un 70 % de la población total. La nueva constitución, aprobada en 2003, establecía que las mujeres debían ocupar como mínimo un 30 % de los escaños del Parlamento. En las elecciones, sin embargo, se superó esa cuota y las mujeres ocuparon un 48 % de los escaños. En los siguientes comicios, este porcentaje llegó al 64 %.

En febrero de 2016, casi un año después de su primer viaje, Meghan regresó a Ruanda, esta vez con World Vision, una organización humanitaria cristiana dedicada a mejorar las condiciones de vida de los niños. El propósito del viaje era poner de relieve la importancia crucial de contar con agua limpia. Meghan visitó una escuela rural y enseñó a los alumnos a pintar con acuarelas utilizando el agua de una tubería recién instalada en su aldea. Los alumnos hicieron dibujos inspirados en sus esperanzas para el futuro.

—Fue una experiencia increíble, coger agua de una de las fuentes de la aldea y usarla para que los niños pintaran lo que soñaban con ser de mayores —contó Meghan—. Comprendí que el agua no es solo una fuente de vida para una comunidad, sino que también puede ser una fuente de imaginación creativa.

Meghan le habló de aquella experiencia a Harry en su primera cita y él la hizo partícipe de su pasión por África, un continente en el que, según ha dicho muchas veces, se siente «más a gusto que en ningún otro lugar del mundo».

Harry se enamoró de África tras la trágica muerte de su madre, la princesa Diana, en 1997. Aunque con el paso de los años el continente se ha convertido en un segundo hogar para él, el príncipe sigue recordando su primera visita como si hubiera sido ayer. Días después de que Guillermo, que tenía quince años, y él, que tenía doce, acompañaran el féretro de su madre desde el palacio de Saint James a la abadía de Westminster, el príncipe Carlos animó a sus hijos a acompañarle en su primera visita oficial a Sudáfrica para escapar de las muestras de consternación y el luto oficial que los rodeaban por todas partes.

La muerte de Diana marcó un punto de inflexión en la relación de Carlos con sus hijos. El príncipe de Gales siempre había intentado ser un buen padre, pero había sido educado en un estricto sentido de la formalidad y, aunque dispensaba a sus hijos un cariño mucho mayor del que él había recibido como heredero al trono, era un hombre extremadamente rígido y no estaba acostumbrado en absoluto al ambiente familiar que Diana había creado para los niños.

Diana había tenido una infancia difícil debido al divorcio de sus padres y estaba decidida a que su familia llevara una vida lo más normal posible, llena de cariño y risas, en el palacio de Kensington. Fue una de las primeras *royals* que convirtió la cocina en una habitación más de su hogar, no reservada exclusivamente para el servicio. Le encantaba que su chef, Carolyn Robb, cocinara con los niños. Carolyn preparaba una tarta hecha a base de migas de galleta, y solía reclutar la ayuda de Guillermo y Harry para triturar las galletas en bolsas de conservación.

Carlos no podía llenar el vacío dejado por Diana en la vida de sus hijos, pero, tras su fallecimiento, se dio cuenta de que le correspondía a él concluir la tarea de educarlos. Antepuso esta prioridad incluso a su relación con su amor de toda la vida, Camilla Parker-Bowles. Diana había muerto en circunstancias trágicas quince días antes de que Guillermo y Harry hicieran su debut oficial asistiendo a un acto de la Sociedad de Osteoporosis. A partir de entonces, Carlos se centró en los niños, que no volvieron a aparecer juntos en público hasta dos años después.

En aquel viaje con su padre, justo después del fallecimiento de Diana, Harry tuvo la oportunidad de conocer a Nelson Mandela (y a las Spice Girls). En aquel momento tan delicado de la vida de su hijo, Carlos procuró además que fuera de safari a Botsuana. La belleza de los animales y de su entorno natural quedaría grabada a fuego en la memoria de aquel chaval de trece años.

Desde que tuvo edad para viajar por su cuenta, Harry procuraba pasar en África dos o tres semanas, como mínimo, cada verano. Dedicaba, además, parte de su trabajo social a la protección de la vida salvaje y los hábitats naturales que hacen de África un continente tan especial.

—Tenemos que cuidarlos —decía—, porque, si no, nuestros hijos no tendrán oportunidad de ver lo que hemos visto nosotros. Y es un reto. Porque, si no podemos ni proteger a unos cuantos animales en un área natural, ¿qué podemos hacer?

Gracias a su padre, Harry era ya un defensor del medioambiente mucho antes de que el ecologismo dejara de ser un movimiento minoritario. El príncipe Carlos lleva desde los años setenta hablando de cambio climático y uso del plástico, y es consciente de que, al principio, cuando ponía el énfasis en esas cuestiones, se le consideraba «un poco excéntrico». Gran defensor de la agricultura sostenible, gestiona su finca de Highgrove conforme a «estrictos criterios de sostenibilidad», como el sistema de drenaje y depuración mediante lecho de carrizo y los depósitos de recogida de agua de lluvia para su uso en algunos inodoros y en el riego de los campos.

Cuando Harry y Guillermo eran pequeños, el príncipe de Gales insistía constantemente en que apagaran las luces y recogieran basura cuando iban de excursión.

—En el colegio me tomaban el pelo por recoger basuras —contó Harry en un documental con motivo del setenta cumpleaños de su padre.

A pesar de las bromas de sus compañeros, los dos hermanos hicieron suyo el activismo medioambiental de Carlos y más adelante promoverían iniciativas propias en ese terreno.

El fomento de la conservación del medioambiente no era, sin embargo, la única labor que Harry desarrollaba en África. También retomó el trabajo de su madre en la lucha contra la epidemia del sida. Apenas cinco meses antes de su fallecimiento, la princesa Diana realizó una visita privada a Sudáfrica para ver a su hermano, Charles Spencer, que vivía allí por entonces. Durante su estancia en el país, vio cumplido un deseo que abrigaba desde hacía tiempo: reunirse con Nelson Mandela en Ciudad del Cabo para hablar de la amenaza que representaba el sida.

—Ella se decantaba por el tipo de causas y organizaciones humanitarias que todo el mundo rehúye, como las minas antipersonas en el Tercer Mundo —ha dicho Harry sobre su madre—. Se involucró en cosas en las que nadie se había involucrado antes, como la lucha contra el sida. Tenía más agallas que nadie. Quiero continuar las cosas que ella no pudo terminar —concluía el príncipe, que pasó parte de su año sabático (2004) en Lesoto, el país con la segunda mayor tasa de VIH y sida del mundo.

Fue su mentor, el capitán Mark Dyer —que anteriormente fue caballerizo del príncipe Carlos y que tras la muerte de Diana se convirtió en una segunda figura paterna para Guillermo y Harry—, quien le sugirió que pasara una temporada en el empobrecido país africano cuando el príncipe expresó su deseo de conocer mejor el trabajo que llevaba a cabo su madre.

Las estadísticas eran abrumadoras. La tasa de paro en Lesoto alcanzaba el 50 %, una cifra vertiginosa, y la esperanza de vida era de menos de cuarenta años para casi el 70 % de la población. En torno a un 25 % de la población adulta estaba infectada de VIH, y esa cifra llegaba al 35 % en el caso de las mujeres embarazadas. La pobreza, la desigualdad de género y el estigma de la enfermedad eran obstáculos que impedían la prevención de la infección por VIH y el tratamiento del sida.

Harry pasó dos meses en Lesoto trabajando con niños huérfanos y pudo así comprobar en primera persona el alcance de la crisis del sida. Durante su estancia en el país, trabó amistad con el príncipe Seeiso, de la familia real, que también había perdido recientemente a su madre, la reina Mamohato. Juntos idearon Sentebale, una organización dedicada a promover «la salud mental y el bienestar de niños y jóvenes afectados por el VIH en Lesoto y Botsuana», que fundaron oficialmente en el año 2006. Para ambos príncipes, la creación de esta ONG —cuyo nombre significa «no me olvides» en sesoto, el idioma del país— era una forma de rendir homenaje a sus difuntas madres. Los nomeolvides eran las flores preferidas de Diana.

Entre los muchos temas de los que hablaron Meghan y Harry aquella primera noche en Soho House, África fue el que creó un vínculo instantáneo entre ellos. Meghan afirmó que le encantaría volver para conocer mejor el continente, y Harry, evidentemente, tomó buena nota de ello.

Según una persona de su círculo, Meghan estaba «ilusionada» por el viaje con Harry, pero también se preguntaba si no sería una locura marcharse así.

—Era la primera vez que hacía algo parecido —comenta esa misma fuente—. Pero sabía ya, por el poco tiempo que había pasado con él y por sus conversaciones diarias por teléfono y sus mensajes, que Harry era una buena persona, además de un caballero. A veces, en estas cosas, hay que dejarse llevar... y eso fue lo que hizo Meghan.

A su llegada de Toronto, pasó una sola noche con Harry en el palacio de Kensington. A la mañana siguiente viajaron de Londres a Johannesburgo, un vuelo de once horas al que siguieron otras dos horas en avioneta hasta el aeropuerto internacional de Maun, en Botsuana. A continuación, subieron a un todoterreno para recorrer ciento veinte kilómetros por la carretera nacional A3, hasta llegar a un lugar al que muchos se refieren hoy en día como «el último edén de África».

En opinión de Harry, no hay paisajes más bellos en África que los del delta del Okavango, el espectacular humedal de quince mil kilómetros cuadrados situado en plena sabana de Botsuana y una de las últimas regiones vírgenes del globo. Allí fue donde llevó a Meghan en secreto. No era la primera vez que el príncipe visitaba esa parte del mundo: había estado allí con Chelsy en 2005, cuando hicieron un crucero fluvial en el barco Kubu Queen, y de nuevo en 2009, cuando pasaron tres noches en el Shakawe River Lodge, un hotel de lujo. Para su escapada romántica con Meghan, Harry eligió el Meno A Kwena («dientes de cocodrilo», en idioma nativo), un campamento de safaris situado en los límites del Parque Nacional de Makgadikgadi Pans.

Situado a unos diez kilómetros de cualquier otro campamento (lo que es raro en esa zona), el Meno A Kwena les proporcionaría la máxima intimidad posible, no solo respecto de la prensa, sino también de los turistas. En una pared del hotel cuelga una fotografía enmarcada de los abuelos de Harry, la reina Isabel y el príncipe Felipe, tomada cuando fueron en visita oficial a Botsuana en 1979. Hay, además, un retrato de *sir* Seretse Khama, el primer presidente de Botsuana, y de su esposa, la británica de raza blanca Ruth Williams, cuya boda conmocionó al mundo en 1948. (Su historia inspiró la película *Un reino unido*, de 2016, protagonizada por David Oyelowo y Rosamund Pike).

Meghan y Harry pasaron gran parte del viaje en una de las tiendas de lujo del hotel, al precio de 1957 dólares la noche. Decir *tienda* puede inducir a error, tratándose de los alojamientos y el servicio que ofrece el Meno A Kwena. Las habitaciones, con sus enormes camas de teca cubiertas con mullidos edredones tejidos a mano para cuando bajan las temperaturas por la noche, se parecen mucho más a cabañas de lujo que a tiendas de campaña. Cada tienda dispone de una terraza privada y un cuarto de baño completo, con agua calentada por energía solar, duchas presurizadas y toallas de algodón egipcio que convierten la acampada en una experiencia sumamente confortable. La pareja se alegraba de volver cada noche a aquel espacio acogedor tras pasar el día de safari.

El día solía empezar temprano, con un buen desayuno servido en la terraza de la habitación; normalmente, huevos con beicon para Harry y yogur con fruta para Meghan. Después metían en la mochila las cosas básicas que necesitaban para pasar el día; entre ellas, los almuerzos que les preparaba la cocina del campamento. Meghan se encargaba de llevar siempre crema solar para los dos (sobre todo para Harry, que se quemaba fácilmente y a menudo olvidaba ponerse el protector solar).

También pasaron algunas noches fuera del campamento, vivaqueando en las salinas de Makgadikgadi. Aunque Meghan había viajado mucho y era aficionada a la aventura, una fuente cercana comenta que le costó un poco acostumbrarse a dormir al aire libre. Oír en plena noche cantos de pájaro, gruñidos de hipopótamo o ruidos de otros animales no es lo más idóneo para dormir a pierna suelta. Harry, en cambio, estaba acostumbrado a los sonidos de la sabana, y tenerle a su lado la tranquilizaba.

A Meghan podía perdonársele que al principio le costara dormir en una región remota y salvaje de África, porque pese a todo demostró ser una viajera muy versátil, lo que encantó a Harry. De hecho, solo se llevó una mochila al viaje (bastante grande, eso sí). Es extremadamente ordenada y su habilidad para preparar el equipaje impresionó de inmediato al príncipe. Siempre se ha sentido orgullosa de esa capacidad suya para hacer bien la maleta —llega al extremo de poner toallitas para secadora entre la ropa para que huela a limpio y vaya donde vaya siempre lleva aceite de árbol del té para tratar picaduras, heridas y granitos—, y el príncipe supo valorarla en su justa medida.

—A Harry le encantó desde el principio que a Meghan no le importe prescindir de lujos para disfrutar del entorno natural —cuenta una persona allegada a la pareja—. Recuerdo que Meghan me dijo una vez en broma que ella puede llevar aún menos cosas que él en la maleta cuando van de viaje.

Si al príncipe le preocupaba haber llevado de safari a una remilgada actriz de Hollywood, la sencillez que demostró Meghan sin duda fue una grata sorpresa para él. Cuando vivaqueaban, se lavaba la cara con toallitas para bebés y, si tenía que hacer sus necesidades, se internaba un poco en el campo sin ningún problema. Pasar cinco días juntos les brindó la oportunidad de conocerse mejor y descubrir que tenían en común su curiosidad por el mundo y un talante sencillo y relajado.

—Fue ese amor por la aventura y el haber compartido esas experiencias emocionantes lo que los unió tanto desde el principio —comenta una persona cercana a la pareja—. El hecho de que a los dos les encante colgarse la mochila al hombro y salir a explorar. Creo de verdad que nunca dejarán de hacerlo.

Tras el viaje a Botsuana, Meghan volvió sola a casa y Harry se trasladó a Malaui, donde debía pasar tres semanas trabajando con African Parks, un organismo que gestiona diversos parques nacionales africanos de gran riqueza ecológica. Ya sin Meghan, se sumó al grupo de voluntarios, veterinarios y expertos que llevaron a cabo una de las mayores reubicaciones de elefantes de la historia, con el traslado de quinientos animales.

Harry ayudó a trasladar a varias manadas desde los parques nacionales de Majete y Liwonde hasta la reserva natural de Nkhotakota para su repoblación.

—Los elefantes ya no pueden moverse libremente, como hacían antes, sin entrar en conflicto con las poblaciones humanas o sin encontrarse con el peligro de la caza furtiva y la persecución —declaraba el príncipe—. Para que convivan personas y animales y tratar de mantener la paz, cada vez es más frecuente que haya que levantar vallas que los separen.

El doctor Andre Uys, veterinario y activista medioambiental, volaba con Harry en un helicóptero que hacía salir a familias de elefantes de los bosques hacia un humedal. Después, Andre los sedaba para trasladarlos a un lugar más seguro, a unos trescientos kilómetros de distancia, y Harry marcaba a los elefantes utilizando una pintura en aerosol inocua que desaparecía al cabo de un tiempo.

—La dedicación de Harry a la conservación de la naturaleza es admirable. Está claro que esa pasión por preservar la vida salvaje le sale de muy dentro —comentaba Andre, y añadía que el príncipe «se involucró tanto como los demás, formaba parte del equipo».

En cuanto a Meghan, una amiga cuenta que, cuando regresó de África, «estaba sonriente y totalmente hechizada». Tenía el teléfono lleno de fotos: de los paisajes que habían visto, de ella sola y de los dos juntos. Según esa misma amiga, si Meghan no hubiera tenido que volver a Canadá por trabajo y Harry a Londres, «les habría encantado pasar todo el verano juntos». Pero no fue únicamente la belleza del entorno lo que hizo que el viaje fuera tan idílico. Meghan contaba, además, que había hablado muchísimo con Harry de cosas de las que rara vez hablaba con nadie.

—Nunca me he sentido tan segura —le dijo a su amiga— ni tan unida a alguien en tan poco tiempo.

4

Empieza a correrse la voz

Harry sentía un hormigueo de emoción cuando, el 28 de octubre, su avión procedente de Londres aterrizó en el aeropuerto de Toronto Pearson. Por fin, después de dos larguísimos meses de separación, estaba a escasos minutos de reencontrarse con su novia.

Meghan y él llevaban meses viéndose a escondidas y ya se habían acostumbrado a esa rutina, que de momento funcionaba a la perfección. El príncipe viajaba en vuelos comerciales, como hacía siempre (aunque normalmente era el último en subir al avión y el primero en bajar). Aquel día, para no llamar demasiado la atención, viajaba con un solo escolta, en vez de los dos que solían acompañarle. Se había asegurado, además, de que hubiera un coche que no llamara la atención esperándole a la salida de la terminal para llevarle a su nido de amor, la casa de dos plantas, pintada de color burdeos, que Meghan tenía en el barrio de Seaton Village.

Desde el viaje a África, su relación iba viento en popa.

—Técnicamente, aquella escapada fue solo su tercera cita —comenta una amiga sobre el viaje a Botsuana—, pero ya en aquel momento empezaron a sospechar que lo suyo podía ser para siempre.

Meghan estaba entusiasmada. Nada podía frenarla, a pesar de que un amigo inglés la advirtió de los peligros de salir con Harry; principalmente, del acoso al que la someterían los tabloides.

—Se ensañan con las mujeres y las novias de los príncipes —le dijo—. Fíjate en Diana.

Pero desde los tiempos de Diana habían cambiado muchas cosas y Meghan intentó convencerse de que no sería para tanto.

Otra amiga trató de hacerle ver el peligro, pero por un motivo bien distinto: la reputación de Harry en los medios de comunicación. La prensa británica, que adjudicaba al príncipe una novia distinta casi cada mes, pintaba a Harry como un hombre inmaduro que aún tardaría mucho tiempo en sentar la cabeza. Por eso la amiga de Meghan le aconsejó que «tuviera cuidado». Meghan, sin embargo, no identificaba a ese personaje que retrataban los tabloides con el hombre serio y responsable al que se sentía tan unida.

—Es un tío estupendo —insistía—. Muy tierno, muy sincero.

Pese a ser un príncipe, Harry era como cualquier otro hombre de su edad en el sentido de que había pasado por experiencias que le habían obligado a madurar. Una de ellas había sido su paso por el ejército, que había dado un vuelco a su vida ya antes de conocer a Meghan.

El servicio militar constituye un rito de transición para los varones de la familia real británica. El príncipe Carlos sirvió en la Royal Navy, al igual que su padre, el príncipe Felipe de Edimburgo. Guillermo cumplió más de siete años de servicio militar y cuando se casó con Kate aún era piloto del Servicio de Búsqueda y Rescate. Para Harry, sin embargo, el ejército fue mucho más que un rito de transición: le dio la oportunidad de ver el mundo como una persona corriente y fue para él una gran fuente de inspiración.

Desde que, siendo pequeño, montó alguna vez en un tanque al acompañar a sus padres en un acto oficial, Harry había querido servir a su país. Al concluir su periodo de instrucción en la Academia de Sandhurst, hubo debates tanto públicos como privados sobre la conveniencia de que participara en la guerra de Irak, que había empezado hacía ya siete años. Hacían falta controladores aéreos avanzados en la zona de conflicto, y él lo era, pero su notoriedad planteaba numerosas complicaciones. Harry, aun así, se negó a «quedarse en casa de brazos cruzados». En febrero de 2007, el Ministerio de Defensa británico y el palacio de Buckingham emitieron un comunicado conjunto en el que informaban de que Harry se marchaba al frente: iría a Irak a desempeñar las «labores propias de un comandante de tropa, dirigiendo a un grupo de doce soldados distribuidos en cuatro blindados de reconocimiento Scimitar, cada uno de ellos con tres tripulantes». Los insurgentes iraquíes, por su parte, emitieron otro comunicado que dio al traste de inmediato con los planes de Harry.

«Esperamos con ansia la llegada de ese joven príncipe, tan guapo y consentido, y confiamos en que se arriesgue a salir al campo de batalla», declaró Abú Zaid, el comandante de la Brigada Malik Ibn Al Ashtar. «Seremos generosos con él, pues se lo devolveremos a su abuela, aunque sin orejas».

En público, Harry se esforzó por poner al mal tiempo buena cara, pero íntimamente fue un golpe muy duro para él. Su posición como miembro de la Casa Real ponía en peligro todo aquello por lo que se había esforzado. Estaba muy afectado y sus superiores en el ejército eran conscientes de que las cosas no podían quedar así.

El patriótico príncipe tardaría un año más en viajar en misión militar a Oriente Medio. Tras negociar un apagón informativo para que su paradero no llegara a oídos de los talibanes, fue nada menos que su abuela, la reina, comandante en jefe de las Fuerzas Armadas británicas, quien le dio la noticia.

—Me dijo que me iba a Afganistán —contaría el propio Harry.

El 14 de diciembre de 2007, en un aeródromo de Oxfordshire, el príncipe embarcó en un C-17 del ejército con destino a Kandahar. Dos días después, subió a bordo de un helicóptero Chinook junto con un grupo de soldados de las Fuerzas Especiales, rumbo a la Base Avanzada de Operaciones Dwyer, en la provincia de Helmand, una de las regiones más peligrosas del globo por su proximidad a la frontera con Pakistán. En el ejército, a Harry se le conocía como «el alférez Wales» [Gales]. Desde que llegó a Afganistán, se le conoció por su nombre en clave: Widow Six Seven.

Harry, como cualquier soldado, podía ser requerido en cualquier momento para entrar en acción, y tenía que salir a toda prisa, en plena noche, de la tienda de campaña en la que dormía, presidida por la bandera británica.

—Estás durmiendo en la cama —cuenta— y seis minutos y medio después estás tirado en el suelo hablando con un compañero al que le están disparando.

Al acercarse las Navidades, el apagón informativo continuaba y muy poca gente sabía que Harry se uniría al Batallón de Gurkhas en la Base Avanzada de Operaciones Delhi, una base expedicionaria ocupada hasta entonces por el Cuerpo de Marines estadounidense, en Garmsir.

Mientras Harry patrullaba por aquel polvoriento rincón de Helmand asolado por las bombas —los talibanes habían atacado en repetidas ocasiones el campamento militar con lanzacohetes, morteros y fuego de ametralladoras desde que los británicos se habían hecho cargo de la base—, su abuela daba su tradicional discurso navideño, en el que alabó la labor de las tropas británicas en Afganistán.

—Quiero mencionar a otro colectivo que merece un recuerdo especial en estas fechas —dijo en la grabación televisada—. Tenemos muy presentes a todos los militares que han dado su vida o han resultado gravemente heridos sirviendo a las Fuerzas Armadas en Irak y Afganistán.

Helmand no era lugar seguro para un príncipe inglés, y menos aún para el tercero en la línea de sucesión al trono.

Cuando faltaba un mes para que Harry cumpliera su misión de catorce semanas, un tabloide australiano se saltó el veto informativo y reveló que el príncipe se hallaba en Afganistán realizando labores militares. Harry fue evacuado inmediatamente de la zona de guerra y regresó al Reino Unido, donde su padre y su hermano le estaban esperando cuando aterrizó, desanimado, en la base aérea de Brize Norton.

El príncipe dijo estar «hecho polvo» por haber tenido que abandonar a sus hombres contra su voluntad y comenzó casi enseguida a mover los hilos necesarios para regresar al frente, esta vez como piloto de un helicóptero Apache.

A principios de 2009, se unió al Cuerpo Aéreo del Ejército para iniciar su formación como piloto de helicópteros en la base de la RAF en Middle Wallop, Hampshire. El príncipe puso gran empeño en superar el durísimo entrenamiento físico y los exámenes necesarios para conseguir la licencia de piloto. A mediados de 2009, superó la primera fase de entrenamiento. Según declaró, era «la manera más sencilla de volver al frente, puede que más segura o puede que menos, no lo sé». En el verano de 2010, inició la segunda fase de entrenamiento. Sus superiores estaban tan impresionados por sus aptitudes que le permitieron entrenarse como piloto de Apaches, lo que solo logra un 2 % de los pilotos militares británicos. Este helicóptero de ataque, equipado con misiles antitanque, cohetes y ametralladora, se había utilizado en miles de combates y operaciones de salvamento en Afganistán debido a su potencia armamentística.

En octubre de 2011, Harry viajó a Estados Unidos para completar la última fase de formación. Pasó los últimos días de entrenamiento en la Base Aeronaval de El Centro, al norte de San Diego (la escuela Top Gun, como se la suele llamar), y en la Base Auxiliar de la Fuerza Aérea de Gila, en el sur de Arizona, cerca de la frontera con México. Las prácticas en el desierto, que permiten a los pilotos perfeccionar su destreza en el bombardeo aire-tierra, el disparo de cohetes y la localización de blancos móviles terrestres, son lo más parecido que puede haber a un combate aéreo real. El Centro es la base de entrenamiento más rigurosa del mundo y prepara a personal militar del Cuerpo de Marines y la Armada, así como a boinas verdes del Ejército de Tierra y pilotos aliados procedentes de Gran Bretaña, Francia, Alemania e Italia. Al acabar el periodo de entrenamiento, Harry recibió al fin permiso para regresar a Afganistán.

Llegó a la República Islámica en septiembre de 2012 como copiloto artillero del Escuadrón 662, 3.⁰ Regimiento del Cuerpo Aéreo del Ejército. Esta vez se hizo pública la noticia y, al cumplirse una semana de su llegada, diecinueve talibanes armados con lanzagranadas, morteros y armas automáticas irrumpieron en la base militar. Los insurgentes comenzaron a disparar sus lanzagranadas y sus AK-47 dentro del recinto del campamento, y el combate que siguió duró más de cinco horas.

Unos días antes, los talibanes habían anunciado la Operación Harry, que, como indica su nombre, tenía como objetivo matar o herir al príncipe. Al amparo de la noche, los insurgentes se hicieron pasar por trabajadores de una plantación de maíz cercana y, pese a los reflectores de la base, consiguieron burlar a los guardias apostados en las torres de vigilancia y abrir una brecha en la valla de casi diez metros de altura y rematada con alambre de espino.

—Hemos atacado la base porque el príncipe Harry estaba allí —declaró un portavoz de los talibanes.

Aunque se daba por descontado que había un plan de emergencia para conducir a Harry a una «habitación del pánico» en caso de ataque enemigo, una fuente cercana al príncipe afirma que no había en realidad ningún preparativo especial previsto, ni dentro de la base ni en sus alrededores. Si los atacaban, Harry tendría que afrontar la situación como cualquier otro militar presente en la base. A fin de cuentas, para eso se había entrenado.

—Harry era consciente del riesgo que corría, aunque se negociara un apagón informativo para intentar que el enemigo no supiera dónde estaba y no pudiera convertirle en su objetivo —afirma esa misma fuente.

A pesar del evidente peligro que corría, Harry se alegró de que le permitieran concluir su misión de veinte semanas. El ejército le proporcionaba la estructura, el compañerismo y el anonimato que necesitaba. En Afganistán, vivió como cualquier otro soldado de Camp Bastion, donde estaba destinado. En el estrecho espacio de la polvorienta tienda de campaña VHR en la que dormía, el príncipe se hacía él mismo la cama y mataba el rato jugando a Uckers, un juego de mesa muy popular entre el personal de la Royal Navy, y a *FIFA 07* en la Xbox. Hacía lo posible por pasar inadvertido e incluso acudía tarde a la cantina de la base, cuando la mayoría de los otros soldados se habían retirado ya, para evitar en lo posible miradas curiosas mientras comía.

—Mi padre siempre está intentando recordarme quién soy y esas cosas —contó cuando volvió a casa en enero de 2013—, pero cuando estoy en el ejército me resulta muy fácil olvidarme de quién soy.

Nunca le había agradado la vertiente más estirada y protocolaria de sus responsabilidades oficiales, y Harry —o el capitán Wales, como se le conocía— se sentía a sus anchas en el mundo austero y pragmático del ejército.

No es de extrañar, por tanto, que cuando en 2015 tomó la «difícil decisión» de poner fin a su carrera militar, que ya duraba diez años, Harry se sintiera un poco perdido. El enfado y la ansiedad empezaron a aflorar, y ninguna de esas emociones convenía a la figura pública de un príncipe. Sufría ataques de ansiedad en los actos oficiales. Incluso en un entorno tan relajado y benigno como una recepción de MapAction —una ONG dedicada a la respuesta humanitaria frente a emergencias— para celebrar su reciente patronazgo, su instinto de piloto de helicópteros militares, el impulso de luchar o huir, entró en juego. Una fuente recuerda que, cuando salió de aquel acto celebrado en la Royal Society de Londres, Harry «comenzó a respirar hondo una y otra vez».

—La gente, las cámaras, la expectación… —comenta esa misma fuente—. Todo eso le superaba. Estaba al borde de una crisis.

El propio Harry describió este fenómeno.

—En mi caso, cada vez que estaba en una habitación llena de gente, lo que ocurre muy a menudo, empezaba a sudar a chorros —le contó a un periodista de Forces TV, el canal de televisión del ejército británico—. Se me ponía el corazón a cien: bum, bum, bum, bum... Como una lavadora, literalmente.

Durante sus dos misiones en Afganistán, Harry vio combates de esos que permanecen grabados a fuego en la mente de un soldado mucho después de que vuelva a casa. En la primera, cuando trabajaba como controlador de ataque aéreo en tierra, se encargó de dirigir a los aviones de apoyo en una evacuación médica de emergencia cuando el Ejército Nacional de Afganistán sufrió un ataque de los talibanes que causó numerosas bajas.

Los heridos más graves estaban a punto de ser trasladados de vuelta a la base en un helicóptero Chinook cuando, de pronto, los talibanes atacaron la posición de Harry. El príncipe recibió orden de ponerse a cubierto mientras llovían los cohetes. Uno estalló a apenas cincuenta metros de donde se encontraba, con efectos devastadores.

El fotógrafo John Stillwell, que formaba parte del equipo de la Asociación de la Prensa Británica *empotrado* con Harry en Afganistán, pensaba al principio que el príncipe no participaría en las acciones más peligrosas. Comprobó que no era así cuando todos los tripulantes del tanque de Harry se vieron sometidos al fuego de un francotirador mientras esperaban a que los rescataran del lecho de un río.

Stillwell, que también iba en el tanque, recuerda que rodearon un pueblo y que estaban a punto de cruzar un riachuelo cuando el vehículo que encabezaba el convoy descubrió un artefacto explosivo en la carretera.

—Antes de ir a Afganistán, pensaba que Harry se quedaría en Camp Bastion, a diez metros bajo tierra, lejísimos del peligro —recuerda el fotógrafo—. Me equivocaba completamente. Estuvo en peligro real muchas veces, pero se lo tomaba todo con mucha calma. Es un príncipe, el nieto de la reina, así que podría haber tenido un trabajo de oficina muy cómodo —agrega Stillwell—. Pero prefirió hacer lo más difícil, salir al frente.

Aunque su heroísmo le hizo merecedor de los elogios tanto de la opinión pública como de sus compañeros en el ejército, también le pasó factura. Tras abandonar el servicio militar, Harry sufría con frecuencia ansiedad y ataques de ira.

—Empecé a hacer boxeo porque todo el mundo me decía que sentaba muy bien y que es una forma estupenda de liberar agresividad —comentaba—. Fue lo que me salvó, porque estaba a punto de pegar a alguien, y es mucho más sencillo liarse a puñetazos con una persona que lleva protectores.

El boxeo, sin embargo, no bastaba para aliviar el conflicto que se agitaba en su interior. Estuvo, en sus propias palabras, «muy cerca de un derrumbe absoluto en muchas ocasiones, cuando de todas partes te llegan presiones, mentiras y tergiversaciones de todo tipo».

Si bien sus experiencias en el frente eran un factor de peso, no eran el único motivo del estado emocional en que se hallaba. Y lo peor de todo era que no sabía exactamente qué le estaba ocurriendo.

—No era capaz de señalar a qué se debía —afirmaba—. No sabía qué me pasaba.

Es posible que esa lucha interior fuera aún más dura en el caso de Guillermo. Los dos hermanos estaban unidos no solo por un vínculo de sangre y dinástico, sino por la tragedia de haber perdido a su madre a una edad tan temprana y en circunstancias tan notorias.

—Cada año estamos más unidos —les dijo Harry a los periodistas en 2005—. La muerte de nuestra madre nos acercó, claro. Guillermo es la única persona del mundo con la que de verdad puedo... Podemos hablar de cualquier cosa. Nos entendemos muy bien y nos apoyamos mutuamente.

Ese apoyo entre hermanos se manifestaba de múltiples formas. Alquilaron una casa juntos cuando ambos estudiaban en la escuela de vuelo de Shropshire en 2009 para convertirse en pilotos de helicóptero, y ese mismo año crearon la Royal Foundation, la organización que debía gestionar todo su trabajo filantrópico. Incluso después de que Guillermo se casara y formara una familia procuraban sacar tiempo para verse y hacer cosas juntos. Según una fuente consultada, les encantaba escabullirse para ir a tomar algo a un local situado a kilómetro y pico del palacio: el Mari Vanna, un restaurante ruso frecuentado por algunos de los oligarcas más ricos del mundo, pero también muy discreto.

—La gente que quiere dejarse ver va al local de enfrente, al Mr. Chow —comenta un empleado del restaurante.

Dentro del local, abigarradamente decorado con candelabros de cristal, muñecas rusas, divanes y altísimas librerías llenas de volúmenes antiguos, los hermanos podían disfrutar de un raro paréntesis de intimidad. Una noche de principios de 2016, «se pusieron los dos como cubas», según una fuente. Pero no hubo ningún problema hasta que Harry salió fuera a fumar.

—Tropezó y se cayó en un matorral. Alguien intentó hacerle una foto con el móvil y su escolta saltó literalmente para impedírselo —añade esa misma fuente—. Harry ni se enteró. Volvió con Guillermo y siguieron a lo suyo.

Los dos hermanos querían que el otro fuera feliz. De ahí que, en 2015, Guillermo hablara muy seriamente con Harry sobre su salud mental. Como contaría más adelante Harry en una entrevista que le hizo su amiga, la columnista Bryony Gordon —que también sufre un trastorno obsesivo-compulsivo—, su hermano le dijo:

—Hay que enfrentarse de verdad a estas cosas. No es normal pensar que nada te afecta.

Estas palabras conmovieron a Harry y le animaron a iniciar un difícil proceso de introspección, con terapia incluida, lo que tiene su mérito tratándose de un miembro de la Casa de los Windsor.

A su manera abierta y sincera, el príncipe reveló que, hasta que comenzó a asimilar su dolor, se había sentido totalmente abrumado por las exigencias de la vida pública. Durante dos años, afirmó, había estado sumido en un «caos total».

Cuando comenzó a hablar de sus sentimientos, no tardó en darse cuenta de que tenía mucho dolor reprimido por la muerte de su madre. Hasta entonces, nunca había tenido la oportunidad, o la capacidad, de afrontar ese trauma. Cuando perdió a su madre a los doce años, su pena quedó de inmediato subsumida en la tristeza que embargó al país entero y que pronto adoptó la forma de especulaciones conspirativas y otras obsesiones nacionales. Entretanto, Harry y Guillermo tuvieron que mantener una fachada de entereza ante Inglaterra y el mundo entero. La primera y única vez que el príncipe se permitió llorar por su madre fue en su entierro, el 6 de septiembre de 1997, en la isla del lago de Althorp Park, la finca de la familia de Diana.

En palabras del propio Harry, durante casi dos décadas mantuvo «cerrados a cal y canto» sus emociones y pensamientos acerca del fallecimiento de su madre.

—Creía que pensar en ella no la haría volver y que solo serviría para ponerme triste —afirmó, y añadió que se decía a sí mismo «No permitas que tus emociones se mezclen en nada».

Hablar sobre sus sentimientos resultó la mejor medicina, y en parte fue lo que motivó la puesta en marcha del mayor proyecto que los dos hermanos han emprendido juntos.

En abril de 2016, Guillermo, Kate y Harry lanzaron Heads Together, una campaña para acabar con el estigma asociado a la enfermedad mental. El objetivo era cambiar el discurso sobre las afecciones mentales para que los millones de personas que las padecen se sientan más seguras y se animen a pedir la ayuda que necesitan. Guillermo, Kate y Harry confiaban en que, si ellos hablaban abiertamente sobre enfermedad mental, muchas otras personas dentro del Reino Unido —donde todavía impera la famosa flema británica respecto a estas cuestiones— se animarían a hacer lo mismo.

Según afirmaron Guillermo y Harry, la iniciativa partió de Kate. Al parecer, la idea original quedó anotada apresuradamente en un paquete de tabaco, una noche. La duquesa de Cambridge, que ha centrado gran parte de su labor social en la protección a la infancia y en la lucha contra las adicciones, defendía la necesidad de concienciar a la sociedad sobre las enfermedades mentales. Estaba convencida de que muchos problemas sin resolver que sufrían los adolescentes tenían su origen en dolencias mentales que, si no recibían tratamiento, generaban más adelante problemas sociales de mayor gravedad.

Pero, aunque Heads Together —el buque insignia de la Royal Foundation— fuera idea de Kate, fue la confesión pública de Harry sobre los conflictos íntimos que sufrió durante uno de los periodos más negros de su vida lo que de verdad dio impulso a esta iniciativa. Un año después de la creación de la ONG, en su entrevista con Bryony, Harry asombró al mundo por la valentía con que admitió que había reprimido durante décadas el dolor por la muerte de su madre y que ello le había provocado problemas posteriores de ira y ansiedad, y hablar del desconcierto que había sentido respecto al origen de esos conflictos. Ello dio una enorme publicidad a su causa, pero también supuso romper muchos convencionalismos.

Guillermo y Harry nunca habían hablado con tanta franqueza de su madre y, por descontado, tampoco habían hecho partícipe a la prensa del inmenso dolor que les causó su muerte. Aquel fue un punto de inflexión que contribuyó a resquebrajar el estereotipo de la familia real británica.

Harry tomó una decisión valiente y audaz al abrirse públicamente acerca de la angustia que había sentido durante años. Su confesión, cargada de sinceridad, ayudó a millones de personas. Pese a ello, algunos miembros importantes del personal del palacio real opinaban en privado que había llevado sus «revelaciones» demasiado lejos y que ello marcaba un precedente que más adelante podía plantearles problemas tanto a él como a Guillermo. A fin de cuentas, la familia real solía revelar muy poco acerca de su vida privada, y desde luego jamás abordaba públicamente conflictos de índole tan íntima.

En aquel momento, el príncipe Carlos no hizo comentarios sobre la confesión de su hijo, aunque en 2019 afirmó estar orgulloso de que Harry estuviera contribuyendo con su labor a la eliminación del estigma que conllevan las enfermedades mentales. La reina no hizo ninguna declaración pública al respecto, pero el hecho de que Harry lanzara una campaña sobre salud mental junto a su hermano y su cuñada implicaba de por sí que contaba con el consentimiento de su abuela.

Harry no había roto el protocolo al hacer esas revelaciones personales. Era la propia monarquía la que había dado un paso adelante, saliéndose de los estrechos confines de sus normas.

Aun así, Harry era el único que podía hacer semejante confesión sin que se volviera contra él. Y no por una cuestión de favoritismos personales. Su hermano tenía una capacidad de maniobra mucho más restringida, por ser el heredero directo al trono. Sucedía lo mismo con el príncipe Andrés, al que se le habían brindado nuevas oportunidades una y otra vez después de cometer meteduras de pata o errores graves. Hasta que se hizo pública su asociación con el financiero americano Jeffrey Epstein, condenado por pederastia, Andrés pudo seguir desempeñando sus funciones oficiales como miembro de la familia real pese a que se le achacaban comportamientos que habrían sido inadmisibles en el príncipe Carlos. A los herederos directos al trono se los mide por otro rasero.

Harry estaba orgulloso de los dos años y medio en los que no solo había dado prioridad a sus funciones públicas como representante de la Corona, sino que además había podido «poner en orden» su vida íntima. Tres meses después, cuando Guillermo y él asistieron a una ceremonia religiosa privada celebrada en Althorp House para reconsagrar la tumba de Diana el día en que habría cumplido cincuenta y seis años, Harry podía afirmar sinceramente que era un hombre nuevo. Según él mismo declaraba, ponía «sangre, sudor y lágrimas en las cosas que de verdad importan», tanto para sí mismo como para los demás.

Pero, aunque hubiera empezado a sentirse a gusto en el desempeño de sus funciones oficiales, Harry seguía esforzándose por encontrar a su alma gemela. Su hermano Guillermo había tenido la suerte de fundar una familia con una mujer a la que conoció a los diecinueve años. Él, en cambio, había tenido dos relaciones duraderas fallidas y acumulaba a su espalda gran cantidad de titulares poco halagüeños. No fue simple cuestión de suerte, sin embargo, que el noviazgo y el matrimonio de Guillermo y Kate hubieran llegado a buen puerto. Guillermo había ido a la universidad, donde tuvo oportunidad de hacer nuevos amigos en un entorno protegido. En la Universidad de Saint Andrews, en Fife, Escocia, pudo desarrollar sus habilidades sociales sin la intromisión de la prensa gracias a que la Corona llegó a un acuerdo con los medios británicos —incluidos los tabloides— para que le dejaran en paz mientras estudiaba allí. En aquel espacio seguro conoció a Kate, quien, salvo durante una breve separación de tres meses en 2007, ha sido siempre su apoyo y su compañera fiel.

Debido a que tenía una relación formal desde hacía tiempo, Guillermo no siempre entendía el interés de su hermano por la vida nocturna londinense. De vez en cuando salía con Kate a tomar algo, pero teniendo pareja la experiencia era muy distinta.

Durante el periodo que pasó en Afganistán en 2013, Harry reconoció que estaba «muy celoso» de su hermano porque podía «irse a casa con su mujer y su perro». Él, en cambio, llevaba una vida relativamente solitaria: cuando no estaba en misión militar, «metido en una tienda de campaña llena de hombres, jugando a la PlayStation», estaba en la modesta residencia del palacio de Kensington a la que se trasladó a su regreso de Afganistán, jugando a *Call of Duty* y pidiendo *pizzas* a PizzaExpress (las preferidas de los príncipes). Su anhelo de fundar una familia se intensificó cuando Guillermo y Kate ampliaron la suya con el nacimiento de su segundo retoño, la princesa Charlotte, el 2 de mayo de 2015.

Todos esos factores contribuyeron a que Harry dejara de ser el príncipe impulsivo y alocado contra el que su amiga advirtió a Meghan y se convirtiera en el hombre deseoso de encontrar un amor duradero al que la actriz americana conoció en Londres.

Llevarla a Botsuana, un lugar para él tan sagrado y especial, era un símbolo de lo que sentía por ella. Meghan era inteligente, independiente, aventurera, optimista y muy bella. Pero, por encima de todas esas cosas, lo más importante para Harry era su autenticidad. El príncipe sabía que Meghan no intentaba impresionarle. Desde el primer momento tuvo la sensación de que se mostraba tal y como era.

Según cuenta una amiga íntima de Meghan, a los tres meses de empezar a salir ya se decían «te quiero». Fue Harry quien primero pronunció esas dos palabras tan cortas pero tan cargadas de significado, y Meghan contestó de inmediato: «Yo también te quiero». A partir de entonces, tardaron poco en empezar a hablar explícitamente de su futuro juntos.

En otra muestra de cariño hacia el príncipe, Meghan incluía en su muro de Instagram pequeñas bromas llenas de complicidad y alusiones veladas. En julio, publicó en esa red social un comentario que hablaba de una *cena para uno* la noche que pasó a solas en su habitación del hotel durante uno de sus primeros viajes para ver a Harry, y el 17 de julio colgó una foto de dos parejas besándose con el comentario *Amor de domingo*. Luego estaban las preciosas fotos de peonías que colgaba, seguramente regalo del capitán Wales. *Me desmayo*, escribió el 1 de julio. Dos semanas después, publicó más fotos de flores. *Cuánto me miman*, escribió junto con el *hashtag #quenosenterenadie*.

El hecho de que Harry viajara tres veces a Toronto entre agosto y octubre de ese año pone de manifiesto lo que sentía por ella. Por miedo a que la gente reconociera al príncipe, cuyos rizos pelirrojos son tan característicos, evitaban ir a los locales preferidos de Meghan, como el Bar Isabel y el Terroni, y solían quedarse en la casa de tres habitaciones y dos baños que ella alquiló al divorciarse, en el verano de 2013.

Aquella era la casa más grande en la que había vivido sola hasta ese momento, y que había tenido que decorar. La decoró igual que vestía, combinando artículos caros y baratos. Aunque tenía algunos cuadros decentes que colgar en las paredes (de vez en cuando se permitía el lujo de comprar una pieza pequeña para su creciente colección de arte), en cuestión de muebles y accesorios de hogar solía recurrir a tiendas de precios económicos, como HomeSense, IKEA o incluso Home Depot. «Tener dinero en el banco no significa que haya que gastarlo», le había dicho su padre cuando era una adolescente, y ella seguía haciendo caso de aquel consejo.

Pasado un tiempo, se dio el capricho de comprar una Big Green Egg, una barbacoa de cerámica de estilo *kamado* que tenía vista en Internet desde hacía un año. El espacioso patio de la casa era perfecto para invitar a comer a los amigos. Con su terraza, su decoración playera y sus grandes ventanales con vistas a la parte de atrás, la casa le recordaba un poco a California. Los vecinos del barrio —familias con hijos, en su mayoría— eran muy amables, y en el centro de la urbanización de chalés adosados había un buen colegio público y un parque para perros en el que Bogart, el perro de Meghan, podía retozar a sus anchas.

Aunque no había tenido mascotas de pequeña, Meghan adoraba a Bogs, como lo llamaba ella. De hecho, las fotos del perro abundaban en su muro de Instagram. Meghan, no obstante, asegura que si adoptó al labrador mestizo fue gracias a Ellen DeGeneres.

Según cuenta, un día estaba haciéndole carantoñas a Bogart en la protectora de Los Ángeles que los había rescatado a él y a su hermano cuando llegó la presentadora de televisión con su esposa, la actriz Portia de Rossi.

—¿Es tu perro? —le preguntó Ellen.

—No —contestó Meghan.

Todavía no se conocían. Y aunque Meghan sabía, naturalmente, quién era Ellen, Ellen no tenía ni idea de quién era ella. Aun así, la famosa cómica le dijo:

—Tienes que quedarte con ese perro.

—Bueno, todavía me estoy decidiendo...

—¡Adóptalo! —ordenó Ellen. Y luego, nada más salir del edificio, tocó en la ventana y le gritó—: ¡Llévate al perro!

¿Cómo iba a negarse?

—Es como si Oprah te dice que hagas algo —comentaría Meghan más adelante—. Me lo traje a casa. Porque me lo dijo Ellen.

No se arrepintió de su decisión. De hecho, dos años después adoptó a otro perro —un *beagle* llamado Guy— al que vio por primera vez en un acto para promover la adopción organizado por la protectora de animales A Dog's Dream Rescue, de Ontario.

Ahora, sus dos preciosos perros se le metían entre los pies mientras preparaba pollo asado —una de sus especialidades— para el príncipe en la moderna y blanquísima cocina de su casa de Toronto.

Aunque procuraban no llamar la atención, la presencia de Harry no podía pasar inadvertida en el vecindario. Al poco tiempo, sus visitas eran un secreto a voces entre los residentes del barrio de Seaton Village.

—Cuando veíamos un todoterreno negro aparcado, con unos tipos dentro que llevaban auriculares y comían burritos, decíamos: «¡Anda, ha venido Harry!» —cuenta uno de los vecinos.

La noticia, sin embargo, nunca llegó más allá de la página de Facebook de la comunidad de vecinos de Seaton Village, en la que se hablaba sobre todo de cacas de perro y de la nieve que había que quitar de las aceras. En Toronto no hay, ni mucho menos, tantos *paparazzi* como en Nueva York, Los Ángeles o Londres, porque la industria de las *celebrities* canadienses es mucho más reducida.

Meghan y Harry no se veían únicamente en Londres y Canadá, de todas formas. La clave estaba en contar con la complicidad de sus amigos más íntimos. Como no les preocupaba que su círculo más cercano los delatara, disponían de muchos cómplices dispuestos a ofrecerles cobijo. Uno de los mejores amigos de Harry, Arthur Landon, les dejó su casa de Los Ángeles una semana. Hijo del difunto general de brigada Tim Landon —conocido como el Sultán Blanco, o Landon de Arabia, por el golpe de Estado incruento que, según se cuenta, ayudó a organizar en Omán, y por la enorme fortuna que amasó allí—, Arthur es uno de los jóvenes más ricos de Inglaterra. El exmodelo y cineasta, que velaba por Harry desde que se hicieron amigos en el colegio de Eton, había tachado de «despreciable» a la mujer que vendió las fotos del príncipe desnudo durante su viaje a Las Vegas.

Sabiendo de lo que era capaz la prensa para conseguir una foto de Harry, Arthur le dijo que el mejor sitio donde podían alojarse Meghan y él en Los Ángeles era su casa. La mansión de estilo bohemio se hallaba situada en la parte baja de Beverly Hills, en la zona oeste de Hollywood, y tenía piscina y vistas a Sunset Boulevard. Era un lugar privilegiado —y muy íntimo— para que Harry visitara por primera vez la ciudad natal de Meghan. Fue en aquel viaje

—en el que apenas salieron de casa— cuando Harry conoció a Doria.

Dado que no podían aventurarse a ir a Windsor Hills, el barrio en el que la madre de Meghan vivía en una casa de dos habitaciones, la invitaron a visitarlos en su refugio temporal de Los Ángeles. (Aunque es cierto que salieron muy poco durante aquellos días, utilizaban una *app* de reparto a domicilio para encargar comida en algunos de los restaurantes preferidos de Meghan, como el Sushi Park, donde según cuenta preparan «un *sashimi* riquísimo»). Es posible que Meghan estuviera nerviosa porque Harry iba a conocer a su madre, pero Doria se mostró tan serena y amable como siempre. Una profesora de yoga como ella no se altera fácilmente, aunque más tarde le confesó a una compañera del centro de salud mental en el que trabajaba que conocer a un príncipe, que además era el novio de su hija, había sido una experiencia «un tanto surrealista».

Aunque solía hablarle a su madre de los chicos con los que salía, Meghan no tenía por costumbre presentárselos hasta que la relación estaba bien asentada. Quería, no obstante, tranquilizar a Doria y demostrarle que, aunque Harry fuera una figura tan conocida en todo el mundo, también era un buen chico.

—No quería que se preocupara —cuenta una fuente—. Quería que su madre conociera al verdadero Harry. Al hombre del que se estaba enamorando.

Harry también quiso causarle buena impresión a Doria. No mediante regalos, sino a través de sus palabras y sus actos. Le preocupaba lo que los demás pensaran de él y quería demostrarle a la madre de Meghan que, pese a ser un *royal*, no era como le pintaba la prensa sensacionalista británica. Y funcionó. A Doria le impresionaron su compasión, su empatía y su compromiso social. Como dice una amiga, «se dio cuenta de que era una persona muy auténtica».

Durante esos primeros meses, cuando aún mantenían en secreto su relación, Meghan visitó el Reino Unido al menos en tres ocasiones. Harry se aseguraba siempre de que hubiera un coche esperándola cuando llegaba al aeropuerto; no un llamativo Rolls Royce con chófer de uniforme, sino un coche de la empresa de taxis londinense a la que solían recurrir él y otros miembros de la familia real.

La pareja siempre podía contar con que Markus Anderson les buscara un lugar acogedor, lujoso e íntimo en el que encontrarse. En una ocasión les reservó una casita de cuatro habitaciones, alejada del resto de las instalaciones del Soho Farmhouse. El hotel, ubicado en Oxfordshire, a hora y media escasa de Londres, era un retiro perfecto para pasar unos días fuera de la ciudad. Aunque la casa de piedra estaba rodeada por cuarenta hectáreas de campiña, la pareja pudo disfrutar del *sashimi* y otros platos japoneses que encargaba al Pen Yen, uno de los restaurantes del hotel.

Una vez, en otoño, Markus lo organizó todo para que pasaran un fin de semana en Babington House, una casa solariega del siglo XVIII en Somerset que Soho House había convertido en hotel y club privado. Durante su estancia, Meghan y Harry disfrutaron del fuego de la chimenea de la habitación y de los servicios de un mayordomo. Otra escapada secreta de la que la prensa no llegó a enterarse.

Al poco tiempo, Meghan se sentía tan a gusto con Harry, y tan segura de su habilidad para esconderse a plena vista, que hasta salían juntos a pasear a sus perros por los senderos del parque Trinity Bellwoods de Toronto. Una sudadera con capucha y una gorra de béisbol bastaban para que Harry pasara desapercibido cuando visitaba la ciudad, a pesar de lo conocido que era. Los canadienses, de todos modos, apenas reparaban en aquella joven pareja que llevaba pulseras azules a juego, compradas en Botsuana. (Al príncipe le gusta mucho llevar pulseras, y cada una de las que lleva tiene para él un significado especial. La pulsera de plata con grabados que ha llevado religiosamente desde 2001 procede de su primer viaje a África en 1997, tras la muerte de su madre. Guillermo aparece en algunas fotografías luciendo una muy parecida).

A Meghan y a Harry no les apetecía pasar el fin de semana de Halloween encerrados, porque tenían muchas cosas que celebrar. Llevaban juntos cerca de cuatro meses, estaban muy enamorados y querían divertirse participando en aquella fiesta, que era una de sus favoritas. La noche del 29 de octubre, estando Harry en la ciudad, decidieron ir a una gran fiesta de disfraces que se celebraba en el Soho House de Toronto. Llevaron ambos antifaces de estilo veneciano para ocultar su identidad a los presentes.

Rodeados por la clientela exclusiva del club y conscientes de que ningún cliente les haría fotos a escondidas (era norma de la casa), Meghan y Harry pudieron relajarse. No era la primera vez que visitaban el establecimiento. En una visita anterior, habían usado el fotomatón del bar para hacerse unas fotos juntos que guardaban desde entonces como recuerdo.

No estaban solos, además. Fueron a la fiesta de Halloween con la princesa Eugenia, la prima de Harry, y su novio desde hacía tiempo, Jack Brooksbank, que estaba en Toronto por trabajo como embajador de marca de Casamigos, la marca de tequila de George Clooney y Rande Gerber. Meghan y Harry ya habían salido dos veces con ellos por Toronto.

Eugenia siempre había sido más que una prima para Harry. Eran grandes amigos. De entre todos los nietos de la reina, eran los que mejor congeniaban. Al igual que Harry, Eugenia es leal, sincera y muy divertida. Habían salido muchas noches juntos por Londres. Solían entrar por la puerta de atrás de los locales de copas, como el Mahiki —que Jack dirigió una temporada— o el Tonteria, en uno de cuyos reservados tomaban chupitos en vasos mexicanos con forma de calavera y bebían gigantescas margaritas heladas (con múltiples pajitas). Harry se lo pasaba tan bien en la discoteca —de la que era copropietario uno de sus mejores amigos de la infancia, Guy Pelly— que en julio de 2014 la visitó cuatro noches en una sola semana.

Aunque se criaron en lugares distintos (ella en la residencia de Royal Lodge, en Windsor Great Park, y él en el palacio de Kensington, en Londres), la estrecha relación que tenían sus madres los unió desde muy niños. Sarah Ferguson llevaba a menudo a sus hijas a merendar al palacio de Kensington con Diana, Guillermo y Harry y, cuando en 1996 se oficializó el divorcio de ambas, se fueron juntas de vacaciones con sus hijos al sur de Francia. (El propio Harry confirmaría posteriormente que su tía Sarah estaba invitada a la ceremonia y al primer cóctel de su boda, toda una hazaña si se tiene en cuenta que, al parecer, Felipe de Edimburgo dijo una vez que no quería volver a coincidir con ella en la misma habitación). Al igual que Harry, Eugenia había tenido que luchar por labrarse una identidad propia durante su infancia. Dado que no formaba parte de la primera línea de sucesión a la Corona, tenía que salir al mundo y encontrar su propio camino, lo que había hecho al trasladarse a Nueva York en 2013 para trabajar en Paddle8, la casa de subastas dirigida por Alexander Gilkes, marido de Misha Nonoo y buen amigo del príncipe.

Harry siempre le había hablado a Eugenia de sus relaciones sentimentales. No solo confiaba en ella implícitamente, sino que además, según cuentan sus amigos, Eugenia da muy buenos consejos y ha sido siempre «muy sabia» para su edad. No es de extrañar, por tanto, que fuera una de las primeras personas de la familia real en enterarse de que Harry salía con Meghan. Aunque era ella quien años atrás le había presentado a su exnovia, Cressida Bonas, y a menudo habían salido las dos parejas juntas, Eugenia animó mucho a Harry a seguir adelante con su nueva relación. Hacía mucho tiempo que quería ver a su primo sentar la cabeza y ser feliz. De hecho, les dijo a sus amigos que Meghan le encantaba y que era «justo lo que necesitaba» Harry.

Aquella noche de finales de octubre en Toronto, Meghan y Harry eran muy felices. Se habían tomado un primer cóctel y estaban relajados, disfrutando del espíritu de Halloween. La noche prometía ser perfecta, hasta que recibieron una llamada de uno de los asistentes de Harry en el palacio de Kensington. No eran buenas noticias.

El *Sunday Express* iba a hacer pública su relación y, por si eso fuera poco, se rumoreaba que el tabloide había recibido el chivatazo nada menos que de una persona del entorno de Eugenia y su padre, el príncipe Andrés.

El revuelo que se armaría en Internet al saberse que el soltero preferido de todo el mundo ya estaba *pillado*, bastó para amargarles la noche.

Abandonaron la fiesta y volvieron a casa de Meghan. Lo que más les preocupaba en esos momentos era que en cuestión de veinticuatro horas la casa se encontrara asediada por los fotógrafos, pero disponían aún de un poco de tiempo para pensar, puesto que en Toronto solo había un par de *paparazzi*. (Uno de ellos ya había mandado un mensaje a Meghan preguntándole si la noticia era cierta. Ella no contestó). Aun así, no tardarían en llegar fotógrafos en masa de Nueva York y Los Ángeles con la esperanza de obtener la primera instantánea de la feliz pareja. Otra publicación, *Us Weekly*, había confirmado la noticia y sabía que en esos momentos se hallaban juntos en Toronto, pero acordó con el palacio de Buckingham no revelar ese dato hasta que Harry hubiera regresado a Inglaterra.

El teléfono del príncipe no paraba de sonar. A cada momento le llegaban noticias de palacio. Sus asistentes coincidían en que era conveniente que pusiera fin de inmediato a su viaje y regresara discretamente a Londres, puesto que viajaba sin apenas escolta y, dada la situación, eso podía plantear problemas. Harry, sin embargo, se negó. No pensaba ir a ningún sitio. Si las cosas se ponían feas, quería estar junto a Meghan.

5

El príncipe se planta

Cuando Meghan y Harry llegaron a casa de Jessica y Ben Mulroney el 30 de octubre por la mañana, al menos habían podido dormir unas horas mientras en Inglaterra estallaba la noticia.

La noche anterior, después de que un asistente de Harry le aconsejara que se quedaran en algún lugar discreto donde a ningún periodista se le ocurriera buscarlos, habían decidido marcharse a la casa que los Mulroney tenían en la zona de Upper Canada. Meghan había estado mensajeándose con Jessica (o Jess, como la llaman los amigos) para que le diera apoyo moral, y su amiga le ofreció su casa como refugio. Ellos estuvieron de acuerdo en que era un plan perfecto. Hicieron las maletas y, a la mañana siguiente, muy temprano, abandonaron Seaton Village.

No era la primera vez que iban a casa de los Mulroney. Antes de que se hiciera público que eran pareja, habían visitado a menudo la casa de sus amigos en aquel barrio acomodado y tranquilo, donde la escolta de Harry llamaba menos la atención. Fue allí donde Meghan vislumbró por primera vez lo buen padre que sería Harry, al ver cómo se ganaba la simpatía de Brian y John, los gemelos de seis años de sus amigos, y de Ivy, la pequeña, de tres.

El príncipe sabía cómo encandilar a los niños, y nunca aparecía con las manos vacías. Cada vez que iba de visita, les llevaba un pequeño obsequio. Pero no era solo su generosidad lo que le granjeó el cariño de los pequeños. Harry también estaba dispuesto a tirarse al suelo con ellos a jugar o a aplastar la cara contra la ventana y hacer muecas que siempre les hacían reír.

Ahora que se había descubierto su secreto, Meghan y él conferenciaron en torno a la encimera del salón diáfano de la casa, que comunicaba con la cocina, para que Jess y Ben estuvieran al tanto de todo. Para Meghan era una situación agridulce. Por una parte, le apenaba que se hubiera revelado su secreto: ya no estaban ellos dos solos. Aunque antes de conocer a Harry había pactado alguna que otra vez una foto con los *paparazzi* o había filtrado alguna información a la prensa, desde que salía con el príncipe había hecho todo lo posible por proteger su intimidad. Era consciente de que, si nada se sabía, tendrían oportunidad de conocerse el uno al otro sin presiones externas y sin que les preocupara que los periodistas informaran sobre su incipiente relación e hicieran comentarios sobre ella.

En parte, sin embargo, también se sentía aliviada. Había procurado que sus amigos y compañeros de trabajo no se enteraran (solo unos pocos miembros del equipo de *Suits* conocían su secreto) y le desagradaba tener que mentir sobre el propósito de sus viajes a Londres.

Harry, por su parte, sabía que aquel día tenía que llegar «inevitablemente» y así se lo había dicho a Meghan al poco tiempo de conocerse, para que «aprovecharan al máximo» el poco tiempo de que dispondrían para disfrutar de su relación en secreto. Ella, claro está, no entendía aún lo que significaba ser tan famoso como lo era Harry desde su nacimiento.

—Llevábamos unos seis meses saliendo, muy discretamente, cuando saltó la noticia —contaría más tarde Meghan en una entrevista con *Vanity Fair*—. Y fue muy sorprendente cómo cambiaron las cosas de repente.

Después de que se hiciera pública la noticia, en veinticuatro horas Meghan recibió cerca de cien mensajes de personas con las que no hablaba desde hacía meses, o incluso años. Todo el mundo quería saber si era cierto.

Sus padres, por supuesto, sabían desde hacía tiempo que salía con Harry. A Doria se lo había dicho nada más volver de Londres tras conocer a Harry, y ya le había presentado al príncipe en Los Ángeles. A su padre se lo contó más adelante, ese verano, después del viaje a Botsuana. Posteriormente, Thomas comentaría en una entrevista para el programa *Good Morning Britain*:

—Me dijo que tendríamos que llamarle «H» para que nadie se enterara. Pasado un tiempo hablé con él, y me pareció un chico muy majo, muy educado y amable.

(Una fuente cercana ha confirmado que Harry habló varias veces por teléfono con el padre de Meghan durante su primer año de noviazgo).

Para el resto del mundo, en cambio, aquello era una noticia bomba. Meghan no solo recibió mensajes de amigos y conocidos; también se pusieron en contacto con ella unos cuantos periodistas con los que había tenido trato a lo largo de los años. No contestó a ninguno.

Durante los tres días siguientes —mientras amigos, vecinos y, sobre todo, compañeros de trabajo mandaban mensajes a Meghan avisándola del acoso al que los estaban sometiendo los fotógrafos y periodistas—, la pareja se quedó en casa de los Mulroney. Después, Harry tuvo que volver a Londres por motivos de trabajo, y Meghan se quedó en Toronto, donde tendría que enfrentarse sola a su nueva vida, sometida al escrutinio constante de la prensa.

Cada paso que daba se convertía en noticia de portada, como cuando iba a clases de yoga en el centro Moksha, o a comprar con Jessica a su centro comercial favorito, el Hudson's Bay, donde antes podían pasarse horas y horas viendo tiendas. Universal Cable, la productora de *Suits*, le puso una escolta para sus desplazamientos a los estudios de North York, cerca del centro de Toronto, donde se rodaba la serie. Los *paparazzi*, aun así, se familiarizaron enseguida con su rutina diaria. Antes de conocer a Harry, Meghan solo había tenido que enfrentarse a las cámaras cuando rodaba o posaba en la alfombra roja. Y las escasas fotos que le habían hecho los *paparazzi* antes de que empezara a salir con Harry habían sido, en su mayoría, pactadas.

La seguridad era necesaria. Poco después de que se publicara la noticia, un fotógrafo de una agencia de Los Ángeles saltó la valla trasera de la casa de Meghan y la esperó junto a su coche, con la esperanza de fotografiarla antes de que se fuera a hacer algún recado. Ella, aterrorizada, llamó de inmediato a la policía.

—Va a ser así siempre, ¿verdad? —le dijo a una amiga en aquella época.

Menos de una semana después de que su noviazgo apareciera en las portadas de un sinfín de periódicos, revistas y sitios web de todo el mundo, Meghan estaba otra vez en la sala VIP del aeropuerto de Toronto Pearson para viajar a Londres a reencontrarse con Harry. Ahora que ya sabía que los fotógrafos andaban a la caza de una exclusiva, estaba inquieta. Siempre había viajado sin que nadie la abordara, como no fuera algún fan de *Suits* para pedirle que se hicieran una foto. Esta vez, decidió disfrazarse discretamente con una gorra de visera de los Yankees que le tapaba un poco la cara. El truco pareció dar resultado.

Cuando Meghan le contó a Jessica lo estresante que había sido viajar ahora que todo el mundo sabía que era la novia del príncipe Harry, su amiga hizo las gestiones necesarias para que usara el avión privado de Krystal Koo y Michael Cooper. Los magnates canadienses del sector inmobiliario ya habían echado una mano a la pareja en alguna que otra ocasión y se prestaron encantados a hacerle ese favor a Meghan. Como a ellos también les apetecía hacer una escapada a Londres, Krystal y Michael le propusieron que los acompañara y bromearon sobre la posibilidad de que se escondiera en una de las grandes maletas que había comprado cuando tuvo claro que de allí en adelante iba a hacer muchos viajes transatlánticos.

Viajar junto a caras conocidas alivió un poco la ansiedad que sentía Meghan y, en cuanto aterrizó en Londres, donde se alojó con Harry en el palacio de Kensington, se sintió más tranquila. Comenzaba a creer que Inglaterra se convertiría pronto en su nuevo hogar y había empezado a establecer su rutina allí. Solía salir a correr por Kensington Gardens y luego se pasaba por la tienda de Whole Foods que había allí cerca para hacer la compra y preparaba la cena en Nottingham Cottage, la casita cuyo ambiente había hecho aún más acogedor con unos cuantos toques propios, como velas Diptyque y una maceta. (El jardín de Harry era mínimo; solo tenía una hamaca, porque «ninguno de los dos tiene buena mano para las plantas»).

Cuando llegaba cargada con bolsas de la compra, no tenía que preocuparse de buscar a tientas su documentación. Las personas que visitan el palacio de Kensington tienen que presentar, normalmente, dos acreditaciones para cruzar la verja. En su caso, ya no eran necesarias tantas formalidades. Se había ganado la simpatía de los guardias al presentarse en un primer momento con un amable apretón de manos e insistir en que la llamaran Meghan a secas. Lo de «señorita Markle» no iba a con ella. (Harry la llamaba Meg, y Meghan siempre se refería a él como H).

Todos los que la conocían se daban cuenta de lo feliz que era Meghan, incluso su peluquero. Cuando vivía en Toronto, la actriz iba cada mes a la peluquería Luis Pacheco a hacerse un retoque, o unas mechas rubias, o unos reflejos de color chocolate que dieran a su melena un aspecto «lustroso, sano y brillante» dentro y fuera del plató. Cuando Luis vio a Meghan en noviembre de 2016 notó que «estaba cambiada, tenía un aire dulce y tierno, y había una especie de brillo a su alrededor». El peluquero ignoraba que el motivo era Harry, y que Meghan estaba a punto de subirse a un avión para volver a verle en Londres.

Harry siempre le dejó claro que no tenía por qué esconderse detrás de los muros del palacio, y ella iba de vez en cuando a comer a sus restaurantes favoritos, como el Kurobuta, en Kings Road, donde servían tapas de estilo japonés, o salía a hacer la compra. Ella entonces no lo sabía, pero muchos periodistas del *Daily Mail* iban a comer al Whole Foods que había cerca del palacio, porque quedaba justo al lado de las oficinas del tabloide. Un día, mientras hacía la compra, un reportero la vio, la siguió hasta la verja del palacio y le hizo una foto con el móvil. Al día siguiente salió en portada: *¡El amor de Harry está en Londres!*

La prensa sensacionalista británica estaba, de hecho, haciendo su agosto con la nueva novia del príncipe. Los tabloides no solían tener escrúpulos a la hora de perseguir a una persona conocida, pero en Meghan veían, además, una presa especialmente fácil. La actriz había pasado gran parte de su vida adulta exponiéndose a las cámaras, a veces muy ligera de ropa, como cuando trabajaba en *Deal or No Deal*, y los tabloides no habían tardado en desenterrar esas imágenes. Eran, no obstante, las alusiones a su relación sentimental que ella misma publicaba en sus redes sociales —como la foto de dos plátanos abrazados que colgó al día siguiente de hacerse pública su relación con Harry— lo que hacía que algunos sectores de la prensa creyeran que les estaba ofreciendo carnaza adrede.

En los círculos de la monarquía, impera un pacto tácito de silencio que se espera que cumplan las novias de los príncipes, a las que se exige que se comporten con la misma discreción que los propios miembros de la familia real. La prensa comenzó a seguir muy de cerca las diversas cuentas de Meghan en las redes sociales y encontró en ellas material de sobra que, a su modo de ver, rompía este pacto de silencio. Estaban, por ejemplo, las pulseras a juego o las fotos de viajes a los Cotswolds, entre otras muchas cosas. A Harry, que siempre ha tenido un gran sentido del humor, le hacían gracia los comentarios coquetos de Meghan en las redes sociales. Los medios, por su parte, sacaron sus propias conclusiones y decidieron que no se puede pedir respeto a la intimidad y al mismo tiempo provocar a la prensa.

Al margen del comportamiento de Meghan en Internet, nada puede justificar el racismo que comenzó a aflorar al poco tiempo en las noticias que trataban sobre ella. Un titular publicado por el *Daily Mail* durante la primera semana de noviembre declaraba que Meghan se había criado *prácticamente en Compton*, la conflictiva barriada de las afueras de Los Ángeles, y afirmaba que el barrio donde vivía su madre estaba *marcado por las bandas callejeras*. Tres días después, ese mismo rotativo publicó un artículo en el que afirmaba que Meghan no pasaría *la prueba de la suegra*. El artículo añadía a continuación, sin el menor escrúpulo, que *los Windsor reforzarían su aguada sangre azul y los Spencer su piel clarucha y su pelo rojo con el denso y exótico ADN* de la actriz. Y describía a la madre de Meghan como *una señora afroamericana con rastas procedente de un barrio marginal*. Estas publicaciones marcaron un nuevo hito en cuanto a bajeza informativa se refiere. El racismo soterrado se hacía cada vez más explícito, ofreciendo carnaza y yendo un paso más allá cada día. Un periódico afirmó que Meghan *no era del estilo rubita pija de las novias anteriores* de Harry.

No cabe duda de que en Gran Bretaña existe un racismo muy arraigado, aunque no se exprese de la misma forma que en Estados Unidos. En Inglaterra, el racismo se concreta a menudo en la cuestión de quién es *auténticamente* británico. Puede manifestarse en sesgos sutiles o en microagresiones como la que cometió cierto funcionario de palacio al decirle al coautor de ascendencia interracial de este libro «No me esperaba que hablaras así», o como en ese titular del *Daily Mail* que proclamaba *Cuidado, Meghan: los británicos preferimos la verdadera realeza a la realeza de la moda*. Aunque el columnista estaba criticando a Meghan por sus editoriales en *Vogue*, el titular podía entenderse como una advertencia de que para ser verdaderamente británico había que nacer y criarse en el Reino Unido... y ser de raza blanca.

El rechazo a la inmigración se hallaba en alza, alimentado por el miedo a que el país perdiera su identidad debido a la mezcla de poblaciones distintas, y la posibilidad de que una persona que no era de raza blanca ingresara en la Casa de Windsor levantó ampollas en algunos sectores. Hubo quienes aprovecharon las cuentas de Meghan en Twitter e Instagram para expresar opiniones racistas sin morderse la lengua, llamándola, por ejemplo, *negra* de la manera más despectiva o *perra mestiza*. Había miembros de la familia real que habían salido e incluso se habían casado con personas de origen plebeyo, pero ninguno (excepto la princesa Diana tras su divorcio) había tenido nunca, que se supiera, una relación sentimental con una persona que no fuera de raza blanca. Era la primera vez.

Harry estaba indignado. Los ataques contra Meghan fueron su primera experiencia directa con el horror del racismo. Pero, aunque para él fuera algo nuevo, el racismo, tanto inconsciente como intencionado, siempre había formado parte de la vida de Meghan.

La cuestión del color de la piel comenzó a afectarla antes incluso de que naciera, cuando sus padres se casaron. La relación entre Doria y Thomas fue en cierto modo extraordinaria, puesto que Thomas, el menor de tres hermanos nacidos en Newport (Pennsylvania), era blanco y Doria, criada en Los Ángeles, negra.

Mi padre se había criado en una comunidad muy homogénea, en Pennsylvania, y la idea de casarse con una afroamericana era algo que ni se le pasaba por la cabeza, escribió Meghan. *Pero, aun así, él vio más allá de lo que aquel pueblo pequeño (y estrecho de miras, seguramente) le ponía delante de los ojos.*

En Woodland Hills, el barrio mayoritariamente blanco en el que vivía Meghan de pequeña, Doria no siempre se sentía bien acogida. Meghan ha hablado alguna vez de cuánto le molestaba a su madre que la tomaran por su niñera solo por tener un tono de piel más oscuro que el de su hija.

A Meghan, sus padres la enseñaron a amar y asumir ambas facetas de su ascendencia. Cuando tenía siete años, la mañana de Navidad, Meghan encontró al despertarse una caja muy grande envuelta con papel de brillantina. Al abrir el regalo, cuenta, se encontró con su «Familia Corazón: una muñeca negra —la mamá—, un muñeco blanco —el papá— y dos niños, uno de cada color». Su padre había comprado varias cajas de muñecas Barbie, había separado las piezas y había creado con ellos una familia que reflejara la realidad de su hija. Doria y Thomas, afirma Meghan, «dieron forma al mundo que me rodeaba para hacerme sentir que no era distinta, sino especial».

Con todo, no pudieron evitar que la fea realidad del racismo se colara en la infancia de su hija. Meghan recuerda, por ejemplo, los disturbios de 1992 en South-Central, surgidos a raíz de la absolución de los agentes de policía implicados, el año anterior, en la brutal paliza que sufrió Rodney King. En aquel momento tenía once años, y recuerda que volvió pronto a casa del colegio debido a los tumultos y que vio cómo caían sobre el césped de las calles las cenizas de los incendios callejeros.

—¡Hala, mamá! —exclamó—. ¡Está nevando!

El hecho de tener orígenes interraciales planteaba toda una serie de obstáculos. En séptimo curso, le pidieron que se identificara según su raza —blanca o negra— en un censo de su clase de lengua. No supo qué responder.

Posteriormente, Meghan escribió:

Solo se podía elegir una opción, pero eso era como pedirme que eligiera entre mi padre y mi madre, o entre una mitad de mí misma y la otra.

Dejó la casilla en blanco.

—Si vuelve a pasar —le dijo su padre—, dibuja tu propia casilla.

Meghan pensaba que en la universidad se vería libre de esas muestras de ignorancia, pero no fue así: se las encontró nada más llegar a la facultad. Una compañera de residencia empezó a hacerle preguntas capciosas acerca de sus padres y el divorcio, y Meghan sintió claramente que detrás de sus palabras había toda una serie de prejuicios soterrados. Ella, que huye del conflicto, salió del paso como pudo, pero siguió teniendo la horrible sensación de que se había visto obligada a justificar su existencia.

La muestra de odio racial que más le afectó tuvo lugar, sin embargo, después de haber acabado la universidad. Estando otra vez en Los Ángeles, oyó que alguien insultaba a su madre llamándola *negrata* cuando estaban saliendo de una plaza de aparcamiento.

Un golpe de calor me recorrió la piel cuando miré a mi madre, escribió. *Se le saltaron las lágrimas de impotencia, y yo solo alcancé a susurrar unas palabras, en voz tan baja que casi ni se oyeron. «No pasa nada, mami», le dije intentando disipar un poco la rabia que había inundado de pronto nuestro pequeño Volvo gris.*

Por dentro, Meghan era un torbellino de emociones. Le preocupaba su madre, y la seguridad de ambas.

Volvimos a casa en medio de un silencio ensordecedor.
Ella agarraba tan fuerte el volante que se le blanqueaban
los nudillos de color chocolate.

No fueron únicamente encontronazos como el del aparcamiento los que dejaron huella en Meghan. Otras muestras de racismo velado también tuvieron su importancia en la definición de su carácter. Llegó a odiar que le preguntaran de dónde era. Sabía que los demás sentían curiosidad por conocer su origen racial, que no era fácil de identificar a simple vista debido a su color de piel, pero ella no quería que la definieran por eso.

Puede que mi ascendencia interracial haya creado
una zona gris en torno a mi identidad racial, manteniéndome con un pie a cada lado de la valla, pero he llegado a asumirlo con alegría, a afirmar quién soy, a hablar de mis orígenes y a expresar mi orgullo por ser una mujer interracial, fuerte y segura de mí misma, escribiría más adelante en *ELLE.*

Meghan podía haber aceptado por completo su identidad, pero de ningún modo iba a permitir que la atacaran por sus orígenes, y menos aún por el hecho de que su madre fuera negra. Mientras los fotógrafos acampaban delante de la casa de Doria, algunos tabloides seguían publicando noticias falaces que recurrían al estereotipo de la mujer afroamericana con escasos recursos, pasando por alto el hecho de que Doria tenía estudios universitarios de posgrado y desde 2015 ejercía como trabajadora social para temas relacionados con la tercera edad.

Harry también se negó a aceptar esta situación. La prensa no era el único frente de conflicto abierto respecto al origen interracial de Meghan. Cuando empezaron a verse, el príncipe, atento al menor asomo de prejuicio, discutió con varias personas de su círculo íntimo. Cuando alguien le preguntaba por su nueva novia dando a entender que tal vez no le convenía, Harry se preguntaba si era por la raza o si se trataba de puro esnobismo. Un buen amigo suyo se pasó una tarde cotilleando sobre Meghan y haciendo comentarios despectivos acerca de su vida en Hollywood. Al enterarse, Harry cortó de inmediato toda relación con él.

Si estaba dispuesto a enfrentarse con sus allegados, a los medios sensacionalistas les declaró directamente la guerra. El revuelo mediático que se había creado en torno a Meghan, y que generaba ventas millonarias de revistas y periódicos y una enorme actividad en Internet, había reabierto viejas heridas.

—Por la saña con la que la están atacando públicamente, tiene que haber una parte de él que esté reviviendo lo que sufrió su madre a manos de la prensa sensacionalista —comentó un exfuncionario de la Casa Real.

El dolor que sentían ambos príncipes por la responsabilidad de los *paparazzi* en la muerte de su madre no había disminuido con el paso de los años.

—Una de las cosas más difíciles de aceptar es que las mismas personas que la persiguieron hasta el túnel la fotografiaran mientras todavía se estaba muriendo en el asiento de atrás del coche —declaró Harry en un documental emitido poco después del veinte aniversario del fallecimiento de la princesa Diana—. Tenía una herida muy grave en la cabeza, pero seguía viva. Esas personas que provocaron el accidente, en lugar de socorrerla, se pusieron a hacerle fotos mientras se moría en el asiento de atrás, y esas fotografías podrían haber llegado a los quioscos de prensa de este país.

Tanto Harry como su hermano tenían muy presente el acoso al que se había visto sometida su madre porque ellos mismos sufrían a diario la intromisión de la prensa en su vida privada. Como asegura un exfuncionario de la Casa Real, «veían cómo se repetía la secuencia una y otra vez».

Harry, afirma esa misma fuente, estaba dispuesto a hacer cualquier cosa por defender la reputación de Meghan y salvaguardar su intimidad, pero «se sentía frustrado por lo limitada que era su capacidad para hacerlo».

No había podido hacer gran cosa por proteger a sus novias anteriores del acoso de la prensa, a la que responsabilizaba hasta cierto punto del fracaso de esas relaciones, y no quería de ningún modo que su relación con Meghan corriera la misma suerte.

Para decidir qué debía hacer, recurrió a la única persona que podía entender la complejidad de la situación: su hermano Guillermo.

Meghan y Guillermo se conocieron en el palacio de Kensington a principios de noviembre de 2016. Cuando subió con Harry los siete escalones de cemento recién regados del Apartamento 1A, Meghan no pensaba que iba a conocer al futuro rey de Inglaterra, sino al hermano mayor de su novio. Sabía, además, que Guillermo protegía celosamente a Harry, debido a que su hermano había sufrido más heridas emocionales de las que le correspondían por su edad. Meghan pensó que sin duda Guillermo querría saberlo todo acerca de ella... y de sus intenciones. Era lo bastante lúcida como para saber que los hermanos desconfiaban del interés que despertaban en algunas mujeres, por temor a que se debiera únicamente a sus títulos. Y era consciente de que ella procedía de un mundo muy distinto al de Guillermo, su mujer y la mayoría de sus amigos. Por ello, según le contó a una amiga, había intentado imaginar paso por paso cómo sería el encuentro.

—Se preparó para un interrogatorio en toda regla —comenta una persona muy cercana a ella.

No tenía por qué preocuparse, sin embargo. Nada más abrir la puerta lacada en negro de su casa para darle la bienvenida, Guillermo le dijo:

—Estaba deseando conocer a la chica que le ha puesto esa sonrisa de bobo en la cara a mi hermano.

Meghan se fijó en las fotografías que había en las mesitas de la entrada, en las que aparecían los dos hermanos con su madre y con la reina en momentos íntimos, y en varias fotografías encantadoras de sus hijos, George y Charlotte. Aunque Meghan no conocía en persona a ninguno de ellos, Harry le había hablado muchísimo de su familia. Dejaron atrás el salón, con su decoración de colores neutros, realzada por cuadros y antigüedades de gran valor, y se fueron derechos al fondo de la casa, al corazón mismo del hogar de los Cambridge: la cocina. Nada de protocolo ni de sirvientes. Iban a tomar un té ellos tres solos.

Meghan se llevó una desilusión por no poder conocer a Kate, que aquel día estaba con los niños en Anmer Hall, la finca de la pareja en Norfolk, cerca de Sandringham. Pero, como Guillermo y ella parecían haberse caído muy bien, no le dio más importancia al asunto. El duque de Cambridge le comentó después a su hermano cuánto se alegraba de verle sonreír.

Ahora, en cambio, viéndole tan agobiado, Guillermo estuvo de acuerdo en que las cosas habían llegado demasiado lejos. Harry no dudaba ni por un momento de que tenían que hacer algo, aunque ninguno de los dos sabía aún cómo proceder.

Evidentemente, la prensa no tenía intención de aflojar la presión sobre la pareja. Gracias a Meghan, los tabloides conseguían un montón de clics en Internet y subían las ventas. *The Sun*, el tabloide más vendido del país, llegó incluso a publicar en primera plana un titular que proclamaba *La novia de Harry en Pornhub*. Se trataba de un señuelo, basado únicamente en el hecho de que un usuario había subido una escena de amor de *Suits* a la página de pornografía, junto a una película y varios vídeos de estrellas de Hollywood como Nicole Kidman y Jessica Biel.

—Meghan se puso enferma cuando vio aquello —cuenta una amiga—. Le dieron ganas de llorar. Quería gritar. Estaba triste y enfadada.

Doria se hallaba sometida a un asedio constante en su propia casa. Cuando, echando mano de nuevo al tópico de la afroamericana humilde que vivía en un barrio degradado de Los Ángeles, un tabloide publicó una serie de fotografías poco favorecedoras en las que Doria aparecía yendo a la lavandería, Meghan no hizo ninguna declaración pública, pero en privado se deshizo en lágrimas. En su refugio de Nottingham Cottage, Harry trató de consolarla. Le preocupaba perder a Meghan y deseaba fervientemente protegerla.

El 7 de noviembre, ni siquiera las bajas temperaturas (aquel día hacía apenas 4⁰ C en Londres) consiguieron enfriar el enfado de Harry cuando salió de casa y recorrió el corto trecho que le separaba de la antigua residencia de su madre en el palacio de Kensington, donde actualmente se ubican las oficinas administrativas. Ya en el pasado le habían reprochado que fuera demasiado impulsivo y no supiera dominarse. Pero aquello era el colmo.

Harry subió la elegante escalera de madera blanca, flanqueada por cuadros de maestros antiguos y elaboradas molduras de escayola, que conducía a la que había sido la casa de su madre. En el primer descansillo, a la derecha, se hallaba el antiguo despacho de Diana, donde tenía su célebre escritorio delante de los dos ventanales con vistas al huerto de cerezos de Nottingham Cottage, la casa de Harry. Justo enfrente estaba su cuarto de estar, que daba a un patio adoquinado. Una mesa de caoba antigua, perteneciente al extenso inventario de la Royal Collection, dominaba la estancia, que comunicaba con la cocina que usaba el personal para tomar una taza de té. Más allá de esas dos habitaciones, que servían como zona de recepción para actos públicos, se hallaba la oficina de prensa del palacio de Kensington que se ocupaba de los asuntos de Guillermo, Kate y Harry.

Los príncipes contaban con una oficina de prensa propia desde 2008, cuando la reina y el príncipe Carlos estuvieron de acuerdo en que había llegado el momento de que tuvieran su propio equipo de comunicación, debido al aumento de sus funciones públicas, tanto en su faceta militar como filantrópica. Hasta entonces se había ocupado de sus asuntos desde el palacio de Saint James el secretario de comunicación del príncipe de Gales, Paddy Harverson, que había asesorado a Guillermo y Harry durante más de una década.

Miguel Head —un joven brillante, de apenas treinta años, que trabajaba en la secretaría de prensa del Ministerio de Defensa y había diseñado junto con el general Richard Dannatt la estrategia de comunicación que adoptó el palacio durante la misión de Harry en Afganistán— fue el primer secretario de prensa de los dos hermanos. La oficina de prensa de los príncipes incluía también al excomandante del Servicio Aéreo Especial Jamie Lowther-Pinkerton, su antiguo secretario privado, que aceptó seguir ejerciendo de caja de resonancia de los príncipes, y a Helen Asprey, directora gerente de la oficina y asistente personal de los hermanos, que se encargaba de que su vida transcurriera sin tropiezos. La reina nombró además a *sir* David Manning —exembajador británico en Estados Unidos y uno de sus diplomáticos de confianza— asesor de comunicación de los príncipes para que interviniera cuando fuera necesario, dado que los dos jóvenes empezaban a asumir funciones oficiales cada vez más significativas, tanto en territorio británico como en el extranjero.

Unos años después, Guillermo y Harry decidieron trasladar la sede de la oficina de prensa a la casa que habían compartido con su madre de pequeños. Fue una decisión difícil, y no la tomaron a la ligera. El edificio estaba sin duda cargado de recuerdos, pero al mismo tiempo les serviría de acicate para continuar el trabajo humanitario de Diana.

La oficina era una habitación espaciosa, de uso común, que Harry visitaba con frecuencia. A veces se dejaba caer por allí solo para charlar un rato con Jason Knauf, su jefe de prensa, un hombre muy capaz. La reunión de aquella mañana de noviembre tuvo, en cambio, tintes mucho más formales.

Jason había sido el encargado de encauzar los esfuerzos de Guillermo y Kate por hacer respetar su intimidad familiar a la prensa sensacionalista. Su labor había sido crucial para el éxito de la campaña de Heads Together que lanzaron los duques de Cambridge y Harry en mayo de 2016. Solía dar buenos consejos a Harry y además era estadounidense, por lo que conocía de primera mano cómo funcionaba la prensa a ambos lados del Atlántico. Nacido en Texas, el jefe de comunicación de los príncipes era una persona accesible, que contaba con la simpatía de los periodistas especializados en la Casa Real y conocía bien el funcionamiento de las redes sociales.

Harry recurría también periódicamente a Paddy Harverson para que le aconsejara sobre cuestiones de privacidad. A

Harverson, que dirigió la oficina de prensa del príncipe de Gales entre 2004 y 2013 (Carlos se casó con Camilla Parker Bowles en 2005), se le atribuía en buena medida el aumento de popularidad de Carlos y Camilla. Paddy se había ganado también la confianza de Guillermo y Harry y, aunque tras dejar su trabajo en Clarence House había fundado Milltown Partners, una consultoría de comunicación y gestión de imagen, seguía estando muy unido a los dos hermanos y tenía experiencia de sobra para asesorarlos cuando los medios se pasaban de la raya.

Aquella mañana, Harry tomó asiento en la antigua residencia de su madre y dijo:

—Ya no tengo veinte años. Tengo treinta y dos y se trata de la mujer con la que podría casarme algún día.

El príncipe quería abordar de frente los ataques racistas y machistas de los que estaba siendo objeto Meghan en la prensa. Por regla general, sin embargo, los funcionarios de la Casa Real evitaban las declaraciones que pudieran resultar agresivas y herir susceptibilidades. Además, rara vez emitían comunicados sobre la vida privada de los miembros de la familia real, jamás entraban en disquisiciones en cuestiones de seguridad y eran extremadamente cautos a la hora de publicar cualquier tipo de declaración. Normalmente, los comunicados de prensa del palacio de Buckingham o Clarence House eran muy escuetos —un par de frases, a lo sumo—, y la Casa Real prefería no hacer declaraciones sobre los asuntos más polémicos.

Esa era la norma, pero aun así la reacción firme y directa que defendía Harry tenía un precedente.

Justo un año antes, Guillermo y Kate habían arremetido contra las tácticas indignantes de las que se servían los *paparazzi* para seguir a su hijo mayor, el príncipe George. Un fotógrafo llegó al extremo de esconderse en el maletero de un coche cuando el niño estaba jugando en un parque. Esa conducta temeraria hizo saltar las alarmas, y de inmediato intervinieron los abogados de la Casa Real. Guillermo y Harry advertían un patrón preocupante en el comportamiento de la prensa sensacionalista, que les había dado un respiro tras la muerte de Diana y que ahora volvía a recuperar sus hábitos mercenarios de antaño. A instancias de Guillermo y Kate, en agosto de 2015 Jason emitió un comunicado redactado en términos muy firmes condenando la actitud de los *paparazzi* que tenían como blanco al príncipe George.

En los últimos meses han aumentado los casos de acoso al príncipe George por parte de los paparazzi. Y las tácticas que emplean son cada vez más peligrosas.

El comunicado, que se distribuyó a agencias de prensa de todo el mundo, hacía referencia a los métodos que utilizaban los periodistas gráficos para conseguir imágenes de George, como seguir al heredero —que por entonces tenía dos años—, vigilar los movimientos de otros miembros de la familia real y perseguir a los coches del palacio.

En cierto modo, esta estrategia del palacio de Kensington, más moderna y directa, se adaptaba al paisaje cambiante de los medios de comunicación, impulsados por un ansia de contenido digital que cubriera las veinticuatro horas del día. Pero los asesores, tanto de Clarence House como del palacio de Buckingham, no estaban en absoluto de acuerdo con que este planteamiento fuera la forma más eficaz de conseguir resultados.

A Guillermo y Kate solo les preocupaba el bienestar de sus hijos. Y lo mismo podía decirse de la preocupación de Harry por Meghan cuando decidió, junto a su hermano y sus asistentes, emitir un comunicado redactado en los mismos términos inequívocos.

El único escollo era el príncipe Carlos, que en esos momentos se hallaba realizando una importante gira diplomática por Oriente Medio junto a su esposa, la duquesa de Cornualles. De hecho, acababan de llegar a Baréin para reunirse con el rey Haman bin Isa al Jalifa. Se trataba de un viaje de importancia histórica que llevaba meses preparándose. Si el palacio de Kensington emitía un comunicado condenando la actitud de la prensa y confirmando, al mismo tiempo, que Harry tenía novia, la gira del príncipe Carlos por los países del golfo Pérsico quedaría eclipsada por completo.

Aun así, el palacio decidió emitir el comunicado, que redactó en gran parte el propio Harry. Su padre se enteró veinte minutos antes de que se hiciera público. Efectivamente, el comunicado acaparó los titulares desde el primer instante. Fue un duro revés para el equipo de Clarence House, que llevaba meses preparando el viaje del príncipe Carlos con la esperanza de que tuviera una amplia repercusión mediática. Carlos, por su parte, aunque disgustado porque su hijo no hubiera esperado a su regreso, entendió que la situación con Meghan había llegado a un punto crítico. Harry había sentido la necesidad de anteponer la mujer a la que quería a sus responsabilidades para con la familia real en su conjunto. Lo personal y lo profesional entran a menudo en conflicto en el caso de los miembros de la monarquía. En este caso, no obstante, Carlos comprendió que lo que trataba de hacer Harry era proteger a sus seres queridos. Su hijo ya había perdido a la persona a la que más había querido de niño: su madre.

El comunicado de Harry arremetía contra parte de la prensa por el *hostigamiento* del que estaba haciendo objeto a la actriz estadounidense y hacía hincapié en las *connotaciones raciales* de parte de la cobertura mediática.

Al príncipe Harry le preocupa la seguridad de la señorita Markle y es causa de profundo pesar para él el no haber podido protegerla, afirmaba el documento. *Es lamentable que, solo unos meses después de haber iniciado su relación, la señorita Markle se vea sometida a semejante tormenta mediática.*

A Meghan le asustaba abrir la caja de Pandora al intentar enfrentarse a la prensa.

—¿No deberíamos ignorarlo y ya está? —preguntó.

Pero Harry estaba decidido.

En una declaración sin precedentes, Harry no solo confirmó que mantenía una relación sentimental con Meghan, sino que dejó claro que era él personalmente quien se hallaba detrás de aquella manifestación de protesta, *con la esperanza de que los sectores de la prensa que han encabezado este discurso hagan una pausa y reflexionen antes de que se produzcan daños mayores.*

6

Choque de culturas

El 27 de noviembre de 2016, el príncipe Guillermo emitió, a su vez, un comunicado de prensa a fin de acallar posibles rumores:

> *El duque de Cambridge comprende perfectamente la situación relativa a la privacidad del príncipe Harry y apoya el deseo de su hermano de proteger a las personas más allegadas a él.*

A pesar de que el comunicado de Guillermo pretendía dejar claro que apoyaba la relación de su hermano con Meghan, dos semanas más tarde la prensa informó de que había tensiones entre los dos hermanos motivadas por la decisión de Harry de enfrentarse a la prensa. Entre bastidores, algunos funcionarios de la Corona y varios miembros de la familia real habían criticado el comunicado de Harry por considerarlo excesivamente duro. Algunos miembros del personal de la Casa Real que opinaban que el príncipe se estaba comportando de manera impulsiva e irracional hicieron declaraciones a la prensa que se publicaron anónimamente. El palacio de Kensington, sin embargo, se apresuró a desmentir la posibilidad de que el duque de Cambridge no estuviera por completo de acuerdo con la postura adoptada por su hermano. Lo contrario habría estado feo. Y aunque, de hecho, había expresado en privado su preocupación sobre la rapidez con que se estaba desarrollando la relación de Harry con una actriz de Hollywood a la que conocía desde hacía poco tiempo, a Guillermo le preocupaba sinceramente la intromisión de la prensa y quería que su hermano se sintiera apoyado en aquella situación.

Meghan estaba muy dolida y asombrada por las reacciones que veía en la prensa y en Internet. Cuando hablaba con sus amigos, reconocía que, aunque daba gracias por estar con una persona tan comprensiva y protectora como Harry, se sentía «emocionalmente agotada».

Por si eso fuera poco, las funciones oficiales de Harry obligaron a la pareja a separarse justo después de la publicación del comunicado en defensa de Meghan. Unos días después de que se hiciera público, Harry inició una gira de catorce días por siete países del Caribe para conmemorar el noventa cumpleaños de la reina. El apoyo a la juventud, la utilidad del deporte para el desarrollo de la sociedad y la conservación del medioambiente fueron las áreas en las que se centró la labor del príncipe durante este viaje, que incluyó los archipiélagos de Antigua y Barbuda, San Cristóbal y Nieves, Santa Lucía, San Vicente y Las Granadinas, y Granada y Barbados, todos ellos pertenecientes a la Commonwealth, así como una visita a Guyana en representación del Ministerio de Relaciones Exteriores y la Mancomunidad de Naciones.

Aunque le obligara a estar separado de Meghan en el momento en que ella más le necesitaba, esta gira puso de manifiesto la relevancia de Harry dentro de la familia real británica. (Los viajes de este tipo se planifican con seis meses o un año de antelación, de modo que era imposible que Harry previera lo que iba a ocurrir entretanto). El príncipe participó en una suelta de crías de tortuga organizada por el Nevis Turtle Group, impuso medallas durante su travesía en el Wave Knight, el barco de la Armada británica que le llevó a la isla de Santa Lucía (una tarea que solía estar reservada a la reina, al príncipe Carlos y a Guillermo), y en todas partes se ganó la simpatía de la gente. La facilidad con que se relacionaba con los niños hizo que el *hashtag #HarryWithKids* (#HarryConNiños) se popularizara en Twitter. Las entrañables fotografías en las que aparecía saludando a Tye, un niño de siete años en silla de ruedas, durante su visita al Centro de Desarrollo y Orientación Infantil de Santa Lucía dieron la vuelta al mundo.

Harry descubrió que en casi todas partes la gente quería que les hablara de Meghan. Cuando visitó el jardín botánico de Kingstown para ver el ave nacional de San Vicente y Las Granadinas —la amazona de San Vicente, una variedad de loro—, los adiestradores trataron de conseguir que el pájaro dijera el nombre de Meghan, sin éxito. El primer día de la gira, el presidente del Gobierno de Antigua y Barbuda, Gaston Browne, le dijo en broma:

—Tengo entendido que pronto tendremos princesa nueva. Quiero que sepa que será usted muy bienvenido si vienen a pasar la luna de miel aquí —añadió el político—. Nos han votado muchas veces como el mejor destino turístico del Caribe para pasar la luna de miel y uno de los mejores del mundo, así que no hay sitio mejor para su viaje de novios, cuando llegue ese día.

Durante el viaje, Meghan —que estaba en Toronto, trabajando y tratando de dar esquinazo a los *paparazzi*— y Harry hablaban casi todos los días por FaceTime. Al margen de lo dura que estuviera siendo la situación para ella, Meghan entendía la importancia de la labor de Harry, ejemplificada en su visita a Guyana y Barbados para conmemorar el cincuenta aniversario de la independencia de esos países.

Estando en Barbados, Harry y la cantante Rihanna se hicieron la prueba del VIH en una clínica de la capital del país, Bridgetown, coincidiendo con el Día Mundial del Sida.

—Quiero decirle a todo el mundo que no se haya hecho la prueba que se la haga. Da igual quién seas, tu origen, cultura o religión —declaró Harry, que, al igual que su madre, luchaba desde hacía tiempo para eliminar el estigma asociado con el VIH.

En la década de 1980, cuando muchos temían aún infectarse de sida, la princesa Diana acaparó titulares al ser el primer miembro de la familia real que tuvo contacto directo con personas que sufrían la enfermedad.

Tan pronto acabó su gira por el Caribe, Harry se fue directamente a ver a Meghan, rompiendo el protocolo de los viajes oficiales. La política del palacio de Buckingham dictaba que «las visitas de trabajo no se mezclen con los viajes privados». La prensa británica arremetió de nuevo contra el príncipe por no haber tomado el vuelo de British Airways a Londres desde Barbados en el que tenía previsto viajar, e irse, en cambio, directamente a Toronto. Si Meghan no había comprendido aún que cada pormenor de la vida de un miembro de la Casa Real se miraba con microscopio, aquella fue la prueba definitiva de que así era.

Harry le había dicho en cierta ocasión a Meghan que su vida era «surrealista», pero hasta a él le sorprendió el interés que despertaba su novia en los medios.

Mientras el príncipe estaba de viaje y Meghan en casa, en Toronto, la actriz puso sutilmente de manifiesto sus sentimientos. El 3 de diciembre, al ir a hacer unas gestiones, se puso un collar de The Right Hand Gal que acababa de comprar al precio de trescientos dólares: una delicada cadena de oro de catorce quilates con las iniciales M y H. Ese mismo día, vistió a Guy, su *beagle*, con un jersey con la bandera británica y colgó la foto en Instagram. Harry captó el mensaje y al día siguiente se plantó en su puerta.

Dos días después de que la fotografiaran comprando flores en su floristería habitual, con su nuevo collar puesto, Meghan recibió una llamada de un secretario del palacio de Kensington que la advirtió de que llevar un collar como aquel solo servía para dar pie a los fotógrafos y alentar nuevos titulares. Ella escuchó sin apenas decir nada, pero, al colgar, se sintió frustrada y dolida. Aunque sabía que la persona que la había llamado tenía buenas intenciones, le parecía surrealista que alguien de la oficina de su novio la llamara para decirle que no debía ponerse tal o cual joya o sonreír a un fotógrafo. Aquello era demasiado.

Llamó de inmediato a una de sus mejores amigas, y casi se echó a llorar mientras esperaba a que contestara.

—No doy una —dijo, completamente angustiada—. Se comportan como si la culpa de esas fotos la tuviera yo. Dicen que parece que les estoy dando pie. Que hasta darme por enterada de que me están haciendo fotos puede malinterpretarse. No sé qué decir. Ayer mismo la gente estaba diciendo en Internet que en las fotos tengo cara de pena, porque intentaba ignorar al fotógrafo.

Daba la impresión de que, hiciera lo que hiciera, metía la pata.

Otra buena amiga suya, Jessica Mulroney, tuvo una conversación muy parecida con Sophie Grégoire Trudeau en 2013, después de que su marido, Justin, decidiera presentarse a las elecciones para presidir el Gobierno de Canadá. Según una fuente, Jessica le dijo a la futura primera dama canadiense que, lamentablemente, tendría que acostumbrarse a esas intromisiones en su comportamiento si quería convivir con una figura pública, y que debía confiar en que las personas del entorno de su marido solo querían lo mejor para ambos.

Con el tiempo, Sophie le daría a Meghan el mismo consejo. Jessica las presentó en 2016, sabedora de que tenían mucho en común. Sophie había abandonado su carrera en televisión, donde trabajaba como reportera del magacín *eTalk* de la CTV, para adoptar un papel mucho más formal acompañando a su marido en su camino hacia la presidencia del Gobierno.

Meghan y ella se hicieron amigas rápidamente, y hablaban a menudo por correo electrónico. A Meghan le interesaba saber cómo había conseguido Sophie pasar de trabajar como periodista en un programa de entretenimiento a convertirse en primera dama del país manteniendo un índice de popularidad muy alto y evitando hábilmente entrar en polémicas.

—Sophie sin duda le dejó claro que iban a desenterrar cada detalle de su pasado, de modo que lo más importante era que fuese sincera con Harry, que se lo contara todo —comenta una amiga íntima de los Trudeau y exintegrante del Gobierno—. Sophie es una mujer muy inteligente y Meghan hizo bien consultándola. Ella sabe lo difíciles que son estas cosas. Y hay poca gente que pueda identificarse contigo en una situación así, o simpatizar de verdad con lo que te está pasando. Para quienes estábamos al tanto de su amistad, fue asombroso ver el cambio que se produjo en Meghan después de aquello.

Aun así, a Meghan y Harry les costó acostumbrarse a la nueva situación.

—A los dos nos sorprendió mucho la reacción de la prensa después de los primeros cinco o seis meses que habíamos pasado sin que se conociera públicamente nuestra relación —dijo posteriormente el príncipe en una entrevista conjunta con Meghan para la BBC—. Puedes hablar todo lo que quieras y tratar de prepararte todo lo posible. Pero la verdad es que lo que pasó a partir de ahí nos pilló completamente desprevenidos.

—Al principio se dijeron tantas cosas que no eran ciertas que tomé la decisión de no leer nada, ni positivo ni negativo —comentaba Meghan en la misma entrevista, refiriéndose a la imagen que daba de ella la prensa como una trepa salida «del gueto» cuyo principal objetivo en la vida era pescar un buen marido—. Era absurdo, no tenía sentido. Así que concentramos todas nuestras energías en cultivar nuestra relación.

Esa era su postura de cara al público, pero en privado la pareja no podía evitar mantenerse al tanto de lo que se escribía sobre ellos en los periódicos y en Internet, debido a que la oficina de prensa del príncipe les pedía comentarios o explicaciones. Meghan les confesó a sus amigos que se ponía enferma cuando miraba algunas páginas web o leía los comentarios que dejaban algunas personas en sus cuentas en las redes sociales, sobre todo cuando se atacaba su origen étnico.

—Es una pena que reine ese clima en el mundo —dijo—.

En definitiva, yo estoy muy orgullosa de quién soy y de dónde vengo, y nosotros nunca nos hemos preocupado por eso. Nos hemos centrado en cómo es nuestra vida como pareja. Y, cuando quitas todas esas capas de sobra y todo ese ruido, creo que nos es muy fácil disfrutar sin más de estar juntos y desconectar de todo eso.

Aun así, tras su enfrentamiento con la prensa, la pareja estaba agotada. Hacía poco más de una semana que se había hecho pública su relación y parecía que llevaban toda la vida juntos. La adversidad solo consiguió fortalecer su amor, y un amigo de la familia afirma que apuntaló la determinación de Harry de proteger a Meghan.

Por más que Harry intentara contextualizar las cosas, Meghan les hablaba con frecuencia a sus amigos de lo difícil que resultaba no ofenderse cuando la prensa y el público cuestionaban su idoneidad para ser la novia del príncipe y la comparaban con las chicas de la aristocracia con las que había salido Harry anteriormente.

Haber trabajado como actriz en Hollywood la ayudó, sin duda, a asumir su nuevo papel con mayor desenvoltura que las otras novias de Harry, pero, aun así, la prensa sensacionalista hacía todo lo posible por minar su seguridad en sí misma generando continuas polémicas.

—Existe la idea equivocada de que porque haya trabajado en la industria del entretenimiento tengo que estar acostumbrada a esto —comentaba Meghan—. Pero aunque en aquel momento llevaba unos seis años, creo, haciendo una serie de televisión, y antes había trabajado también en ese sector, nunca he formado parte de esa cultura de la prensa del corazón. Nunca había tenido tanta popularidad y llevaba una vida relativamente tranquila, aunque estuviera tan volcada en mi trabajo. Así que fue un cambio muy grande de repente.

Es posible que no estuviera preparada para verse catapultada así, de la noche a la mañana, del estrellato televisivo al escenario de la realeza, pero como actriz estaba más acostumbrada que la mayoría de la gente a soportar críticas. Y se sentía mucho más cómoda y relajada que Harry delante de las cámaras.

Ahora, no obstante, se hallaba interpretando un papel para el que no había descansos. Al igual que otra actriz americana, Grace Kelly, que se casó con el príncipe Rainiero de Mónaco, Meghan tenía la posibilidad de acercar la familia real británica a capas mucho más amplias de la población, no solo de Gran Bretaña, sino de otros países. El precio personal que tenía que pagar a cambio era ese: ahora, cada palabra que decía, cada gesto que hacía, cada prenda que lucía en público serían escudriñados de inmediato, analizados e interpretados en busca de significados ocultos. Tenía que comportarse en todo momento con un nivel de decoro muy superior al que exige la vida de una persona corriente.

Esta transición no supuso un choque cultural solo para Meghan. Los funcionarios del palacio también tuvieron que pasar por un periodo de ajuste que la presión constante de los medios digitales no hizo sino complicar. La mayoría del equipo comenzó a trabajar en la oficina de los príncipes después de la boda de Guillermo y Kate en 2011, de modo que no había asistido a los primeros tiempos de su relación de pareja ni había tenido que vérselas con el hostigamiento continuo al que los tabloides británicos sometieron a Kate, criticándola a ella y a su madre, Carole, y desenterrando hasta los detalles más nimios de su pasado personal y familiar.

—Que Harry presentara a Meghan como su novia, como su novia formal, fue una experiencia nueva para todos ellos —comenta un exasistente del palacio—. Cuando se la presentó oficialmente a su equipo [en agosto de 2016], él ya estaba seguro de su futuro. Creo que muchos tuvieron que aprender sobre la marcha a enfrentarse con el interés repentino y brutal que despertó Meghan y enseñarle a capear el temporal. No hay formación que te prepare para eso.

Aprender sobre la marcha supone inevitablemente cometer algunos errores o, al menos, pasar algunos momentos de inestabilidad. Meghan les hablaba a sus amigos de lo frustrantes que eran para ella los «bandazos» que daban los asesores de palacio. Un ejemplo de ello fueron las numerosas discusiones que tuvo la pareja con el personal de la Casa Real acerca del momento y el lugar idóneos para que los fotografiaran por primera vez juntos. Llevar a Meghan a un acto oficial estaba descartado porque iba contra el protocolo, pero tal vez Harry pudiera llevarla a un acontecimiento deportivo como espectadora invitada, para dejarse ver juntos en las gradas sin que pareciera que trataban de llamar la atención. La fotografía tenía por objeto presentar discretamente a Meghan ante la opinión pública y, al mismo tiempo, mantener a raya a la prensa sensacionalista.

Ella tenía una idea bastante clara de cómo funcionaba el mundillo de los *paparazzi*, pero ahora se hallaba en el mundo «confuso y abrumador» de Harry, y prefirió delegar en él y en sus colaboradores.

—Había un punto de «Yo voy a quedarme calladita, a ver qué piensan los demás» —cuenta una amiga acerca de la actitud de Meghan.

En cuanto al momento más oportuno para su primera foto juntos, tanto Harry como ella preferían que fuera lo antes posible. Pero, en cuanto todos se ponían de acuerdo sobre una idea, llegaba un asistente de otra oficina de la Casa Real y echaba por tierra todo el plan por considerarlo inadecuado.

Si una sola fotografía generaba tantos debates, ¿qué ocurriría si Meghan quería dar públicamente su opinión sobre algún asunto? Si quería integrarse por completo en la esfera de la monarquía, tenía que adoptar una actitud apolítica, lo que imposibilitaba que mantuviera su activismo anterior. (Antes de su relación con Harry, había manifestado opiniones contrarias al Brexit y había declarado que Donald Trump era un *misógino* y que *sembraba divisiones*). Mantenerse en silencio sería un sacrificio importante.

Meghan tardó meses en sentirse a gusto con el equipo de Harry, incluso con Jason y Edward Lane Fox, el secretario personal del príncipe, conocido como Ed o ELF por amigos y periodistas. Ed, la mano derecha de Harry, había sido capitán de los Blues and Royals, un regimiento de caballería que había intervenido en misiones militares en Irak y Bosnia. Fue allí donde se conocieron Harry y él, antes de que se sumara al equipo de la Casa Real en abril de 2013. Se había involucrado enormemente en la organización de los Invictus Games, y Harry y él habían trabado amistad durante los viajes que el príncipe había hecho en solitario a lo largo de los años. El equipo preparó a Meghan y a sus allegados para que aprendieran a proteger su intimidad del asalto creciente de los medios. Que el palacio reconociera la importancia que tenía para ella la presencia de sus amigos fue un gran alivio para Meghan, que en cierto momento llegó a preguntarse si la presionarían para que se apartara de quienes formaban parte de su «antigua» vida.

Hubo conversaciones acerca del comportamiento en las redes sociales y consejos concretos a los amigos íntimos de Meghan, que se entrevistaron uno por uno con Jason para que les enseñara lo que podían o no podían hacer en Twitter e Instagram (por ejemplo, a evitar dejar pistas por las que los *paparazzi*, que vigilaban las cuentas de todas las personas de su círculo de amistades, pudieran descubrir dónde estaba Meghan).

—Fue un poco raro —cuenta uno de los amigos de Meghan que habló con Jason—. Pero era lógico. No se trataba de la familia real, sino de la seguridad de Meghan. Ese era el planteamiento. Y estaba bien saber que había alguien con quien podías hablar si te acosaban los periodistas de los tabloides o los *paparazzi*.

Las llamadas entre Meghan y los funcionarios del palacio de Kensington se hicieron muy frecuentes. Y aunque a ella a veces todavía le molestaban sus consejos, con el tiempo comprendió que su apoyo y su experiencia le eran muy necesarios para desenvolverse en el mundo de Harry, que se estaba convirtiendo rápidamente también en el suyo.

7

Tormentas tropicales

Al concluir el año 2016, comenzó a emerger una Meghan más segura de sí misma y más cauta. Cambió su número de teléfono por primera vez desde hacía años y se lo envió solamente a las personas de su círculo más íntimo. Daba así un paso más para dejar atrás su vida anterior. Lo que no había cambiado era su convicción de que Harry era su media naranja. Y lo mismo podía decirse del príncipe. Harry les dijo a sus amigos que le encantaba que con Meghan todo fuese tan natural, que su relación avanzase orgánicamente, «como si estuviera predestinada», le confesó a un amigo mientras tomaban una copa en Londres, a principios de diciembre. Dos semanas después, Meghan reservó en el último momento un vuelo de Air Canadá a Londres porque no soportaba esperar hasta que llegara la fecha prevista para su próximo encuentro, concertado para ese mismo mes. A fin de cuentas, aquella iba a ser su primera Navidad como pareja oficial.

Pero aunque ellos fueran muy en serio, su relación era todavía demasiado reciente para que la reina invitara a Meghan a los festejos navideños en Sandringham, de los que solo participaban las parejas casadas de la familia real. Así que, mientras Harry pasaba unos días en el campo, en la residencia de la reina en Norfolk, ella pensaba pasar las fiestas en Los Ángeles con Doria y la familia de su buena amiga Benita Litt, una abogada especializada en el sector del entretenimiento que había fundado una marca de maletas y bolsos y que ese mismo verano había pasado unos días de vacaciones con Meghan y Misha en España. A Meghan le encantaba pasar tiempo con Benita y su marido, Darren, sobre todo si estaban por allí sus hijas, Remi y Rylan, sus «haditas madrinas».

La pareja quiso aprovechar al máximo aquella visita improvisada de Meghan a Londres antes de las fiestas navideñas y, al día siguiente de su llegada al aeropuerto de Heathrow, se presentaron en la tienda Pines and Needles, en Battersea Park, en busca de su primer árbol de Navidad en pareja. (La tienda navideña, que está a unos tres kilómetros del palacio de Kensington, era también de las favoritas de Madonna y Elton John). Tras pasar quince minutos mirando, eligieron un abeto de Normandía de metro ochenta de alto que ellos mismos llevaron al coche.

Luego volvieron a casa y allí se quedaron, decorando el árbol y cocinando. Solo salieron una vez para hacer un poco de ejercicio en el gimnasio KX al que iba Harry y hacer la compra para la cena. El 14 de diciembre, tras dos días en casa, decidieron salir a dar una vuelta por la ciudad. Habían aceptado unas entradas de última hora para ver una versión teatral de *El curioso incidente del perro a medianoche*, pero salieron un poco tarde de palacio y encontraron un atasco en Piccadilly Circus. Temiendo no llegar a tiempo a la función, que empezaba a las siete y media de la tarde, se bajaron del discreto monovolumen que habían llevado para no llamar la atención y echaron a andar a buen paso, cogidos de la mano y con la cabeza gacha, hacia el teatro Gielgud.

El West End londinense era un hervidero de gente, y ellos sabían que, si se daban prisa, podían entrar en el teatro sin que nadie se diera cuenta. Les hacía ilusión caminar por las calles más transitadas de Londres sabiendo que el mundo entero quería verlos juntos. Fue un momento de libertad que no experimentaban desde hacía tiempo, aunque solo durara un minuto. Durante ese brevísimo intervalo, sintieron que eran una más de las muchas parejas que caminaban apresuradamente por la acera. Fue divertido y emocionante. Cuando entraron en el teatro como dos espectadores corrientes, el acomodador que esperaba para conducirlos a su palco se quedó de piedra. Ellos se miraron como si tampoco acabaran de creérselo del todo.

Paradójicamente, aquel instante de anonimato acabó siendo su primera fotografía como pareja. Meghan y Harry ignoraban entonces que un fotógrafo los había seguido desde la verja del palacio y había fotografiado cada uno de sus movimientos mientras corrían para llegar al teatro antes de que se apagaran las luces de la sala.

La publicación de sus primeras fotos juntos no fue, desde luego, la que planeaba el palacio de Kensington. Meghan y Harry se enteraron de que un *paparazzi* los había seguido cuando, a las 10:35 de la mañana siguiente, el príncipe recibió un mensaje de texto de uno de sus asistentes con la foto de portada de *The Sun*. ¡*EXCLUSIVA MUNDIAL!*, proclamaba el titular. *Harry y Meg: primera foto del príncipe con su novia.* No les molestó (sabían que aquello tenía que ocurrir en algún momento), pero a Meghan no le hizo ninguna gracia que los hubieran seguido sin su conocimiento.

—Es siniestro —le dijo a una persona cercana.

Lo que sí le molestó hasta el punto de hacerla llorar fue una serie de presuntas fotografías de ella en toples que publicó *Radar Online*, una página web de cotilleos caracterizada por su estilo chabacano. Aunque los responsables de la página afirmaron que las fotos databan de la época de su boda en Jamaica con Trevor, en 2013, Meghan insistió en que no eran suyas. Sus abogados emprendieron acciones legales, pero la tibia disculpa que recibieron por parte de la página web no hizo gran cosa por aliviar el disgusto de Meghan. A ello se sumaba el acoso constante de los *paparazzi* que sufría Doria en su casa de Los Ángeles, y que obligó a madre e hija a cambiar sus planes navideños y a pasar gran parte de las vacaciones escondidas en Toronto.

En resumidas cuentas, la última andanada de ataques de los medios dejó a Meghan muy afectada. Para animarla y que pudieran desconectar de todo aquello, Harry organizó un viaje de Año Nuevo muy especial. Llamó a su amigo Inge Solheim, un guía de aventuras noruego con el que había trabado amistad en 2011, durante una travesía a pie a beneficio de la ONG británica Walking with the Wounded. Inge ya le había echado una mano anteriormente. En 2014, cuando Harry todavía estaba con Cressida, organizó para él un viaje de esquí ultrasecreto a Kazajistán.

—Para mí siempre es un placer ayudar a un amigo como Harry —afirma Inge, que se encargó de los preparativos para que Meghan y Harry pasaran una semana en una cabaña en Tromsö, en la punta misma de Noruega, dentro del Círculo

Polar Ártico, donde no había absolutamente ninguna posibilidad de que los siguieran los fotógrafos.

Allí, la pareja disfrutó de siete días de tranquilidad montando en trineo, viendo ballenas, cenando en restaurantes locales y contemplando abrazados cómo las auroras boreales iluminaban el cielo.

A su regreso a Londres, Meghan conoció al fin a Kate, la duquesa de Cambridge. El encuentro del 10 de enero en el Apartamento 1A —la residencia de los Cambridge— fue breve, pero Harry quería asegurarse de que su cuñada y su novia tuvieran ocasión de conectar.

A pesar de que Harry visitaba con frecuencia su casa, no parece que Kate mostrara en un principio mucho interés por conocer a la mujer que había hecho tan feliz a su cuñado, lo que no debe entenderse necesariamente como un signo de indiferencia hacia Meghan.

—La duquesa es una persona sumamente precavida —explica una persona de su entorno.

Tras casarse con Guillermo, Kate tenía mucho cuidado con a quién dejaba entrar en su círculo de amistades. Sus amigas actuales —como *lady* Laura Meade y Emilia Jardine-Paterson, ambas casadas con amigos de Guillermo— son casi las mismas que tenía el día de su boda. Su esfera íntima, al igual que la de su marido, es muy restringida.

Meghan le llevó un regalo a la duquesa, que había celebrado su cumpleaños el día anterior. El regalo —un cuaderno Smythson encuadernado en suave piel— ayudó a romper el hielo, al igual que las carantoñas que Meghan le hizo a Charlotte, que por entonces tenía solo veinte meses. Antes de que se despidieran, Kate le dijo que la llamara si necesitaba cualquier cosa. Ella también había pasado por la experiencia de ser la novia de un príncipe y sabía mejor que nadie lo duro que podía ser ver expuesta tu vida privada de la noche a la mañana.

El 17 de enero, Meghan llegó a Nueva Delhi para una visita de cinco días a la India, invitada por la organización humanitaria World Vision, de la que era embajadora. El objetivo de su visita a la capital india era conocer mejor los numerosos problemas que afrontan las mujeres y los niños pobres de ese país; especialmente, los obstáculos para acceder a la sanidad y la educación. Tras concluir el viaje —que llevaba meses planeando y para el que se había documentado exhaustivamente—, regresó de nuevo a Londres para estar con Harry.

Aunque no vivían juntos oficialmente, Meghan pasó la mayor parte del invierno de 2017 en la residencia de Harry en el palacio de Kensington, en cuya decoración ya había dejado su huella y donde tenía ya su propio armario, compuesto por la ropa que compraba en Londres —de J. Crew y Stella McCartney, entre otros diseñadores— y por la que había traído de Canadá en sus viajes anteriores.

Londres empezaba a convertirse en su hogar. Muchas noches, Harry y ella se acomodaban en el sofá del modesto cuarto de estar y pasaban varias horas viendo sus series favoritas, como *Juego de tronos* y *Breaking Bad*. Tenían, además, los mismos gustos en cuestión de cine; eran fans de Disney y les encantaba ver películas como *Vaiana* o *El rey león*. Y como en Estados Unidos estaba arrancando la temporada de premios y Meghan disponía de las copias de películas aún sin estrenar que el Sindicato de Actores enviaba a sus socios y votantes, podían ver los mejores estrenos del año desde la comodidad de su hogar.

También salían de vez en cuando. Fueron a ver *Figuras ocultas* al Electric Cinema, una sala de cine de Notting Hill, y a veces comían o cenaban fuera. Tenían sus locales favoritos, como el Soho House, donde se conocieron, y el Sands End, en Fulham, un gastrobar de estilo rústico propiedad de Mark Dyer, el exoficial de los Guardias Galeses que había acompañado al príncipe durante su año sabático y que siempre estaba dispuesto a brindarle apoyo y consejo.

En esos locales se sentían a gusto y podían relajarse, lo que no les sucedió cuando en marzo viajaron a Jamaica para asistir a la boda de Tom Inskip, uno de los amigos que habían acompañado a Harry en el famoso viaje a Las Vegas de 2012. El hotel Round Hill de Montego Bay estaba demasiado expuesto a miradas curiosas, pero los organizadores de la boda les habían asegurado que el recinto del hotel, de más de cuarenta y cinco hectáreas, estaría cerrado al público durante los tres días que durarían los festejos. Así pues, Harry reservó una villa en un rincón apartado de los jardines, rodeado por frondosa vegetación, y la pareja voló al Caribe.

El primer día, el cielo soleado y las aguas de color turquesa pusieron a todos los invitados de un buen humor. Los viejos amigos se quedaron levantados hasta muy tarde tomando cócteles y charlando de sus recuerdos, y los festejos se prolongaron hasta bien entrada la noche. Pero cumplidas apenas veinticuatro horas de su llegada, a Meghan y Harry se les aguó la fiesta. Los escoltas que los habían acompañado a Jamaica descubrieron a un fotógrafo de una agencia de Los Ángeles dentro de los terrenos del hotel. Y aunque el fotógrafo fue expulsado inmediatamente, ya había captado a la pareja en un apasionado abrazo en la terraza privada de su villa y a Meghan en bañador jugando en el agua con el príncipe.

Aquel asalto a su intimidad horrorizó a Meghan y puso furioso a Harry, que llamó al palacio y dio instrucciones muy claras a sus asistentes. Las fotos no debían publicarse bajo ningún concepto.

—Haced lo que haga falta —les dijo.

Su secretario de comunicación le aseguró que se estaban encargando de resolver la situación. En las sucesivas conversaciones que mantuvo con la agencia, la oficina de prensa del príncipe habló de una «atroz violación de la intimidad» y finalmente consiguió que las fotos de la terraza no fueran puestas en venta y no llegaran, por tanto, a publicarse ni siquiera en los rincones más oscuros de Internet (todavía hoy siguen sin ver la luz). La agencia, sin embargo, siguió adelante con la venta de las instantáneas robadas a la pareja en el agua, incluidas las que mostraban a Meghan en bikini.

En su bungaló del hotel, Harry gritaba furioso y Meghan estaba preocupada. Entendía perfectamente la indignación del príncipe ante el acoso de los medios y conocía la profunda desconfianza que había arraigado en él tras la muerte de su madre, que volvía a aflorar cada vez que un reportero iba demasiado lejos en su afán por conseguir una exclusiva, pero nunca le había visto así. Otras veces, cuando habían tenido problemas con los *paparazzi*, Meghan siempre había podido calmarle y hacerle entrar en razón. A menudo era ella la única capaz de tranquilizar a Harry cuando le daba uno de sus arrebatos. En Jamaica, en cambio, el enfado le duró varios días, y hasta sus amigos comentaron que estaba de muy mal humor. Era la primera vez que Meghan veía esa faceta suya, pero eso no la desanimó a seguir adelante con su relación. En todo caso, le entristecía ver lo mucho que todo aquello afectaba a Harry.

Lamentablemente, aquella no fue la última vez que la prensa arruinó los planes de la pareja. El escrutinio implacable de los medios fue el motivo de que Meghan clausurara su blog, *The Tig*, en abril de ese año, alegando que el proyecto ya había dado de sí todo lo que podía dar. La decisión no se debió a las críticas que recibía el blog, sino al hecho de que la prensa sensacionalista lo utilizara para alimentar falsas especulaciones acerca de su vida privada con el príncipe. Los periodistas se servían de cualquier comentario antiguo del blog para escribir nuevos artículos. Si Harry y ella pasaban tres días sin dejarse ver, alguien en algún blog de cotilleos rescataba la receta de *açaí bowl* de Meghan y escribía un artículo afirmando que era lo que le preparaba de desayuno a su novio. O si en el blog había una entrada sobre los beneficios de los zumos verdes, alguien publicaba un artículo preguntándose si no sería esa la dieta que le estaba haciendo seguir a Harry, cuando en realidad Meghan había escrito esa entrada tres años antes. La situación llegó a un punto absurdo, y el blog ya no encajaba con la vida de la novia de un príncipe.

Después de compartir algunas de sus citas favoritas del blog (como *Lo más bonito que puede ser una persona es ser ella misma*; *Ten por seguro que la felicidad no se encuentra, se hace* o *Viaja con frecuencia: perderte te ayudará a encontrarte*), Meghan dirigió una nota de despedida a sus lectores.

Tras casi tres años preciosos compartiendo esta aventura con vosotros, ha llegado la hora de decir adiós a The Tig, *escribía. Lo que empezó siendo un proyecto impulsado por la pasión (mi pequeña turbina) se convirtió en una comunidad maravillosa y llena de inspiración, apoyo, frivolidad y diversión. Habéis iluminado mis días y habéis hecho que esta experiencia rebosara alegría. Seguid buscando esos «momentos tig» de descubrimiento, seguid riendo y asumiendo riesgos, y seguid siendo «el cambio que queréis ver en el mundo». Y, por encima de todo, no olvi-*

déis lo que valéis. Como he dicho una y mil veces: tú, mi
dulce amiga, eres suficiente.

El revuelo mediático se intensificó cuando Meghan hizo
su primera aparición en un acto oficial. El 6 de mayo estuvo presente en el palco real de Coworth Park para ver un
partido benéfico de polo en el que jugaba Harry. La muchedumbre de fotógrafos que cubrió el evento era tan abrumadora que Meghan y Harry tuvieron que esconderse de las
cámaras detrás de los coches del aparcamiento VIP, lo que
dio lugar a un momento muy embarazoso y frustrante para
la pareja.

El interés que despertaba cada uno de sus movimientos
hizo que Meghan fuera invitada con muchas reticencias a la
boda de Pippa Middleton, celebrada el 20 de mayo de 2017.
Tanto a la novia como a su madre, Carole, les preocupaba en
privado que la presencia de la actriz americana junto a Harry
eclipsara el enlace.

Meghan eligió con mucho cuidado su estilismo para la
ocasión, y confió de nuevo en Jessica para que la ayudara a
escoger un conjunto que no resultara demasiado llamativo
cuando entrara en la iglesia con Harry. Su empeño en no dar
ni un solo paso en falso en la boda de Pippa fue solo uno más
de los muchos gestos que demostraban que tenía el temple
necesario para entrar a formar parte de la familia real.

Pero, a pesar de sus esfuerzos, su presencia en la boda de
Pippa causó un problema que nada tuvo que ver con su vestuario. El día del enlace, *The Sun* publicó en portada un titular que proclamaba *Meghan contra Pippa en... boda de traseros.*
Iba acompañado de dos fotografías: en una se veía a Meghan
de espaldas, vestida con chándal, saliendo de un centro de
yoga londinense esa misma semana; la otra era la famosa fo-

tografía de Pippa tomada desde atrás durante el enlace de Guillermo y Kate en 2011.

Harry y ella estuvieron de acuerdo en que no podía hacer acto de aparición en la iglesia, a escasos cincuenta metros de la tribuna habilitada para la prensa, después de la publicación ese mismo día de una portada de tan mal gusto. Si antes les preocupaba que su llegada diera lugar a un circo mediático pese a todas las precauciones que habían tomado, ya no les cabía duda de que así sería. Meghan tendría que dejar para otra ocasión el vestido y el sombrero de Philip Treacy que pensaba lucir en la ceremonia.

Durante los días siguientes a la boda se dio por sentado que Harry había acudido en solitario a la iglesia de Saint Mark de Englefield, Berkshire, y que a continuación había regresado a Londres para recoger a Meghan y asistir con ella al banquete celebrado en el jardín de la casa de los Middleton en Bucklebury; un trayecto de doscientos cuarenta kilómetros, en total. La pareja, sin embargo, había dado con una solución más eficaz.

La mañana del enlace, hicieron juntos el trayecto de una hora en coche hasta Berkshire. Harry dejó a Meghan en el alojamiento que un amigo íntimo invitado a la boda había alquilado a través de Airbnb y luego se fue a la iglesia. Mientras el resto de los invitados asistía a la ceremonia, Meghan se puso un discreto vestido negro y se maquilló ella misma. (Un peluquero se había encargado de peinarla antes de que salieran de Kensington).

Tras la ceremonia religiosa, que tuvo lugar a las once y media, Harry regresó a la casa alquilada para comer con Meghan. Desde allí fueron juntos en un Audi negro hasta el lugar del banquete. Llegaron justo cuando un caza Supermarine Spitfire realizaba una exhibición de vuelo acrobático para los invitados. Habría sido divertido, seguramente, poder sentarse juntos en el pabellón de cristal levantado especialmente para la ocasión en la finca de siete hectáreas de los Middleton, pero, por deseo expreso de Pippa, las parejas no se sentaron juntas. Harry se sentó con su amigo el presentador de televisión Tom Bradby, y desde allí aplaudió a los novios cuando hicieron su entrada. Al otro lado del pabellón, Meghan bebió champán Dom Ruinart de 2002 y cenó trucha y cordero mientras charlaba con sus compañeros de mesa, entre los que se encontraba Mirka, la esposa del tenista Roger Federer. Cuando acabó la cena, el *DJ* Sam Totolee se hizo cargo de la ambientación musical y Meghan y Harry se reencontraron en la pista de baile. En otra época, Harry habría sido de los últimos en abandonar la fiesta, junto con el resto de sus amigos. En cambio, esa noche pasó la mayor parte del tiempo charlando con Meghan en un rincón apartado. A las dos de la madrugada se retiraron y un escolta los llevó de vuelta a Kensington.

8

Voces desaprobadoras

El 4 de agosto, el día que Meghan cumplía treinta y seis años, la pareja llegó a Botsuana para dar comienzo a un viaje que Harry había planeado hasta el último detalle. Mientras desenvolvía los primeros regalos sorpresa en la avioneta, cuando faltaba poco para que llegaran a su destino, Meghan no pudo evitar sonreír al fijarse en la esquina del lienzo que asomaba entre el embalaje de burbujas.

Dos meses después de que empezaran a salir, en el verano de 2016, Harry le había regalado una mitad de un díptico de Van Donna que representaba a un niño y una niña cogidos de la mano. Había comprado la obra, valorada en cuatro mil quinientos dólares, durante una visita privada a la galería Walton Fine Arts de Chelsea y se había guardado la segunda pieza, que solo contenía el título de la obra, *Todo el mundo necesita alguien a quien amar*, para regalársela a Meghan en su primer aniversario. Al parecer, siempre había sabido que lo suyo iba para largo.

Al aterrizar en el aeropuerto de Maun, un sentimiento de alivio y emoción se apoderó de ambos. Aquel viaje no solo era un modo muy especial de celebrar el cumpleaños de Meghan, también suponía un hito en su relación. Marcaba el final de un ciclo para la pareja, el regreso al país que habían visitado apenas un mes después de conocerse, en 2016. Les hacía mucha ilusión volver a acampar en la sabana, bajo las estrellas, como habían hecho casi un año antes.

Las celebraciones comenzaron nada más aterrizar. Desde el aeropuerto, se dirigieron en varios todoterrenos con las ventanillas tintadas al lugar donde iban a pasar la primera noche de su estancia en el país africano: la casa de Adrian Dandridge, un exdiseñador de joyas al que el príncipe había conocido en un viaje a Botsuana en 2004. Allí, en una rústica casa de invitados situada junto a una plantación de chili, en la zona de Tsutsubega, una fiesta sorpresa aguardaba a Meghan. Hambrientos después del viaje de quince horas desde Londres, a los dos se les iluminó la cara al sentir el olor de la barbacoa y los platos típicos del país que había preparado Sophie, la mujer de Adrian. Entre ellos, el favorito de Harry, *seswaa*, un estofado de ternera con cebolla y pimientos servido sobre una gruesa capa de polenta.

Para Meghan, eran momentos como aquel los que definían a Harry. Daba igual dónde estuvieran y con quién: el príncipe siempre hacía todo lo posible para que se sintiera integrada e importante. Y siempre le tenía reservada alguna sorpresa que sabía que le haría ilusión.

A principios de ese mismo verano, cuando la pareja viajó en secreto a Turquía para una estancia privada de cinco noches en una villa con vistas a la bahía de Yalikavak y a las montañas de Bodrum, Meghan se fijó en una joyería local donde vendían piezas de una marca que le gustaba, Kismet by Milka, conocida por la delicadeza de sus joyas de oro hechas a mano en oro, que lucían estrellas como Beyoncé, Madonna o Cameron Diaz. La pareja estuvo curioseando dentro de la tienda, que el propietario, al darse cuenta de que eran ellos, cerró de inmediato para que nadie los molestara. Cuando se marcharon, Meghan le dijo a Harry que le habían gustado un par de cosas y que quería volver. Al día siguiente, Harry se presentó en la tienda y compró dos joyas.

—Dijo que quería darle una sorpresa y señaló las joyas que quería —cuenta la diseñadora Milka Karaagacli acerca del anillo adornado con la *hamsa* o mano de Fátima y la pulsera de oro con pequeños dijes que compró el príncipe.

El último detalle que tuvo Harry durante aquella fiesta de cumpleaños en África fue más sencillo, pero no menos significativo. Al verle sonreír mientras llevaba en las manos una pequeña tarta de cumpleaños para ella, Meghan se sintió más querida y enamorada que nunca.

A la mañana siguiente, no les hizo falta el despertador: el alegre alboroto de los pájaros los despertó al amanecer. Desayunaron sin perder un instante y subieron a un *jeep* con la capota abierta en el que recorrieron sesenta y cinco kilómetros en dirección este, hasta el remoto Parque Nacional de Makgadikgadi Pans.

Volvieron a alojarse en el Meno A Kwena, el hotel de lujo que habían visitado el año anterior, para disfrutar de unos días a solas.

En realidad, sin embargo, nunca estaban solos por completo. A aquel viaje romántico los acompañaron dos de los escoltas personales del príncipe. Entrenados por el SAS —el

Servicio Aéreo Especial—, los guardaespaldas pertenecían al Grupo SO14 de Protección de la Realeza del Servicio de la Policía Metropolitana. Solían llevar pistolas Glock 17 de 9 mm, radiotransmisores y botiquines de primeros auxilios, y estaban siempre a escasos metros de distancia. Tenían un único cometido: mantener al príncipe a salvo en todo momento y a toda costa. A Meghan, su presencia constante le resultaba un tanto violenta, pero, como les decía la duquesa de Cambridge a sus amigos, «llega un momento que ni lo notas».

Puesto que en aquella zona aislada no había ningún peligro, el equipo de seguridad se instaló en otra parte del hotel, y Meghan y Harry pudieron disfrutar de su intimidad. También se vieron libres de distracciones tecnológicas, dado que rara vez miraban sus móviles, como no fuera para hacer una foto.

Pasaban el día en plena naturaleza y las noches juntos, a solas. Cada noche, después de cenar un entrecot o un estofado preparado por Baruti, el chef del hotel, se trasladaban a la zona de la hoguera y se hundían en las tumbonas de loneta para disfrutar de un vino local, arrullados por el suave chisporroteo de las llamas.

Bajo aquel cielo estrellado, tuvieron oportunidad de reflexionar sobre los asuntos que les preocupaban. A Meghan le inquietaba desde hacía tiempo la cuestión de su trabajo, que ya no encajaba en la vida que estaba construyendo con Harry. Los jefes de la productora la estaban presionando para que les confirmara si iba a participar en la octava temporada de *Suits*, pero ella no quería tomar decisiones precipitadas. A fin de cuentas, la mayoría de las actrices soñaban con un trabajo como aquel.

Aunque no estaba comprometida formalmente con Harry, Meghan sentía que con él podía hablar de cualquier cosa.

En el sosiego de aquellos días en el delta del Okavango, cuando solo el rugido ocasional de algún león interrumpía sus conversaciones, Meghan le habló de sus esperanzas para el futuro y del lugar que el príncipe ocupaba en ellas. Para Harry, no había duda: se habían prometido mutuamente no separarse nunca, y él pensaba cumplir esa promesa.

La noche que conoció a la actriz se dio cuenta de que quería salir con ella, y tres meses más tarde sabía ya que quería que fuera su esposa.

—El hecho de que me enamorara tan rápidamente de Meghan me confirmó que se habían alineado las estrellas —contó más tarde en la entrevista que concedió la pareja con motivo de su compromiso oficial—. Todo era perfecto. Esta mujer bellísima había llegado a mi vida como por arte de magia, y yo a la suya.

Su relación iba como la seda, hasta el momento. Tenían muchas cosas en común. Les gustaban las mismas cosas, como viajar o hacer ejercicio, y Meghan —la típica chica que se tomaba un batido de frutas después de una clase de yoga o una sesión de pilates— había animado a Harry a llevar una dieta más sana. Su ritual matutino comenzaba con un vaso de agua caliente aderezado con una rodaja de limón, seguido por su desayuno favorito: copos de avena remojados en leche de almendra o de soja, con rodajas de plátano y sirope de agave para darle un toque de dulzor. Cuando quería tomar algo entre comidas, optaba por unas rodajas de manzana con mantequilla de cacahuete. Era un tipo de alimentación que no se parecía en nada a la que llevaba el príncipe en sus tiempos de soltero, cuando solía encargar *pizzas* por teléfono, pero Harry quería llevar un estilo de vida más saludable y era divertido compartir ese interés con Meghan.

Ambos eran aficionados a los libros de autoayuda. El favorito de Harry era *Ocho pasos hacia la felicidad*; el de Meghan, *El manifiesto por la motivación.*

Compartían los valores que constituyen la espina dorsal de un buen matrimonio, como la importancia de devolver algo a los menos afortunados y la convicción de que era necesario proteger el medioambiente. (Harry, cuya conciencia ecologista era muy firme gracias a las enseñanzas recibidas de su padre, evitaba usar plástico siempre que podía; por ejemplo, pidiendo que no le pusieran tapa de plástico en el café, o funda de plástico en la ropa que mandaba al tinte).

Él era más dado a los gestos románticos, pero Meghan le demostraba su cariño de mil maneras y procuraba que supiera en todo momento cuánto le valoraba. Tomaba nota de las cosas que le gustaban y trataba de sorprenderle preparándole sus platos preferidos cada vez que iba a verla a Toronto. En uno de esos viajes, cocinó para él el tradicional asado de domingo inglés, aunque no era domingo, porque Harry le había dicho que era su comida preferida.

—No hay día malo para un asado —bromearía ella después.

Meghan amplió, además, el mundo espiritual de Harry al introducirle en la práctica del yoga y comprarle un libro sobre *mindfulness* que, como todos sus regalos, acompañó con una nota manuscrita. Animado por Meghan, al poco tiempo el príncipe comenzó a hacer una práctica de meditación diaria.

En junio de 2017, la pareja no hablaba ya de su boda como una posibilidad, sino como una certeza. Incluso plantearon la cuestión en palacio y consultaron a los asesores del príncipe cuál sería el mejor momento para celebrarla.

Harry aún no le había pedido formalmente la mano a Meghan, pero empezó a decirles a sus allegados que tenía intención de hacerlo. Sin que casi nadie lo supiera, ya había encargado un anillo de compromiso. En mayo de ese año había viajado en solitario a Botsuana como patrono de una organización para la conservación del rinoceronte africano y, aprovechando el viaje, estuvo viendo diamantes con un amigo íntimo que le ayudó a elegir la piedra perfecta con certificación «libre de conflicto».

No todo el mundo estaba tan convencido como él de que casarse con Meghan fuera buena idea. Un mes después de su boda, Skippy, su amigo de toda la vida, se sentó con Harry y le dijo que estaba preocupado. En su opinión, su relación con Meghan iba demasiado deprisa. Según una fuente, no se anduvo con rodeos al decirle que «se estaba precipitando».

Skippy —que, como la mayoría de los amigos íntimos de Harry, no conocía bien a Meghan— le aconsejó que «tuviera cuidado» y que vivieran juntos una temporada antes de «dar un paso más serio». Le aseguró que se lo decía con la mejor de las intenciones, pero Harry no lo vio así. Tenía la sensación de que su amigo estaba dando a entender que Meghan no era de fiar y que tenía motivos poco claros para casarse con él.

—Le dolió muchísimo que alguien tan cercano no se fiara de su criterio —afirma esa misma fuente.

Los dos amigos, que se escribían y hablaban con regularidad, se distanciaron una temporada después de aquella conversación.

Tanto a los amigos de Harry como a los de Guillermo les preocupaba el ritmo al que avanzaba la relación. En cierto modo, Meghan no estaba recibiendo un trato distinto al que recibían las otras personas —hombres o mujeres— que entraban en la órbita de los príncipes. Desde la muerte de Diana, los dos hermanos eran extremadamente cautelosos por miedo a que los demás intentaran aprovecharse de su posición.

Más o menos en la misma época en que Skippy habló con Harry, el príncipe Guillermo decidió abordar el asunto con su hermano.

—Ver a Harry contento era muy raro, así que verlo prácticamente dando saltos de alegría era una gozada —comenta una persona que todavía mantiene contacto regular con los dos hermanos—. Pero al mismo tiempo Guillermo siempre ha sentido que tenía que velar por su hermano, no como futuro rey sino como hermano mayor. Durante toda su vida adulta ha creído que tenía que vigilar a Harry para asegurarse de que no se metía en líos ni se descarriaba.

Guillermo, que solo había visto a Meghan un par de veces, quería cerciorarse de que la actriz americana tenía buenas intenciones.

—A fin de cuentas, son dos hermanos de los que la gente ha intentado aprovecharse toda su vida —asegura esa misma fuente—. Los dos han desarrollado un radar para detectar a ese tipo de personas, pero, como Guillermo no sabía gran cosa de Meghan, quería estar seguro de que Harry no se dejaba cegar por el deseo.

Como todos los *royals*, Guillermo tenía que compaginar dos papeles. En lo relativo a Harry, no solo era su hermano, sino también el heredero al trono y, como futuro rey, tenía la obligación de valorar el riesgo que suponía la entrada en la Empresa de cualquier persona ajena a ella. Y no solo eso: en la Casa Real trabajaban decenas de personas que tenían contacto directo con los príncipes, y algunas de ellas se habían mostrado alarmadas por la situación ante el duque de Cambridge. Los altos funcionarios de la Corona suelen ser individuos que han dedicado gran parte de su vida a la institución monárquica y a los que no les gusta, por definición, que personas ajenas a ese mundo alteren el equilibrio cuidadosamente mantenido de su maquinaria. Su tarea consiste, en parte, en anticiparse a posibles crisis cuando una de esas personas se acerca a la Empresa, ya sea un nuevo asesor que se esté encargando de una iniciativa filantrópica o el futuro cónyuge de un miembro de la familia real.

Meghan era una perfecta desconocida para ese grupo de asesores, que a veces tendían a ser más conservadores que la propia monarquía.

Este era el ambiente que reinaba en palacio cuando Guillermo se sentó a hablar con Harry de su relación con Meghan.

—No sientas que tienes que acelerar las cosas —le aconsejó, según diversas fuentes—. Tómate todo el tiempo que necesites para conocer bien a esa chica.

En esas dos últimas palabras, «esa chica», Harry percibió un tono de superioridad que era contrario a su forma de ver las cosas. Durante los diez años que había pasado en el ejército, fuera de la burbuja de la Corona, había aprendido a no juzgar a los demás por su acento, su educación, su origen étnico, su clase social o su profesión.

Pero, dejando a un lado a Meghan, Harry también estaba cansado de la dinámica que se había establecido entre su hermano y él. A esas alturas de su vida, no creía que nadie tuviera que velar por que fuera por el buen camino. Y entre el cariño y la condescendencia había una línea muy fina. El hecho de que su planteamiento de vida fuera distinto al de su hermano no significaba que el suyo fuera erróneo.

Es posible que Guillermo creyera que actuaba movido por la preocupación, pero a Harry le ofendió que siguiera tratándole como si fuera un joven inmaduro.

—Harry se cabreó —cuenta otra fuente—. Le molestó mucho que su hermano le hiciera esos comentarios. Algunos pensaron que estaba exagerando. Pero es que eso resume absolutamente cómo es cada uno. Guillermo es tranquilo y racional, y Harry no puede evitar tomarse las cosas demasiado a pecho.

—Harry tiene un corazón de oro, pero también es increíblemente sensible —afirma un viejo amigo de la familia.

Otro amigo añade, no obstante:

—Harry adivinó las intenciones de Guillermo, la condescendencia que había detrás de sus palabras.

El príncipe quedó muy sorprendido y se enfadó, a pesar de que Guillermo solo quería lo mejor para él. Al fin y al cabo, todavía no conocía muy bien a Meghan y le preocupaba que Harry se hubiera distanciado de gran parte de sus amigos de siempre.

—Pero puede que no quisiera aceptar que Harry había madurado y que podía valerse solo perfectamente —comenta una fuente.

Guillermo le confesó a un asistente que estaba «dolido» porque su hermano no se diera cuenta de que solo quería lo mejor para él. A fin de cuentas, los dos se habían apoyado mutuamente sin cesar desde la muerte de su madre.

—Guillermo y Kate quieren mucho a Harry. Sentían que tenían que cuidar de él. Guillermo había tenido un papel muy importante en su educación, había sido una figura paterna para él, con todo lo que eso implica —cuenta una persona del entorno de los Cambridge.

Hubo al menos otros dos miembros de la familia real que expresaron su preocupación por la velocidad a la que avanzaba la relación sentimental de Harry. No era la primera vez que Meghan era objeto de comentarios y chismorreos dentro de la familia real. Cuando llegó a la vida del príncipe, alguien de la familia la llamó «la cabaretera de Harry». Otra persona le dijo a un asistente que la actriz americana «traía mucho equipaje» a sus espaldas. Y a un alto funcionario de la Casa Real se le oyó decirle a un colega:

—Tiene algo que me da mala espina.

Harry era consciente de las habladurías, según un amigo íntimo del príncipe.

—Es extremadamente protector con Meghan. Sabe que mucha gente se opone a su relación y está dispuesto a hacer lo que sea necesario para que Meghan no sufra a manos de esas personas, aunque eso signifique tener que distanciarse de ellas.

Durante los meses que siguieron a su conversación acerca de Meghan, los dos hermanos casi no se hablaron. Pasaron de tener siempre tiempo el uno para el otro a no verse apenas. A Harry siempre le había encantado cruzar los jardines de palacio para pasarse a ver a Charlotte y George y llevarles regalos, como un coche eléctrico para su sobrino y un triciclo para Charlotte. Esas visitas, sin embargo, se acabaron casi por completo en el verano de 2017. De hecho, Harry pasó mucho menos tiempo con el príncipe Louis que con sus hermanos mayores debido a la creciente tensión que se instaló entre Guillermo y él tras el nacimiento del niño el 23 de abril de 2018. Este distanciamiento no fue unidireccional. Harry pasaba menos tiempo yendo a ver a los niños, pero Guillermo y Kate fueron los primeros en dejar de invitarle a su casa.

Aunque no era necesariamente responsabilidad suya, Kate hizo muy poco por tratar de cerrar esa brecha. Era ferozmente leal a su marido y los Windsor.

Meghan y ella eran más o menos de la misma edad, pero cuando se conocieron se hallaban en momentos muy distintos de sus vidas. Kate estaba perfectamente integrada en la familia real desde la época en que conoció a Guillermo en la universidad. Era madre de tres niños (entre ellos, el futuro rey de Inglaterra) y su vida giraba en torno a la familia y a sus deberes para con la monarquía y el país.

Los orígenes sociales de ambas eran muy distintos y su bagaje vital también. A Kate nunca le había interesado desarrollar una carrera profesional; para Meghan, en cambio, siempre había sido prioritario. Tenían, además, personalidades muy dispares. Kate era tímida y callada; Meghan, muy extravertida.

A Harry no le importaba lo que pensara o dijera su familia.

—Nada iba a interponerse en su felicidad —asegura una fuente cercana a la pareja—. Harry sabía que Meghan era la mujer idónea para él. Se querían de verdad, y lo que sentían el uno por el otro era auténtico. Todo lo demás era ruido.

Mientras Harry se enfrentaba a las personas de su círculo íntimo que le aconsejaban que no se casara con Meghan, ella trataba de esquivar las preguntas que le hacían en público sobre el tema.

La posibilidad de que hubiera boda acaparó el interés de los periodistas cuando, el 11 de junio, Meghan compareció ante la prensa junto con el resto del reparto de *Suits* en el Festival de Televisión ATX de Austin, Texas. Pese a que estaba allí para promocionar el episodio número cien de la serie, tuvo que sortear numerosas preguntas sobre la posibilidad de que su relación con el príncipe culminara en boda. Cuando un periodista le preguntó directamente si le hacía ilusión casarse con Harry, ella se limitó a sonreír.

Sus compañeros de reparto trataron de echarle un cable rellenando los silencios.

—Meghan está superfeliz —comentó Patrick J. Adams, su pareja en la pantalla—. Se merece todas las cosas buenas que le pasen en la vida.

Aaron Korsh, el productor ejecutivo, reveló que, aunque nunca le preguntaba a Meghan qué tal iba su relación sentimental, desde principios de 2017 había empezado a planificar la salida de su personaje, Rachel, de la serie.

—Junto con los guionistas, decidimos apostar por que estaban enamorados y lo suyo iba a funcionar —le contó a la BBC Radio 4.

Meghan no habló de sus planes de boda con nadie, pero para sus amigos más íntimos estaba claro lo que sentía. Quizá por eso Jessica Mulroney introdujo una variable nueva cuando, a mediados de junio, Meghan fue a probarse vestuario que, en principio, iba a servir para su uso personal, así como para algunas escenas de *Suits* que aún estaban por rodar. Al ver unos vestidos de novia en un perchero cercano, la estilista le sugirió que se los probara. Aunque todavía no había guion definitivo, ambas sabían que estaba previsto que su personaje, Rachel, se casara y que hubiera una escena de boda en la serie. Puede que fuera por trabajo, pero lo cierto es que a las dos les dio un poco la risa cuando Meghan se probó un par de vestidos. Estaba espectacular con ellos.

La relación de Meghan y Harry no solo seguía avanzando en privado. A finales de junio, con permiso de Harry, Meghan invitó a Sam Kashner, un conocido periodista de *Vanity Fair*, a su casa de Toronto. Estaba dispuesta a hablar, pero conforme a sus propios términos.

Era un paso arriesgado teniendo en cuenta que la pareja había exigido a la prensa que respetase su intimidad. A Meghan se la había acusado falsamente otras veces de provocar a propósito a la prensa, y esta vez no podía haber malentendidos al respecto: iba a sentarse a hablar con un periodista *con* el consentimiento de Harry. Era la primera vez que la novia de un príncipe inglés hablaba tan abiertamente sobre

su relación de pareja y —lo que era aún más sorprendente— declaraba en una revista de papel cuché que estaba
enamorada.

Lo único que pidió para la sesión de fotos con el fotógrafo Peter Lindbergh fue que las imágenes no se modificaran
digitalmente para borrar sus pecas. Quería estar lo más natural posible y mostrarse tal y como era.

Quedó tan satisfecha con el resultado que mandó notas
escritas de su puño y letra al editor jefe de la revista, Graydon
Carter, y a otros miembros del equipo para agradecerles lo
bien que había quedado el reportaje. *Me ha encantado*, escribió.

Antes de que llegara el periodista, preparó la comida:
ensalada de brotes tiernos, pasta con chilis y pan caliente.
Sobre la mesa había un ramo de peonías —sus flores preferidas— junto a numerosos libros; entre ellos, una antología
de *Vogue*, las memorias de Grace Coddington y, cómo no, un
voluminoso libro de retratos publicados a lo largo de los años
por *Vanity Fair*.

En el sofá de color blanco había varios cojines con los
colores de la bandera británica y una manta colocada estra-
tégicamente para que sus queridos perros, Bogart y Guy, pudieran echarse sin ensuciar la tapicería.

En la entrevista, Meghan afirmó que, si conseguía mantener la cordura pese al revuelo mediático, era gracias a Harry.

Tiene sus dificultades y va por oleadas: unos días pue-
de parecer más complicado que otros, decía. *Y fue sorpren-*
dente cómo cambiaron las cosas de la noche a la mañana.
Pero sigo teniendo toda una red de apoyo a mi alrededor
y, claro, el apoyo de mi novio.

El reportaje, que llegó a los quioscos el 7 de septiembre, con Meghan en portada, rompió moldes por la franqueza con la que la actriz hablaba de su relación con Harry.

Creo que, al final, todo se reduce a algo muy sencillo, aseguraba. *Somos dos personas que son muy felices juntas y que están enamoradas.*

Afirmaba, además, que salir con Harry no había cambiado su forma de ser: seguía siendo una mujer independiente que no se sentía definida por los hombres con los que compartía su vida. Lo único que había cambiado era *cómo la percibían los demás.*

Estoy segura de que en algún momento tendremos que dar un paso al frente, presentarnos en público y hablar de nosotros, añadía, *pero confío en que la gente entienda que este momento es nuestro. Que es para nosotros. Y eso es en parte lo que lo hace tan especial, que es solo para nosotros dos. En cualquier caso, somos felices. Personalmente, me encantan las grandes historias de amor.*

La suya era una historia de amor que tenía sus raíces en África, y era allí donde ahora, el último día de una maravillosa estancia de tres semanas, Meghan se estiró para hacer la postura del guerrero y contempló el paisaje desde su último alojamiento del viaje, un moderno chalé en Linvingstone, Zambia, a menos de veinte kilómetros de las cataratas Victoria. El sol naciente bañaba con su luz el jardín mientras una bandada de pájaros exóticos, que parecían haber mojado sus colas en pintura de colores, cantaba para ella.

El regreso al lugar donde se habían enamorado un año

antes había sido mágico. Habían explorado la sabana en compañía de David Dugmore, el dueño del hotel Meno A Kwena, amigo de Harry y tan preocupado por el medioambiente como él. Habían recorrido en coche las llanuras de Makgadikgadi, una de las salinas más grandes del mundo, habían visto cebras, facóqueros e hipopótamos durante sus románticos paseos en barco por el río Boteti, y cada día les había deparado una nueva y maravillosa sorpresa. El solo hecho de despertarse en su tienda era toda una experiencia, teniendo en cuenta que desde la ventana, frente a la cama, se divisaba un paisaje fascinante, poblado por elefantes, jirafas y cebras.

Harry había comparado una vez su vida en Londres con la de un animal enjaulado en un zoo, de modo que no es de extrañar que él mismo se sintiera tan libre viendo a leones, elefantes y guepardos rodeados de inmensos espacios abiertos.

—Le tengo un cariño a África que no va a desaparecer nunca y que espero que hereden también mis hijos —declaró en cierta ocasión, y añadió que aprovecha cualquier «oportunidad de devolverle algo a un país que me ha dado tanto».

Harry ha apoyado infatigablemente los esfuerzos de Botsuana por preservar sus hábitats naturales, de ahí que en enero de 2017 se convirtiera en patrono de la asociación Rhino Conservation Botswana. Durante la segunda semana del viaje, quiso mostrarle a Meghan el trabajo de la ONG. Su director, Martin *Map* Ives, los llevó a ver a algunos de los ejemplares de rinoceronte negro que Harry ayudó a trasladar y a colocar dispositivos de seguimiento electrónico en septiembre de 2016.

—Harry ha visto con sus propios ojos la crueldad de los cazadores furtivos y el daño absurdo que infligen a estos animales en grave peligro de extinción —comentaba Map—. La conservación del rinoceronte es una cuestión tremendamente seria, y Botsuana no puede afrontarla en solitario. Necesitamos que todos nos ayuden a ganar esta batalla.

El hecho de que Harry llevara a Meghan a conocer su trabajo en la RCB era otra señal de lo profunda que era su relación. Quería compartir con ella todo lo que era importante en su vida.

—[Su relación] tiene una vertiente conservacionista —afirmaba Map—, pero también hay mucho apego emocional.

Durante aquel viaje, Harry también le presentó a Meghan al doctor Mike Chase, fundador de la organización Elephants Without Borders, que apoya a comunidades locales que conviven con elefantes. Pasaron algún tiempo con Mike y su compañera, Kelly, que le enseñó a una Meghan boquiabierta de asombro cómo colocar un collar de seguimiento por satélite a un mamífero de casi cinco toneladas de peso.

Mientras hacía yoga aquella mañana junto a las verdes orillas del río Zambeze, a Meghan le costaba no perder la concentración. Nunca había imaginado que extendería su colchoneta de yoga mientras los búfalos salvajes pastaban al otro lado del río y las barcas de pescadores regresaban a puerto llevando sus capturas de la mañana.

Tampoco se había atrevido nunca a soñar que durante aquel viaje mágico el hombre que la acompañaba, quinto en la línea de sucesión al trono británico, prometería hacerla su esposa. Durante aquellos momentos de intimidad bajo el manto de estrellas de Botsuana, Harry había dejado muy claras sus intenciones y Meghan no deseaba otra cosa. El último día que pasaron en Botsuana, se sentían más unidos que nunca. Eran grandes amigos, compañeros, almas gemelas.

Harry demostró casi de inmediato que era un hombre de

palabra. Poco después de su regreso a Londres, formalizó su promesa. Mientras Meghan preparaba la cena en Nottingham Cottage, donde ya se sentía como en casa, Harry se puso de rodillas y le pidió que se casara con él. Fue un momento que nunca olvidarían. Pero aún tardarían un tiempo en hacer pública la noticia. De momento, sería su secreto.

9

¡Bum!

Ahora que estaban prometidos, en el palacio de Kensington hubo numerosas discusiones acerca de si la pareja debía hacer su presentación pública antes de los Invictus Games de 2017. Pero, dado que los juegos paralímpicos patrocinados por Harry para heridos, enfermos y mutilados de las Fuerzas Armadas iban a tener lugar en septiembre en Toronto, eran la ocasión perfecta para hacer público su compromiso. (Pese a que se haya afirmado lo contrario, fue pura coincidencia que la competición tuviera como escenario Toronto, donde residía Meghan, puesto que la ciudad anfitriona se había elegido en mayo de 2016). ¿Qué podía ser mejor que combinar la declaración pública de su amor con el que sería quizá el legado más importante de Harry?

La idea de celebrar los Invictus Games surgió cuando el

príncipe volvió de su primera estancia en Afganistán, profundamente afectado por lo que había visto allí.

En febrero de 2008 me encontraba subiendo a bordo de un avión en el aeródromo de Kandahar (Afganistán), que se había retrasado debido a que hubo que embarcar el féretro de un soldado danés, decía en un artículo escrito con motivo de la primera edición de los Invictus Games. *Tres soldados de nuestra compañía también volvían a casa en coma inducido y con heridas de diversa gravedad... Muchos de los que íbamos en aquel vuelo sentíamos alivio por poder volver a casa y reencontrarnos con nuestros seres queridos, pero también fue en ese momento cuando tomé conciencia de la realidad del conflicto en toda su crudeza. Había oído hablar de ella, claro, me la esperaba, había solicitado por radio muchas evacuaciones médicas, pero nunca había visto aquella realidad con mis propios ojos. Me refiero a las heridas causadas, sobre todo, por artefactos explosivos caseros. La pérdida de vidas es siempre trágica y desoladora, pero ver a chicos jóvenes, mucho más jóvenes que yo, envueltos en plástico, con miembros amputados y cientos de tubos saliéndoles por todas partes, era algo para lo que no estaba preparado. Para mí, fue allí donde empezó todo.*

Su iniciativa tuvo también como inspiración un encuentro con Michelle Obama en la Casa Blanca en 2013, en el que la primera dama de Estados Unidos le comentó que estaba «volcada en homenajear el sacrificio y el esfuerzo de nuestros veteranos y de las familias de los militares». Michelle y la esposa del vicepresidente, Jill Biden, habían creado la organización Joining Forces para prestar apoyo a los veteranos y a sus familiares proporcionando oportunidades educativas y de otro tipo a exmilitares reinsertados en la vida civil.

Mientras se hallaba en Washington, Harry visitó también el Walter Reed National Medical Center para conocer el trabajo de los equipos médicos que atendían a los veteranos con heridas más graves, como amputaciones y daños cerebrales. A continuación, viajó a Colorado Springs como representante de la Royal Foundation para participar en los Warrior Games, una competición para veteranos de las Fuerzas Armadas organizada por el Departamento de Defensa de Estados Unidos, en la que se inspiró directamente para crear los Invictus Games. Cuando Harry abandonó Estados Unidos, su deseo de rendir homenaje a sus compañeros del ejército había cristalizado en un plan concreto que, como dijo él mismo, «robó» la idea de los Warrior Games y la llevó a Londres. Era una tarea ingente, pero Harry sentía que había encontrado su vocación y estaba rebosante de energía. Así nacieron los Invictus Games y la fundación que lleva su nombre.

Guillermo y Harry tenían fuertes vínculos con el ejército no solo debido al tiempo que habían pasado sirviendo en las Fuerzas Armadas, sino también gracias a su labor social. En 2012, la Royal Foundation creó un fondo para animar a exmilitares heridos a asumir retos físicos que contribuyeran a su recuperación. Los hermanos también habían realizado visitas tanto públicas como privadas a Headley Court, el centro de rehabilitación del Ministerio de Defensa del Reino Unido, para entrevistarse con soldados que tenían que aprender a desenvolverse con sus nuevas prótesis tras haber quedado mutilados en Irak y Afganistán.

En septiembre de 2014, Harry presidió los primeros Invictus Games. Aparte de sus dos misiones militares en Afganistán, aquel era sin duda su mayor legado militar hasta la fecha. La competición paralímpica, celebrada en el Queen Elizabeth Olympic Park de Londres, reunió a cuatrocientos deportistas de trece países que competirían en nueve deportes adaptados para discapacitados. Había de todo, desde baloncesto en silla de ruedas a tiro con arco, pasando por *rugby* en silla de ruedas, un deporte tan combativo que hay quien lo llama en broma «balón asesino». Los juegos eran una oportunidad para que personas que habían sufrido los traumas de la guerra, tanto visibles como invisibles, representaran con orgullo a sus países de una manera nueva y estimulante.

La compasión que demostraba Harry hacía que a menudo se le comparara con su madre. Ya fuera animando a un atleta que luchaba por terminar una carrera en silla de ruedas, u ofreciendo palabras de aliento a los nadadores paralímpicos que se disponían a lanzarse al agua antes de una carrera, Harry era, evidentemente, el digno hijo de Diana: el Príncipe del Pueblo. La comparación con su madre nunca había sido una carga para él. Al contrario, era un acicate.

En 2016 el príncipe redobló sus esfuerzos por celebrar la segunda edición de los Invictus Games, que tendría lugar en Orlando, Florida. Durante los numerosos actos de promoción que llevó a cabo esa primavera, Harry recurrió al presidente de Estados Unidos, Barack Obama, y a su esposa para que le ayudaran a despertar el interés del país norteamericano por los juegos.

En abril de 2016, los Obama hicieron su última visita oficial al Reino Unido antes de que concluyera la segunda legislatura del presidente. Asistieron a un almuerzo en el palacio de Buckingham para celebrar el noventa cumpleaños de la reina y a continuación visitaron a título privado el palacio de Kensington para una cena informal con Guillermo, Kate y Harry. Una semana después, el presidente y su esposa respondieron al reto que Harry había lanzado a través de Twitter a los atletas estadounidenses para que «dieran caña» en los Invictus Games.

—Hola, príncipe Harry —decía Michelle Obama en el vídeo—. ¿Recuerdas que nos invitaste a ir a los Invictus Games a dar caña?

—Pues ten cuidado con lo que deseas —añadía riendo el presidente, a su lado.

—¡Bum! —concluía detrás de ellos un militar haciendo el gesto de dejar caer una bomba.

La cosa estaba en marcha.

—Michelle lanzó el reto y yo, sinceramente, no sabía qué hacer. Ella había conseguido la colaboración de su marido, que daba la casualidad de que era el presidente —comentó Harry entonces—. ¿Y a quién puedes llamar que supere al presidente de Estados Unidos?

Solo había una respuesta posible: a su abuela.

—No quería tener que pedírselo a la reina, por no ponerla entre la espada y la pared —reconoció el príncipe, siempre tan atento—. Pero cuando le enseñé el vídeo y se lo conté, me dijo «Claro. ¿Qué hay que hacer? Hagámoslo».

Y lo que la reina Isabel II dice que hay que hacer, se hace.

En el vídeo que grabaron como respuesta, se ve a Harry enseñándole a su abuela el reto de los Obama. La reina, que tiene un fino sentido del humor, se limita a responder:

—¿En serio? Por favor...

Harry mira entonces a cámara, sonríe con socarronería y añade:

—Bum.

El vídeo se hizo viral de inmediato y estuvo muy presente en la celebración de los juegos en Orlando, cuya ceremonia de inauguración presidió Michelle Obama junto a Harry.

La edición de los Invictus Games en Toronto en 2017 planteaba un reto muy distinto, pues iba a suponer la presentación oficial de la novia del príncipe.

En lugar de alojarse en la casa de Meghan en Toronto, por insistencia del equipo de seguridad del príncipe la pareja se alojó en un hotel, donde sería más fácil garantizar su protección y su intimidad (y la de Doria, la madre de Meghan, que también había viajado a la ciudad canadiense para asistir con ellos a los juegos).

Meghan y Harry compartieron la *suite* real del hotel Royal York Fairmont, donde en el pasado se habían alojado no solo la reina Isabel y el príncipe Felipe de Edimburgo, sino también los bisabuelos de Harry, el rey Jorge y la reina madre. El vestíbulo de suelos de mármol y paredes de friso de madera del hotel estaba presidido, de hecho, por un retrato de su abuela. Para facilitar las cosas, se reservó toda una planta para uso de la pareja, sus escoltas, el personal de Harry y la madre de Meghan, que tenía una *suite* en el mismo piso para que pudieran pasar tiempo juntos. Era la primera vez que Doria veía a su hija y a Harry desde que estaban prometidos y tenían mucho que celebrar.

A pesar de que estaba muy ocupado presidiendo los juegos, Harry sacó un rato para visitar el plató de *Suits* y ver el lugar donde trabajaba su novia. Quizá fuera, de hecho, su última oportunidad de visitarlo antes de que Meghan abandonara la serie.

Por razones obvias, las cosas habían cambiado en el rodaje desde que Meghan salía con el príncipe. Durante los primeros meses, Meghan les había dicho en privado a algunos de sus compañeros de la serie que su nuevo novio, al que iba a ver a Londres, era el príncipe, y empezó a hablar de su relación veladamente. Una vez, por ejemplo, le comentó de pasada a Wendell Pierce, su padre en la ficción, que acababa de llegar de Londres. Al final, sin embargo, se había vuelto más reservada y había puesto cierta distancia con sus compañeros de reparto, a los que conocía desde hacía casi una década.

La situación planteaba ciertas dificultades. Meghan estaba invitada a la extravagante boda de su compañero y amigo Patrick J. Adams con la actriz Troian Bellisario, que se celebró el 10 de diciembre en los bosques de Santa Bárbara, donde los invitados pasarían todo el fin de semana y dormirían en tiendas de campaña. Finalmente, Meghan decidió no ir. Sabía que el hecho de que hubiera helicópteros con *paparazzi* sobrevolando la ceremonia para fotografiarla le aguaría la fiesta a todo el mundo.

Tuvo que pedir que omitieran su nombre del plan de rodaje para evitar que los *paparazzi* se enteraran de dónde iba a estar y empezó a presentarse en el plató con una discreta escolta. Por si eso fuera poco, la productora advirtió seriamente a los miembros del equipo técnico —con los que Meghan llevaba siete años trabajando codo con codo— que no debían proporcionar ninguna información sobre la actriz a la prensa y los informó de que, si desobedecían la orden, se arriesgaban a perder su empleo.

Aunque era difícil no ofenderse, el equipo también entendía que fueran necesarias tantas precauciones.

—Sí que complicó las cosas al principio, y hubo, claro, algunas personas que se pusieron un poco celosas porque de repente Meghan se convirtiera en la joya de la corona de la serie —explica un miembro del equipo técnico—. Pero con la mayoría de la gente ella siguió siendo la misma Meghan de siempre, la que llevaba chucherías para compartir al plató o se quedaba a charlar con los fans después del rodaje, fuera del estudio.

Quizá por eso, un día antes de la inauguración de los juegos, sus compañeros estuvieron tan amables cuando el príncipe se presentó de improviso en el plató del barrio de North York, en Toronto, para saludar a las personas que habían ayudado a guardar su secreto durante el año anterior.

—Llegó muy discretamente y mucha gente ni siquiera se enteró de que había estado allí hasta después de que se marchara —cuenta una empleada de producción—. Decía sin parar lo orgulloso que estaba de Meghan, pero también parecía tener curiosidad por ver cómo funcionaba todo. Quería ver el departamento de atrezo y Meghan le acompañó encantada a dar una vuelta por el plató con algunos de sus mejores amigos de la serie.

La víspera de la ceremonia de inauguración de los Invictus Games, Harry tenía, no obstante, una agenda muy apretada. Su primera parada fue el Centro para las Adicciones y la Salud Mental de Toronto, que la princesa Diana ya había visitado veintiséis años atrás. Allí se entrevistó con personal médico para hablar del síndrome de estrés postraumático, la depresión y las «lesiones invisibles», como las enfermedades mentales, que a menudo padecen los veteranos del ejército como él mismo al regresar de una misión de guerra. También se reunió con la nueva primera dama de Estados Unidos, Melania Trump, que presidía la delegación estadounidense que iba a participar en los juegos, y con el primer ministro canadiense, Justin Trudeau.

Antes de la ceremonia inaugural, dio un paseo con sus asistentes para familiarizarse con las instalaciones y ensayó su discurso en el teleprónter. Aunque aquella era la tercera edición de los juegos, esa noche sería especial porque su novia estaría en las gradas haciendo su primera aparición en un acto oficial.

Esa tarde, mientras Harry se preparaba para su discurso, Meghan acabó de decidir qué atuendo iba a ponerse para su debut oficial, acompañada por Jessica, que llegó por la entrada subterránea del hotel, cargada con numerosos vestidos para que se los probara. Las dos amigas sabían que todos los fotógrafos que hubiera en el estadio Pan Am esa noche la enfocarían a ella, y la presión era enorme.

Como había sucedido anteriormente con Kate Middleton, mujeres de todo el mundo buscaban inspiración en el estilo de Meghan. El *efecto Meghan* se hallaba en pleno apogeo. Esa tarde, sopesó varios conjuntos con Jessica, hasta que se decidieron por un vestido de Aritzia en color burdeos con falda tableada de gasa y una cazadora de cuero de Mackage, de estilo motero, echada sobre los hombros. El conjunto cumplía todos los requisitos: no era ni demasiado elegante, ni demasiado informal.

Lista por fin, Meghan salió hacia el estadio. Su acompañante para esa noche era su buen amigo Markus Anderson. Era lo más lógico que la persona que le había presentado a muchos de sus amigos en Toronto y que había ayudado a organizar algunas de sus primeras citas con el príncipe estuviera presente en una noche tan especial. Markus era, junto con Jessica, una de las pocas personas que conocía el gran secreto de la pareja.

Durante la ceremonia, Harry se sentó en el palco de honor con el resto de los dignatarios internacionales, pero de vez en cuando lanzaba una mirada de reojo a su futura esposa, que estaba sentada dieciocho butacas más allá. (Se habría considerado una violación del protocolo real que Meghan se sentara junto a Harry estando él acompañado de Melania Trump y Justin Trudeau).

Mientras se desarrollaban los juegos, durante el día y medio siguiente, los periodistas encargados de cubrir los actos de la familia real británica empezamos a preguntarnos si la pareja haría, de hecho, su debut oficial.

El palacio de Kensington suele mantener informado de la agenda de los príncipes al mismo grupo de prensa, formado por unos veinte periodistas especializados en información sobre la monarquía. Como sucede con el cuerpo de prensa de la Casa Real, se trata de una colaboración muy estrecha, y esencial. Cuando Guillermo y Harry juegan al polo en algún encuentro con fines benéficos, suele ser el palacio el que guía a la «manada» para que haga las fotografías y presencie el acto desde una distancia prudencial que respete la intimidad de los príncipes. Hay una cartera de periodistas de prensa escrita, reporteros de televisión y fotógrafos que se turna para que cada evento lo cubra un solo representante de cada medio (que a su vez se encarga de proporcionar material informativo a otros miembros de la llamada *royal rota* o «rotación real»). Naturalmente, todos queremos estar presentes en los momentos mágicos, como nacimientos, bodas, compromisos matrimoniales o, en este caso, en el debut cuidadosamente orquestado de Meghan y Harry.

Pero en este caso fue distinto. Harry había ordenado a su personal que no proporcionara información a la prensa sobre la aparición de Meghan en los juegos porque no quería que se armara un circo mediático que restara protagonismo a la competición deportiva. Para él era fundamental que las noticias a las que de verdad quería dar relevancia no quedaran eclipsadas por otras consideraciones. A veces incluso daba orden a sus asistentes de no anteponer su nombre al de otras personas en los comunicados de prensa, «porque el protagonista no soy yo, son ellos».

Aun así, la expectación que había generado el gran momento de la pareja no había dejado de crecer desde la apertura de los juegos, y los rumores se dispararon cuando se vio a Ed Lane Fox, un tanto nervioso, entrar en el estadio donde se celebraban los encuentros de tenis en silla de ruedas y ordenar a los funcionarios allí presentes que prepararan dos asientos junto a la cancha. ¿Había llegado el momento? Si así era, muchos de los fotógrafos que solían seguir a Harry no habían acudido al partido de tenis. Solo había por allí unos cuantos reporteros británicos.

A las dos menos cuarto de la tarde, el 25 de septiembre, Rhiannon Mills, de Sky News, uno de los principales canales de noticias del Reino Unido, recibió una llamada de Jason, el secretario personal del príncipe.

—Rhiannon —le dijo—, el príncipe Harry y Meghan Markle van a hacer acto de aparición dentro de diez minutos.

Ella era la única periodista televisiva del Reino Unido que tenía un equipo cerca de la pista de tenis, pero aun así apenas había tiempo para que su equipo llegara allí y se preparara para grabar el que sin duda sería uno de los mayores acontecimientos monárquicos del año.

A las dos menos cinco, en medio de un intenso calor (la temperatura superaba los treinta grados), Meghan y Harry hicieron su entrada flanqueados por dos escoltas y seguidos de cerca por Jason. Cogidos de la mano, avanzaron hacia las pistas de tenis. Los asistentes del príncipe habían planeado su aparición hasta el último detalle, pero el debut de la pareja, ideado para no llamar la atención en exceso, despertó mucho más revuelo del que esperaban.

Meghan iba vestida con un estilo informal: vaqueros de MOTHER rotos, zapatos planos de Sarah Flint, bolso de Everlane y, en un guiño a su secreto, una blusa blanca que Misha, su diseñadora, llamaba «la camisa del marido». (Como era de esperar, la camisa de la colección de Misha, que costaba ciento ochenta y cinco dólares, se agotó al poco rato, y el conjunto elegido por Meghan se convirtió rápidamente en *trending topic* en Internet).

Meghan miró con adoración a su prometido mientras iban hacia sus asientos, donde se sentaron entre las familias australianas y neozelandesas que habían ido a animar a los jugadores. Se los veía relajados mientras las cámaras captaban cada uno de sus gestos, como cuando Meghan le acarició el brazo a Harry o él le pasó el brazo por los hombros.

Kylie Lawler, cuyo marido, Sean, jugaba en el equipo australiano, comentó en broma que su marido seguramente no la perdonaría nunca porque, como estaba sentada al lado de Meghan y Harry, se había perdido —dijo— la mitad del partido.

—Ella estaba ilusionada… y guapísima —añadió—. Parecían muy a gusto juntos.

De hecho, Kylie se había enterado antes que la prensa de que la pareja iba a hacer acto de aparición. Se lo dijo un escolta media hora antes de que llegaran, y ella mandó a su hijo que se cambiara de camisa, porque iba a sentarse al lado de «una futura princesa».

Harry procuraba sacar tiempo para cada veterano y cada familiar que le paraba para darle las gracias, y no ponía ningún reparo en hacerse fotos con los equipos. Pero, tras una larga jornada siendo el centro de atención de un gran acontecimiento deportivo, esa noche no le apeteció ir a un restaurante donde la gente podía interrumpirle o se quedaría mirándole. El año anterior, en la edición de los Invictus Games en Orlando, había pasado gran parte de su tiempo libre en la intimidad de su hotel, en lugar de aventurarse a salir a los restaurantes y los locales nocturnos de la ciudad. Había madurado y, en esta nueva etapa de su vida, prefería pasar la velada con sus amigos más íntimos, con quienes podía relajarse y ser él mismo.

De modo que aquel día estaba deseando cenar en la intimidad en casa de los Mulroney, junto a Justin y Sophie Trudeau. Pero justo cuando Meghan y él se disponían a salir del hotel, los avisaron de que había *paparazzi* apostados frente a la casa de Ben y Jessica. Los fotógrafos locales habían empezado a vigilar la casa situada en la zona de Upper Canada con la esperanza de que la pareja se pasase por allí. Hubo que cancelar la cena.

La ceremonia de clausura de los juegos, al menos, fue una auténtica celebración. Doria y Meghan estuvieron acompañadas por Markus y Jessica en la tribuna de Harry, donde el príncipe se les unió tras dar su discurso. Los fotógrafos captaron su imagen besando con ternura a la mujer que había conquistado su corazón y escuchando con atención a su futura suegra, a la que más tarde se la vio bailar en el palco privado mientras Bruce Springsteen ponía al público en pie.

Al invitar a Doria a un acto oficial con tanta repercusión mediática —sobre todo, después de la avalancha de comentarios racistas que había tenido que soportar—, Harry estaba mostrándole conscientemente a la opinión pública que así iba a ser su futura familia.

Por si hacía falta recalcar aún más lo importante que era Meghan en su vida, cuando Barack Obama, Joe Biden y la esposa de este, Jill, asistieron a la última jornada de los juegos, el expresidente estadounidense preguntó al príncipe por su novia.

Hayley Stover, una estudiante de dieciocho años de Toronto que estaba sentada junto al príncipe en el partido de baloncesto en silla de ruedas al que asistió con Obama, oyó que Harry le contaba al expresidente que Meghan y él habían visto juntos los partidos de tenis.

—Harry estaba muy sonriente cuando se lo dijo —contaba Hayley—. Parecía superfeliz. Fue muy mono.

Barack Obama quiso saber también qué tal le iba a Meghan en el trabajo, y Harry preguntó, a su vez, por Michelle. Fue una conversación normal y corriente entre dos hombres que charlaban tranquilamente sobre sus vidas.

—Dale recuerdos a Michelle —añadió Harry antes de que se despidieran.

10

Adiós, Toronto

Meghan casi se echó a llorar cuando recorrió con la mirada el cuarto de estar, repleto de cajas, de su casa de Toronto. Era un día de principios de noviembre y, entre tantas despedidas y tantos días quedándose hasta tarde a grabar en el plató de *Suits*, había tardado más de tres semanas en recoger sus cosas y embalarlas. Los operarios de la empresa de mudanzas acababan de irse después de etiquetar los muebles —por un lado, los que Meghan se llevaba a Inglaterra; por otro, los que había que trasladar al guardamuebles—, y los sofás estaban cubiertos con sábanas, de modo que no había sitio donde sentarse.

Bogart y Guy, sus queridísimos perros, estaban de momento en casa de una amiga, para evitarles el jaleo de la mudanza y tantos cambios de rutina. Bogs era ya muy mayor, y el veterinario había advertido a Meghan de que era peligroso que hiciera el viaje de siete horas en avión hasta el Reino Unido. Así pues, se quedaría en Canadá con una buena amiga de Meghan. (Tres años más tarde, y tras varias visitas de su dueña anterior, sigue siendo «un perro muy feliz», asegura una persona cercana a Meghan). El rinconcito acogedor donde dormían los perros estaba ahora vacío. La casa parecía extrañamente silenciosa.

Aquellas habitaciones habían sido el escenario de algunos de los momentos más entrañables que había pasado en Toronto: las comidas de Acción de Gracias con sus compañeros de la serie, las visitas de sus amigas en verano, cuando se quedaban charlando y riendo hasta la madrugada mientras bebían vino rosado, o las cenas que preparaba en el patio para Harry cuando no les apetecía salir.

Aquel día de noviembre, Meghan había invitado ya por última vez a cenar a sus amigos de Toronto y había puesto punto final a su participación en el rodaje de *Suits*, en cuyo plató, como decía su compañera y amiga la actriz Sarah Rafferty, los miembros del equipo habían pasado más tiempo juntos que con cualquiera de sus amigos del instituto o la universidad.

Aunque aún no se había hecho público, Meghan dejaría la famosa serie de abogados al concluir esa temporada. Patrick, su marido en la ficción, comentó más tarde a *The Hollywood Reporter* que, aunque había muchas cosas que se habían quedado en el tintero al final del rodaje, Meghan y él se habían despedido como amigos.

Fuimos madurando juntos a lo largo de la serie, explicaba. *Los dos sabíamos, porque lo intuíamos de manera natural, que había llegado el final. No hizo falta decirlo y*

los dos disfrutamos a tope de los últimos episodios que ro-
damos juntos. Sabíamos que no habría más, y eso hizo que
cada una de nuestras escenas fuera muy especial. Lo pasa-
mos en grande. Y nos reímos mucho. Hasta las cosas que
podían habernos molestado de la serie nos hacían reír y
comentar la locura en que se había convertido todo.

Las últimas semanas de rodaje —que culminaron con la escena de la boda de Rachel y Mike, los personajes que interpretaban Meghan y Patrick— estuvieron marcadas por la nostalgia. Meghan sabía ya desde hacía un tiempo, sin embargo, que ese momento iba a llegar y estaba lista para empezar un nuevo capítulo de su vida.

Wendell Pierce, que hacía de su padre en la serie, le dijo algo antes de que Meghan grabara su última escena.

—Solo quería que supiera que, aunque perdiéramos el contacto debido a la nueva vida que estaba a punto de emprender, siempre podría contar conmigo —dijo—. Era lo que sentíamos todos. Fue triste verla marchar, pero también emocionante, como mandar a un hijo a la universidad. Aquella fue su graduación.

Trabajar en una serie de éxito durante siete temporadas era un logro del que muy pocas actrices podían presumir.

—En cuanto llegamos al episodio cien, que era un hito, pensé: «Vale, misión cumplida, esa casilla ya la he marcado» —comentaba Meghan—. Estoy orgullosísima del trabajo que he hecho allí.

Era consciente de que, tan pronto dejara su papel en *Suits* y se trasladase a Londres, su carrera como actriz habría acabado para siempre, sin posibilidad de dar marcha atrás. En cierto modo era un alivio. Con el paso de los años, a medida que veía más mundo y aumentaba su capacidad para ayudar a cambiar las cosas gracias a su proyección pública, Meghan había empezado a pensar en alejarse del mundo de la actuación y dedicarse a un trabajo de mayor calado.

Pero dejar de ser actriz, algo por lo que había luchado tanto, era también «aterrador», como les confesó a sus amigos. En cierto momento había soñado con trabajar en el cine y hacer papeles importantes, pero más o menos al cumplir los treinta y cinco años sus sueños y aspiraciones comenzaron a cambiar. Una vocecita dentro de ella le decía que podía hacer muchas más cosas. Eso fue, en parte, lo que la animó a publicar su blog. Admiraba, además, a actrices como Angelina Jolie, que realizaba una importantísima labor social, volcándose en proyectos humanitarios que compaginaba con trabajos más comerciales, y que para obtener ingresos prestaba de vez en cuando su imagen para una campaña publicitaria. En algún momento, ese fue su ideal. Luego, sin embargo, conoció a Harry. Y sabía que, si quería tener un futuro con él y fundar una familia, debía abandonar por completo el mundo de la actuación.

Estaba preparada para dar ese paso, sobre todo desde que el mes anterior había salvado el último obstáculo: su primera entrevista formal con la reina.

A pesar de que había coincidido fugazmente con Su Majestad unos meses antes («se tropezaron literalmente con ella», cuenta una fuente), la idea de conocer a la abuela de Harry aún la ponía nerviosa. Sería la primera vez que se sentara a hablar con la reina como prometida de su nieto. Y aunque Harry contaba ya con el permiso oficial de su abuela para casarse, la familia real no tenía fama, históricamente, de acoger con los brazos abiertos a las personas divorciadas. El rey Eduardo VIII provocó una crisis institucional en la Casa de Windsor cuando abdicó en 1936 para casarse con Wallis

Simpson, la americana dos veces divorciada de la que se había enamorado. Y cuando en 1955, poco después de que Isabel II ascendiera al trono, la princesa Margarita pidió permiso para contraer matrimonio con el capitán Peter Townsend, los consejeros de la reina dictaminaron que era inadecuado que su hermana se casara con un hombre divorciado ahora que Isabel no solo era la reina, sino también la cabeza visible de la Iglesia de Inglaterra.

Townsend era un destacado expiloto de la RAF al que se le había concedido la Cruz de Vuelo Distinguido y que posteriormente había servido como caballerizo mayor tanto al rey Jorge como a la reina Isabel. Durante un tiempo fue, además, jefe adjunto de la Casa Real. Todos estos honores y distinciones no cambiaban, pese a todo, el hecho de que estuviera divorciado. La reina pidió a su hermana que pospusiera su compromiso mientras Townsend trabajaba como agregado diplomático en Bruselas, y finalmente la princesa Margarita renunció a la idea de casarse con él.

No estaba en absoluto claro que la abuela de Harry fuera a darle su aprobación a Meghan, pero las cosas habían cambiado mucho desde los años cincuenta. Tres de los cuatro hijos de la reina se habían divorciado, y Carlos incluso había podido casarse con Camilla, que también estaba divorciada desde 2005. Lo cierto es que la soberana se alegraba muchísimo por su nieto.

Días antes del encuentro, previsto para el 12 de octubre, Meghan y Jessica debatieron cuál sería el atuendo más adecuado para conocer a Su Majestad. Como hacían a menudo, se mandaron multitud de mensajes, fotos y notas de voz a través de iMessage. Desde hacía un tiempo, Jessica tenía un segundo teléfono móvil al que solo la llamaba Meghan. De ese modo, podían charlar tranquilamente sin miedo a que alguien hackeara sus conversaciones. Tras repasar decenas de ideas, optaron por un vestido de color pastel de corte muy conservador.

Meghan, que por entonces todavía estaba grabando *Suits*, viajó a Londres expresamente para conocer a Isabel II. (Un par de días después estaba otra vez en el plató, en Toronto). Dado que los *paparazzi* solían apostarse a las puertas del palacio de Kensington, Meghan y Harry no quisieron arriesgarse a que los sorprendieran yendo a visitar a la reina y, en vez de usar un Range Rover, como acostumbraban, subieron a un Ford Galaxy con las ventanillas tintadas, un monovolumen más propio de una madre de familia que de un miembro de la Empresa.

Recorrieron en él los dos kilómetros y medio hasta el palacio de Buckingham y, cuando los agentes armados de Scotland Yard que montan guardia en la verja les dieron paso, se dirigieron discretamente al lateral del edificio y aparcaron junto a la entrada, cubierta con techo de cristal, que utiliza la reina, sin que los centenares de turistas congregados frente al palacio los vieran.

Subieron en el ascensor de la reina —un precioso ascensor de hierro forjado del siglo anterior— hasta la puerta de la residencia privada de Su Majestad. Al salir del ascensor, Meghan vio a Paul Whybrew, uno de los colaboradores más cercanos de Isabel II. Paje de cámara de la reina, alto, delgado y de pómulos prominentes, Paul llevaba más de cuarenta años al servicio de Su Majestad. Meghan le reconoció enseguida porque le había visto acompañar a Daniel Craig, caracterizado como James Bond, a ver a la reina en el vídeo que se grabó con ocasión de la inauguración de los Juegos Olímpicos de Londres de 2012.

La residencia privada de la reina dentro del palacio de

Buckingham no era en absoluto como Meghan había imaginado, aunque en realidad no sabía muy bien qué esperaba encontrar. Harry dio dos besos a su abuela cuando entraron en el cuarto de estar. Meghan sabía que debía hacer una reverencia y había practicado muchas veces previamente para hacerla bien.

La alfombra Aubusson de color burdeos y crema, adornada con un dibujo de cenefas y flores, combinaba a la perfección con los marcos dorados de los cuadros de maestros antiguos que colgaban de las paredes, pintadas de un tono de azul cáscara de huevo —un poco más claro que el azul Tiffany— y rematadas con las molduras de escayola más espectaculares que Meghan había visto nunca. ¿De verdad iba a mantener una charla con la jefa de la Commonwealth?

Ese día, sin embargo, Isabel II era simplemente la «abuela», como la llamaba Harry. La reina se sentó en un sillón de respaldo recto con tapicería de seda. Dos mesas de madera semicirculares flanqueaban la chimenea blanca. Sobre una de ellas se veía la foto de compromiso de Guillermo y Kate, y bajo los hermosos cuadros había otras fotos familiares, junto con preciosos ramos de flores blancas y rosas en jarrones de cristal.

El encuentro tuvo lugar a las cinco de la tarde, la hora preferida de la reina para tomar el té. A Meghan le encantaba el té de la tarde en Inglaterra. Era una tradición que había llegado a adorar. La reina bebía siempre una mezcla preparada especialmente para ella de las variedades Darjeeling y Assam, llamada «mezcla de la reina María».

Las inseguridades que pudiera tener Meghan se disiparon al ver que los perros de la reina la aceptaban de inmediato. Acurrucado a sus pies, Willow se dio cuenta de que había encontrado una amiga en la futura esposa de Harry. Vulcan y Candy, los dos *dorgis* —mezcla de *teckel* y *corgi*—, que también seguían a Su Majestad allá donde iba, pronto siguieron el ejemplo de Willow. Harry diría más adelante en la entrevista que concedieron con motivo del anuncio de su compromiso:

—A mí llevan treinta y tres años ladrándome. Llega Meghan y nada, ni un ladrido.

Mientras los perros se tumbaban a sus pies y meneaban la cola, la reina consiguió también tranquilizar a Meghan al mostrarse tan cariñosa y amable como le había dicho Harry que sería. La conversación fluyó con naturalidad hasta que llegó la hora de que Meghan y Harry se marcharan, diez minutos más tarde de lo que estaba previsto, a pesar de que la reina —una de las mujeres más ocupadas del país— siempre respetaba escrupulosamente los horarios marcados en su agenda. Era buena señal.

El 20 de noviembre, cuando hacía poco más de un mes que había conocido a la reina, Meghan aterrizó en Londres sabiendo que la capital británica no era ya únicamente la ciudad donde vivía su pareja. Ahora era su hogar. Y aunque las semanas anteriores habían sido complicadas, sentía que aquello era lo que debía hacer y estaba ilusionada.

Harry se sentía culpable porque ella hubiera renunciado a tantas cosas —a su casa, a su carrera como actriz— para integrarse en su mundo. Le preocupaba haber puesto su vida patas arriba, y en su fuero interno albergaba temores respecto al camino que aún tenían por delante. ¿Cómo se comportaría la prensa? ¿Tendría que enfrentarse a los prejuicios de otras personas de su círculo íntimo y de la Corona? Quería proteger a Meghan y mantenerla a salvo de toda esa negatividad, pero sabía que era imposible y le preocupaba que algún día ella le mirara y dijera: «Te quiero, pero no puedo vivir así».

Meghan le aseguró que ella era fuerte y que estaba preparada para que «formaran equipo».

Tras instalarse con Harry en su nuevo hogar, Nottingham Cottage, la acogedora casita de tres habitaciones del palacio de Kensington, sus planes para el futuro inmediato quedaron envueltos en el mayor de los secretos. Harry mantuvo su agenda oficial y el 21 de noviembre, al día siguiente de la llegada de Meghan, asistió a un acto de la asociación Walking with the Wounded en el hotel Mandarin Oriental, situado a escasos minutos de la casa que ahora compartía con su pareja. El príncipe, que desde 2010 patrocinaba esa organización de ayuda a soldados veteranos (había participado en sus travesías al Polo Norte en 2011 y al Polo Sur en 2013), le dijo al cofundador de la ONG, Simon Daglish, tras pronunciar unas palabras ante el público asistente, que la vida le iba «estupendamente».

En el frente doméstico, por otro lado, había muchas cosas que hacer. Durante sus estancias anteriores en Londres, Meghan había dejado ropa en casa de Harry y había hecho algunos retoques en la decoración. Ahora tenía que buscar sitio para sus cosas. Tenía buen ojo para el diseño y ya estaba pensando en cómo redecorar la casa, pero respecto a sus dimensiones no había nada que hacer. Había zonas de la primera planta donde el techo era tan bajo que Harry, que mide un metro ochenta y seis, tenía que agacharse para no golpearse la cabeza. Y el guardarropa de Meghan ocupaba casi por completo una de las habitaciones. Pero esas apreturas no eran ningún problema, en realidad. Después de tantos meses viviendo en países distintos, estaba encantada de compartir por fin código postal (W8 4PY) con su pareja.

El toque personal de Meghan se dejó sentir más allá de los muros de Nottingham Cottage. Tenía siempre en casa una caja de calentadores de manos desechables que había comprado en Amazon para dárselos a los guardias cuando pasaba por la barrera de seguridad los días de invierno especialmente fríos.

Siempre le había gustado que las casas donde vivía fueran, en la medida de lo posible, cómodas y elegantes, y se había mudado con frecuencia debido a su trabajo. Esta vez, sin embargo, el sentirse cómoda y a gusto en su entorno doméstico era también una forma de sobrellevar el mayor vuelco que había dado su vida, tanto en lo geográfico como en lo emocional. En Nott Cott, con Harry, se sentía en casa. Siempre había sido capaz de florecer allí donde echaba raíces, aunque fuera temporalmente, pero a Londres no se había mudado por trabajo, sino para emprender una nueva vida. Y aunque estaba acostumbrada a vivir a miles de kilómetros de su madre, que era su fuente de apoyo constante, tenía la sensación de que Londres, por algún motivo, estaba un pelín demasiado lejos. Doria y ella hablaban por teléfono o se escribían casi todos los días, pero desde que vivía en Inglaterra la diferencia horaria complicaba un poco las cosas. Además, no se había trasladado al Reino Unido como una persona corriente. Iba a integrarse en la familia real británica, y ese era un cambio para el que nadie estaba del todo preparado.

Mientras Meghan y Harry permanecían encerrados en su nido de amor, se dispararon los rumores sobre su compromiso, y el hecho de que los encargados de la oficina de prensa del palacio de Kensington guardaran un silencio sepulcral no contribuyó precisamente a acallarlos. Cuando los medios les pedían que hicieran declaraciones sobre el tema, o no respondían, o contestaban que no tenían nada que comentar. Aun así, las pruebas de que la pareja pensaba casarse iban en aumento. El 22 de noviembre, cuando Meghan y Harry mantuvieron de repente una reunión de dos horas con Jason, el jefe de comunicación del príncipe, y Ed Lane Fox, su secretario privado, quedó claro que se estaba cociendo *algo*.

Las especulaciones se intensificaron cuando diversos cámaras y periodistas de la BBC hicieron correr la voz de que el palacio se había puesto en contacto con ellos para grabar la primera entrevista oficial de los futuros cónyuges.

Evidentemente, había ocurrido algo. Y una cosa estaba clara: nadie del entorno de la pareja iba a filtrar la noticia antes del momento oportuno. Sobre todo, después de haber guardado el secreto tanto tiempo. Meghan solo se lo había contado expresamente a sus padres y a sus mejores amigos, como Jessica, Markus y Lindsay. A otras amigas cercanas les había dado la noticia enviándoles una foto de su mano con el anillo de compromiso puesto.

—A Meghan le fue fácil guardar el secreto —cuenta una de sus amigas de siempre—. Era algo que podían guardarse para sí Harry y ella, para poder disfrutar del momento antes de que se hiciera pública la noticia.

Aunque el resto del mundo estuviera ansioso por conocer en qué punto se hallaba su relación, ellos se conformaban con pasar la mayor parte del tiempo en casa, disfrutando en Nottingham Cottage, como dice una amiga, «de sus noches de parejita viendo la tele y haciendo la cena». Se veían con algunos amigos, como Charlie van Straubenzee y su novia, Daisy Jenks, y a veces iban a cenar a la casa londinense de Lindsay y su marido, Gavin Jordan, pero en general pasaban casi todo el tiempo haciendo cosas corrientes. Iban a hacer la compra a Whole Foods, se pasaban por la floristería Kensington Flower Corner para elegir unas flores y preparaban sus platos preferidos, como pasta con calabacín y «parmesano a montones». (De hacer la colada, en cambio, no se ocupaban ellos, y una persona iba a limpiarles la casa con regularidad).

Nottingham Cottage no solo era un refugio tranquilo donde podían disfrutar de su vida cotidiana. También era el escenario donde Harry había hecho la gran pregunta.

Meghan contó más tarde en la entrevista con la BBC que el príncipe le había pedido matrimonio mientras «intentaban» asar un pollo para la cena.

—Aquí, en casa —añadió Harry—, una noche como otra cualquiera para nosotros.

—Fue una sorpresa maravillosa, muy tierna y natural, y muy romántica —comentó ella—. Se puso de rodillas.

—Ni me dejó acabar —agregó Harry riendo.

—¿Puedo decir que sí? ¿Puedo decir que sí? —le interrumpió Meghan la noche que él se lo pidió, y le abrazó.

Él todavía no le había dado el anillo.

—¿Me dejas que te dé el anillo? —le preguntó.

—¡Ah, sí! ¡El anillo!

Es difícil que una pedida de mano salga tal y como uno la imagina, pero Harry estaba satisfecho con cómo sucedieron las cosas.

—Fue un momento muy bonito —dijo—. Estábamos los dos solos y creo que además conseguí pillarla por sorpresa.

A Meghan le encantó el anillo: un diamante de Botsuana de dos quilates y medio, libre de conflicto, con talla *cushion*, flanqueado por otros dos diamantes de tres cuartos de quilate de la colección de Diana. No solo era una joya preciosa; también era un homenaje cargado de significado a la madre de Harry.

—El cuidado que puso en ello… —le dijo Meghan a una amiga—. No se me va de la cabeza.

Harry estaba convencido de que Meghan y Diana habrían sido, sin duda, «uña y carne».

—Mi madre estaría loca de contenta, dando saltos de alegría por mí —afirmó.

Pensar en su madre, no obstante, le dio un sabor agridulce a aquel instante de felicidad.

—En días como hoy —declaró el príncipe en la entrevista—, es cuando más echo de menos que esté aquí y poder compartir con ella las buenas noticias. Pero, con el anillo y todo lo demás que está pasando, estoy seguro de que está con nosotros, acompañándonos.

Después de pedirle a Meghan que se casara con él, el príncipe le explicó en qué consistía el proceso de contraer matrimonio con un *royal*, detallándole el protocolo que seguiría a su compromiso oficial. Dicho protocolo incluía una declaración pública de Su Majestad de que el enlace contaba con su autorización.

Aunque la reina ya había dado su consentimiento en privado, su aprobación no se formalizó hasta el año siguiente, cuando firmó la Cédula de Consentimiento, que decía textualmente:

> *Se hace saber mediante el presente documento que hemos autorizado y consentimos el matrimonio de nuestro queridísimo nieto el príncipe Enrique Carlos Alberto David de Gales, caballero comendador de la Real Orden Victoriana, y Rachel Meghan Markle.*

La norma de que el monarca reinante autorizara los matrimonios de los seis primeros príncipes en la línea de sucesión al trono existía desde que en 1772 el rey Jorge III promulgó la Ley de Matrimonios Reales, después de que su hermano menor, el duque de Cumberland, se casara en secreto con *lady* Anne Horton, un enlace que se consideró deshonroso por ser ella viuda de un plebeyo.

La autorización de la reina Isabel II para que Meghan y Harry contrajeran matrimonio se ratificó en la reunión del Consejo Privado del 14 de marzo de 2018, pero no se hizo pública hasta principios del mes de mayo.

Mientras Harry le explicaba todo esto a Meghan, hablaron también de las funciones que tendría que asumir como futura duquesa. Meghan, que siempre se esforzaba por dar lo mejor de sí, estaba dispuesta a asumir ese papel aprovechando al máximo su nueva posición para promover causas humanitarias. Quería empezar a acompañar cuanto antes a su prometido en actos oficiales y comenzó a documentarse por su cuenta sobre las organizaciones y entidades benéficas británicas que en mayor medida podían beneficiarse de su patronazgo. Al principio, su objetivo era únicamente hacerse una idea más clara del paisaje filantrópico del Reino Unido, y no solo de las instituciones dedicadas a labores sociales que le interesaban particularmente. Era una oportunidad extraordinaria para una mujer como ella, a la que siempre le había apasionado el trabajo humanitario y que se había esforzado toda su vida por intentar cambiar las cosas de manera eficaz, de ahí que no viera necesidad de posponerlo hasta después de la boda.

Harry había hablado también de estos temas con Doria mientras estaban en Toronto para asistir a los Invictus Games. No hizo, en cambio, algo tan convencional como pedirle al padre de Meghan la mano de su hija. A fin de cuentas, Meghan era una mujer de treinta y tantos años, independiente y dueña de sí misma, cuyo ideario feminista tenía como eje la igualdad entre los sexos. La única persona que podía y debía decidir si se casaba con Harry era la propia Meghan.

Desde que se había instalado definitivamente en Londres, había siempre un grupito de periodistas congregado frente al palacio de Kensington. Cada día, en torno a las seis de la mañana, diversos medios montaban sus cámaras y sus equipos de iluminación a la espera de que se anunciara oficialmente su compromiso matrimonial.

Por fin, el 27 de noviembre de 2017, la gélida mañana de lunes posterior al fin de semana de Acción de Gracias, se anunció la noticia que todo el mundo estaba esperando. El padre del novio y heredero al trono, el príncipe Carlos, ordenó a la oficina de prensa de Clarence House publicar la feliz noticia:

Su Alteza Real el príncipe de Gales se complace en anunciar el compromiso matrimonial del príncipe Harry con la señorita Meghan Markle.

A los dieciséis meses de conocer a Harry y algo más de tres meses después de que se comprometieran en secreto, Meghan se convirtió oficialmente en la novia del príncipe.

11

Los Cuatro Fantásticos

A las pocas horas de que Clarence House hiciera público el compromiso, la reina y su marido, Felipe de Edimburgo, hicieron saber mediante un comunicado que estaban *encantados por la pareja* y que les deseaban *la mayor felicidad posible*. Carlos, que, como el resto de la familia, lo sabía desde el verano, añadió que la noticia le hacía «mucha ilusión», y Camilla, la duquesa de Cornualles, declaró jovialmente que «Estados Unidos sale perdiendo y nosotros ganando».

Asesorados por Jason, los padres de Meghan publicaron también un comunicado conjunto en el que felicitaban a la pareja:

> *Estamos muy contentos por Meghan y Harry. Nuestra hija ha sido siempre una persona buena y cariñosa. Verla*

unida a Harry, que comparte esas mismas cualidades, es una
enorme alegría para nosotros como padres.

La reacción de Guillermo y Kate ante la noticia fue tan
adecuada como de costumbre. *Estamos muy ilusionados por*
Harry y Meghan, afirmaba Guillermo en un comunicado. *Ha*
sido maravilloso conocer a Meghan y ver lo felices que son Harry
y ella juntos. En realidad, sin embargo, Meghan y la duquesa
de Cambridge apenas se conocían aún.

Al comenzar su relación de pareja con Harry, Meghan
había confiado en que Kate le tendiera la mano y le sirviera de
guía para conocer todo lo que una persona ajena a la Empresa
necesitaba saber en esas circunstancias. No había sido así.
Meghan estaba un tanto desilusionada porque Kate y ella no
hubieran entablado un lazo más estrecho, basado en la posición única que compartían, pero eso no le quitaba el sueño.
Según una fuente, Kate opinaba que no tenían mucho en
común, «aparte del hecho de que vivían las dos en el palacio
de Kensington».

En todo caso, tras anunciarse su compromiso oficial, Meghan tenía muchas cosas en las que pensar.

Hubo un momento, después de que Harry le pidiera que
se casaran, en que cobró conciencia de que a partir de entonces ya nunca podría ir a ningún sitio ni hacer nada sin notifi-
cárselo previamente a su escolta. Esa sola idea la dejó sin
respiración un instante. Parecía irreal. Aun así, asumió rápidamente esa realidad y la aceptó como parte intrínseca de su
nueva vida.

A los pocos segundos de publicarse la noticia, los medios
de comunicación de todo el mundo que tenían corresponsalía
en Londres se apresuraron a mandar a sus reporteros a la sesión de fotos, cuidadosamente organizada, que iba a tener

lugar en el Jardín Hundido del palacio, donde años atrás la princesa Diana solía pararse a charlar con los jardineros tras salir a correr a primera hora por Kensington Gardens. Harry tenía asumido desde hacía mucho tiempo que, inevitablemente, cualquier mujer a la que eligiera por esposa sería comparada con su madre. A su cuñada se la medía por ese mismo rasero. El recuerdo de la princesa estaba muy presente en la opinión pública británica, y a Harry no le parecía mal, al contrario. Sentía que, al casarse con Meghan, había elegido a una compañera que poseía la misma calidad humana y la generosidad que caracterizaban a la princesa Diana.

Cuando la pareja bajó los escalones de piedra, delante del estanque de los lirios, y se detuvo ante las cámaras en la marca de tiza que había hecho en el suelo un asistente de palacio, Meghan lucía bajo el ceñido abrigo blanco un vestido de color verde esmeralda del diseñador italiano Parosh. El vestido se lo habían enviado por mediación de Jessica antes del anuncio de su compromiso, junto con todo un «vestuario de pedida».

Los asistentes del palacio de Kensington permitieron con un gesto que la prensa hiciera algunas preguntas a la pareja.

—¿Cuándo supo que Meghan era su media naranja? —preguntó un periodista.

—El día que nos conocimos —contestó Harry sin vacilar.

—¿La declaración del príncipe fue romántica?

—Mucho —dijo Meghan, con una sonrisa mientras levantaba la mano para enseñar el anillo de pedida.

Harry dio las gracias a todos y, cogidos de la mano, Meghan y él regresaron a las dependencias privadas del palacio, donde iban a conceder su primera entrevista televisiva.

Grabada en el modesto cuarto de estar de Nottingham

Cottage, la entrevista con la presentadora de la BBC Mishal Husain ofrecía un retrato extraordinariamente sincero y entrañable de su relación de pareja. Después del nerviosismo de la sesión de fotos, Meghan y Harry se mostraron relajados y hasta bromearon con el equipo técnico que preparaba la grabación.

La pareja relató con cierto detalle cómo había transcurrido su noviazgo relámpago, desde la primera cita hasta los meses de su relación transatlántica, a caballo entre Londres y Toronto.

—Pasar aquí cuatro días o una semana y luego volver allí y al día siguiente irse derecha a rodar, y el lunes levantarse a las cuatro de la mañana para ir al plató... —contó Harry sobre su prometida—. Intentábamos pasar todo el tiempo posible juntos. Pero, en fin, vivir en dos zonas horarias distintas y con cinco horas de diferencia tiene sus complicaciones. Aun así, nos las arreglamos y aquí estamos, ilusionadísimos.

Aún quedaba por ver cómo reaccionarían Gran Bretaña y el resto del mundo a la noticia de que una mujer de ascendencia interracial, independiente y feminista confesa iba a ocupar un puesto en la Casa de Windsor. En cualquier caso, para que la monarquía tuviera posibilidades de sobrevivir debía adaptarse a los nuevos tiempos, y rechazar a una mujer por el hecho de ser divorciada, actriz o de origen interracial era ya insostenible, a pesar de los recelos que ciertos miembros de la familia real expresaban en privado.

Un funcionario de palacio afirmó que Harry había sido muy valiente al enfrentarse con quienes no habían acogido a Meghan con los brazos abiertos. Ya fuera por el origen humilde de Meghan, por su nacionalidad, por la sospecha de que era una arribista, por lo rápido que había avanzado su relación o simplemente por el racismo velado de la sociedad británica, el caso era que no todo el mundo —dentro y fuera de los medios de comunicación— veía con buenos ojos a la novia de Harry.

Para Meghan, aquello solo significaba que tendría que esforzarse mucho más por demostrarles a esas personas que se equivocaban, y poco después del anuncio de su compromiso inició el largo y complicado proceso de convertirse en ciudadana británica sin tomar ningún atajo.

Pedir la ciudadanía británica fue solo el comienzo. Consciente de que su compromiso matrimonial señalaba la entrada de Meghan en el enrevesado y extraordinario mundo al que él pertenecía, Harry quiso que su prometida contara con un equipo de asesores que la ayudara a desenvolverse en el entorno de la monarquía.

—Harry quería personas en las que Meghan pudiera confiar de verdad en cualquier tesitura —afirma una fuente—, gente que le cubriera las espaldas, pasara lo que pasara.

Ese equipo —que llamaba a Harry *PH* y a Meghan *M*— estaba formado por Amy Pickerill, que sería la secretaria personal de Meghan; Heather Wong, asistente personal de Harry y excolaboradora de Barack Obama como secretaria de relaciones públicas del Departamento de Seguridad Nacional de Estados Unidos; Ed Lane Fox y Jason Knauf.

Poco después de que se anunciara el compromiso, los asistentes del palacio de Kensington y los duques de Cambridge se reunieron con Meghan y Harry en el Hurlingham Club de Fulham (Londres). Aquella espléndida casa solariega inglesa era el escenario perfecto para brindar por su nueva relación de trabajo y debatir el papel que iba a desempeñar Meghan dentro de la Royal Foundation. Por ejemplo, el tipo de proyectos a los que la futura duquesa prefería dedicarse dentro de la organización benéfica.

—Hubo varias reuniones para asegurarse de que Meghan contaba con el apoyo necesario para ocupar el lugar que le correspondía dentro de la familia, y tratar otras cuestiones que le preocupaban, como el tema del empoderamiento, para que tuviera el apoyo y los recursos necesarios —afirma un funcionario de palacio.

Ese fue solo el comienzo de su introducción en la agenda de la familia real.

Meghan contaba, pues, con la ayuda de todo un equipo de expertos cuando inició el periodo de entrenamiento informal por el que también había tenido que pasar Kate tras su compromiso matrimonial con Guillermo. Sus colaboradores la asesoraban sobre todo tipo de cuestiones, desde la forma más elegante de apearse de un coche llevando una falda estrecha a cuándo hacer una reverencia ante un miembro de la familia real de rango superior. Ella confiaba, además, en recibir lecciones de etiqueta, pero curiosamente nunca se las ofrecieron.

Su formación no se limitó, sin embargo, a cuestiones de simple cortesía, como la manera correcta de hacer una reverencia. También hizo un curso intensivo de dos días sobre seguridad impartido por el SAS, el cuerpo de élite del ejército británico. El curso —que todos los miembros de primera fila de la familia real, con la única excepción de la reina, han hecho en la sede del SAS en Hereford— la preparó para situaciones de alto riesgo, como un secuestro con rehenes o un atentado terrorista. Meghan participó durante el curso en un secuestro simulado, en el que un *terrorista* la introducía a la fuerza en la parte de atrás de un coche y la llevaba a otro lugar, donde posteriormente la salvaban agentes pertrechados con armas de fogueo como las que se usan en el rodaje de las películas, para dar mayor realismo al simulacro. Incluso la enseñaron a entablar relación con el enemigo y a conducir un coche en una persecución. Según afirma una fuente, para ella fue una experiencia «sumamente intensa y escalofriante», pero que se alegraba de haber vivido.

Kate no hizo el curso hasta después de casarse con Guillermo. Meghan, en cambio, lo hizo antes de su boda debido a la gran cantidad de amenazas de las que había sido objeto.

—Recibió algunas amenazas absolutamente aterradoras y repugnantes desde que empezó a salir con Harry —explica un asistente—. Y, por desgracia, esas amenazas siguieron llegando también después, durante una temporada.

La cantidad de amenazas que recibieron una y otra no fue lo único que distinguió la vivencia de Meghan y la de Kate en su papel de prometidas de un miembro de la realeza. Un ex alto funcionario de la corte afirma que Kate «era encantadora, lista, tímida y humilde, además de guapa y elegantísima. Y muy atenta. Cuando todavía no se había casado y me llamaba, siempre me decía "Lo siento muchísimo, no quiero molestarte con estas cosas". Yo le decía, claro, que para eso estaba». En cambio, Meghan, afirma la misma fuente, «se incorporó a este trabajo siendo ya una adulta formada por completo y habiendo vivido un tercio de su vida. Es una californiana que cree que puede cambiar el mundo. Había creado su propia marca, tenía una página web, negociaba contratos... Hablaba de la vida y de cómo cree ella que deberíamos vivir».

«Y eso está muy bien», añade el excolaborador de la Casa Real, que reconoce tenerle «bastante simpatía» a la exactriz.

—Así son las cosas en Estados Unidos —concluye—. En Inglaterra, en cambio, la gente ve esas cosas y dice «Pero ¿tú quién te crees que eres?».

Fuera justo o no, a Meghan iba a costarle un esfuerzo extra no herir la susceptibilidad de los británicos.

Jason y Ed llevaban ya varios meses ejerciendo como sus asesores en la sombra, pero ahora que había ingresado oficialmente en la Empresa, los expertos en la Casa Real observarían con lupa cada uno de sus movimientos. Cualquier reverencia hecha con descuido, cualquier falda considerada demasiado corta que se pusiera serían objeto de análisis y comentario, de ahí que Meghan necesitara un asesor a tiempo completo que le sirviera de guía para sortear posibles escollos y la reconfortara cuando arreciaran las críticas.

Amy Pickerill (Pickles para sus amigos) se convirtió en su mano derecha. Licenciada por la Universidad de Nottingham y exejecutiva de relaciones públicas en el sector privado, Amy era solo un par de años más joven que Meghan. La opinión pública la conocería pronto como esa mujer que recogía los incontables ramos de flores, tarjetas y obsequios que recibía Meghan durante sus apariciones públicas. Entre bastidores, sin embargo, su labor era mucho más amplia e incluía desde gestionar la agenda de Meghan a aconsejarla sobre cómo vadear determinadas situaciones. Si Meghan dudaba sobre un tema de conversación o sobre el nombre de alguien con quien iba a coincidir en un acto oficial, allí estaba Amy para proporcionarle discretamente la información que necesitaba. Y si solo le hacía falta una palabra de ánimo después de un día agotador, allí estaba también Amy para brindársela.

Respecto a su forma de vestir, Meghan no quería que la opinión pública la considerara en exceso preocupada por la moda. Tenía «una visión muy concienciada» de las cosas y confiaba en que la prensa diera más importancia a su labor humanitaria que al hecho de que apareciera o no en la lista de las mujeres mejor vestidas. Su «vestuario de trabajo», como ella lo llamaba, debía consistir en conjuntos elegantes y discretos, en tonos neutros, que no eclipsaran a las personas con las que iba a reunirse ni parecieran demasiado llamativos. Cada conjunto debía incluir, como mínimo, una prenda o un accesorio de un diseñador local como muestra de apoyo a la industria de la región que estuviera visitando.

—Pone muchísimo cuidado en esos detalles —afirma George Northwood, el peluquero británico que se encargó de peinar a Meghan durante dos años después de su boda—. Recuerdo que siempre, allá donde fuéramos, procuraba mostrar su apoyo a los pequeños negocios y las joyerías locales.

Para su primer acto oficial como prometida del príncipe, celebrado el 1 de diciembre —una visita a Nottingham para asistir a un acto conmemorativo del Día Mundial del Sida y conocer la labor de la asociación Full Effect, dedicada a apoyar a jóvenes desfavorecidos—, Meghan eligió una falda larga marrón claro de la marca londinense Joseph, un jersey básico de cuello alto de color negro y botas altas de ante negro del diseñador británico Kurt Geiger. El conjunto, que eligió ella misma, recibió la aprobación del palacio de Kensington.

Su forma de desenvolverse también estaba en el punto de mira, pero Meghan no necesitó que nadie la asesorara sobre cómo encandilar al público. Cuando apareció a las 11:05 de la mañana para saludar a la multitud que, pese a que la temperatura rozaba los cero grados, se había congregado desde las seis de la madrugada frente al Museo Nacional de Justicia, Meghan pasó casi media hora charlando con las personas que le daban la enhorabuena y le regalaban flores, tarjetas de felicitación y golosinas Haribo (las favoritas de la futura princesa). No queriendo parecer pretenciosa o engreída, le tendía la mano a todo el mundo y se presentaba con un alegre «Hola, soy Meghan», como si el público no estuviera ya familiarizado con su amplia sonrisa.

Su actitud dio en el clavo. Mientras avanzaba saludando

a la gente, fue dejando una estela de elogios a su paso. Una espectadora se maravillaba de que se hubiera agachado para hablar con su hijo de tres años y le hubiera dedicado unas palabras cariñosas por estar esperando con aquel frío. A otra le impresionó que Meghan se fijara en que tenía acento de California y se interesara por conocer el motivo que la había llevado al Reino Unido. Si estaba inquieta por cómo iba a salir su primer acto oficial (y la noche anterior le había confesado a uno de sus colaboradores que, en efecto, lo estaba, y mucho), en ningún momento dejó entrever su nerviosismo. Su alegría parecía sincera cuando aceptaba las tarjetas llenas de pegatinas de los niños, los elogios sobre su flamante anillo y las preguntas sobre su papel en *Suits*, que acababa de abandonar.

Cuando una espectadora y su marido se aventuraron a preguntarle si podía hacerse una foto con ellos, Meghan se negó amablemente.

—Ay, lo siento mucho —dijo con una sonrisa, acordándose del consejo que le habían dado sus asistentes.

Aunque le habría encantado posar con aquella pareja, pronto formaría parte de la familia real británica. Ese tipo de fotografías estaba mal visto en el entorno de la Corona, y si algo podía decirse de Meghan era que aprendía deprisa.

Mientras ella se familiarizaba con el protocolo de la realeza, algunos aspectos de la vida en palacio estaban empezando a cambiar. Hasta la reina era consciente de ello, como demuestra el hecho de que decidiera invitar a Meghan a la misa de Navidad en la iglesia de Saint Mary Magdalene y a las celebraciones familiares en Sandringham. Las parejas de los príncipes no solían participar en este encuentro familiar hasta que se formalizaba el matrimonio religioso. Kate no estuvo invitada a los festejos navideños de 2010 después de que se anunciara su compromiso con Guillermo, pero, claro está, a ella le resultaba mucho más fácil pasar las fiestas con sus padres en su casa de Bucklebury.

La reina no hizo una excepción con Meghan porque la prefiriera a Kate. Isabel II adoraba a su nieto pelirrojo y quería que Meghan se sintiera arropada por la familia real. Por eso la invitó a celebrar la Navidad en Sandringham y a asistir al tradicional almuerzo prenavideño que ofrecía en el palacio de Buckingham y al que asistían también otros miembros menos cercanos de la familia. La reina demostró así, de nuevo, ese temple por el que era tan admirada.

El almuerzo prenavideño era una oportunidad para que Isabel II agasajara a muchos miembros de menor rango de la familia real que no estaban invitados a las celebraciones en Sandringham. Fue, también, el primer acontecimiento familiar al que asistió Meghan, que lució para la ocasión un vestido de encaje blanco y negro de Self-Portrait y pendientes de diamantes.

Lamentablemente, el gesto de apoyo de la reina hacia Meghan pasó prácticamente desapercibido debido a que la princesa Michael de Kent, esposa de uno de los nietos de Jorge V, lució para la recepción con la reina un *moretto*, un broche perteneciente a un estilo de orfebrería italiano que se remonta a finales de la Edad Media. Estos broches suelen representar bustos estilizados de hombres africanos o de otras razas no europeas, adornados con ricos turbantes y piedras preciosas cuyos colores contrastan con la tonalidad oscura de su piel. Descritos a menudo como sirvientes, los *moretti* simbolizaban la sumisión de los «moros», un término muy vago con el que se designaba a los musulmanes de la España medieval o a cualquier árabe o afrodescendiente.

Las mujeres de la familia real británica, incluidas la propia reina y la duquesa de Cambridge, suelen lucir en los actos oficiales broches de fuerte contenido simbólico. Kate escogió el broche de la hoja de arce de la reina madre para su primer viaje a Canadá con Guillermo, y en 2013 la reina lució en el bautizo del príncipe George el broche en forma de cesta de flores que le regalaron sus padres con motivo del nacimiento del príncipe Carlos en 1948.

La historia del *moretto* es compleja. Tanto Elizabeth Taylor como Grace Kelly tenían *moretti* venecianos en sus colecciones de joyas. Pero en el mundo actual, las piezas de este tipo se consideran ofensivas y racistas. La firma italiana Dolce & Gabbana recibió duras críticas en 2012 por utilizar pendientes de este estilo en el desfile de presentación de su colección de primavera.

El atuendo de las integrantes de la familia real está siempre pensado hasta el último detalle. Puede que la princesa de Kent se equivocara sin más al elegir ese broche, pero sin duda Meghan se preguntó, aunque fuera vagamente, si aquel alfiler con el busto de un africano con turbante dorado y ricos ropajes no estaría transmitiendo un mensaje intencionado. Como mínimo, evidenciaba una falta total de sensibilidad hacia las raíces afroamericanas de Meghan y las muestras de racismo de las que había sido objeto desde que se la relacionaba sentimentalmente con Harry.

No era la primera vez que se acusaba a la princesa de Kent de racismo. En 2004, se la oyó increpar a un grupo de comensales en un restaurante de Nueva York diciéndoles que «se volvieran a las colonias». La princesa, que vivía muy cerca de Meghan y Harry, en el Apartamento 10 del palacio de Kensington, se disculpó posteriormente por haberse puesto el broche y aseguró estar «muy apenada y preocupada» porque se hubiera considerado ofensivo. Algunos asistentes de palacio dudaron de la sinceridad de su disculpa. En cualquier caso, el daño ya estaba hecho, sobre todo teniendo en cuenta que el propósito de la reina había sido que Meghan, que acababa de mudarse a Inglaterra, se sintiera como en casa durante las fiestas.

Meghan y Harry pasaron parte de las vacaciones con Guillermo y Kate en Anmer Hall, dado que la invitación de la reina no preveía que la futura esposa de Harry se alojara en la residencia real de Sandringham, lo que no ocurriría hasta que se hubiera formalizado el matrimonio.

Anmer Hall, una mansión georgiana de diez habitaciones situada en la finca de Sandringham, a unos tres kilómetros de la casa de la reina, había sido un regalo de Isabel II a los duques de Cambridge. Aunque en un principio pensaban utilizarla como residencia de vacaciones, Guillermo y Kate se habían instalado permanentemente en la casa de Norfolk poco después del nacimiento de la princesa Charlotte, debido a que el príncipe trabajaba como piloto de ambulancias aéreas en la cercana base de la organización benéfica East Anglian Air Ambulance. Allí, la pareja recibía a menudo a su círculo íntimo en la enorme cocina, provista de un comedor con techo de cristal. Sus amigos y familiares se reunían en la acogedora habitación para celebrar comidas y cenas informales, muy distintas a las que se celebraban en el palacio de Buckingham o en Sandringham, donde un batallón de sirvientes atendía a los invitados.

La Navidad en Sandringham era tan rígida como relajadas eran las comidas de domingo en Anmer Hall. La agenda de festejos comenzaba con la llegada de los miembros de la familia real por estricto orden jerárquico —de menor a mayor—, después de que la reina se hubiera instalado en el palacio en los días previos. El príncipe Carlos y Camilla llegaban los últimos, el 24 de diciembre.

Como todo lo demás, la llegada de los invitados estaba cuidadosamente organizada. Los miembros de la familia se apeaban de sus coches en la entrada delantera, donde los chóferes y ayudas de cámara esperaban para meter el equipaje y los regalos por la puerta lateral del palacio. Mientras se subía el equipaje, los regalos navideños se llevaban al salón rojo, donde se colocaban sobre una gran mesa de caballete dividida en secciones: para la reina, para el príncipe Felipe y para cada miembro de la familia. A los invitados se les asignaban dormitorios en la Casa Grande —como se la llama—, que tiene doscientas setenta habitaciones, y se les entregaba un horario con las comidas y demás festejos. El día de Nochebuena, poco después de las cuatro de la tarde, la familia se reunía para tomar el té.

Los cocineros llevaban ya días preparando los muchos y elaborados platos que iban a degustar los invitados. El día de Navidad se servía pavo relleno de salvia, cebolla y castañas; patatas asadas; puré de patatas; nabos y coles de Bruselas; y pudin de Navidad flambeado con coñac, de postre. El jefe de cocina en persona trinchaba dos pavos en el comedor real. Era el único día del año en que se le invitaba al comedor y la reina le premiaba con una copa de *whisky* para brindar por las fiestas. (Entretanto, el subjefe de cocina subía a las habitaciones de los niños a trinchar otro pavo. A los niños no se les permite reunirse con los adultos hasta que son capaces de comportarse con el debido decoro). El bufé de la cena de Navidad era aún más elaborado, según el excocinero real Darren McGrady, cuyo menú de chuletas de cordero con menta, salmón pochado frío, *foie gras en croûte*, rabo de buey, costillar de cerdo, pollo asado, pavo ahumado y jamón de York asado, combinado con ensaladas, patatas nuevas y *borscht* sigue sirviéndose en la actualidad, entre otra variedad de platos. También abundaban los dulces, como el tradicional pastel de picadillo de frutas, la mantequilla al *brandy* y el helado de vainilla.

Después del té de Nochebuena —momento en el que se servían *scones* recién hechos, dos tipos de sándwiches, pasteles como *éclairs* de chocolate y bocaditos de frambuesa, y una gran tarta—, la familia al completo se reunía en el salón rojo para el intercambio de regalos.

La familia real sigue la tradición alemana de entregar los regalos el 24 de diciembre. Los niños reciben regalos típicos de Navidad, como el gran coche de bomberos que le regalaron a George un año, un triciclo para Charlotte o juguetes de madera para Louis. (Cuando Guillermo y Harry eran pequeños, un año el príncipe Eduardo les compró pistolas de agua, y los niños se fueron corriendo a la cocina y empaparon a los cocineros con ellas). No está bien visto, en cambio, que los adultos se hagan regalos caros. La Navidad es un momento para obsequios baratos y, en ocasiones, humorísticos.

Se cuenta que, un año, Harry le regaló a la reina un gorro de ducha con la frase *Qué perra es la vida* que a ella le encantó. En otra ocasión, el príncipe le regaló a su abuela un pez mecánico de juguete que cantaba canciones y que, al parecer, la reina conserva en Balmoral, su retiro en Escocia, y la hace reír a carcajadas. Kate —de la que se rumorea que preparó *chutney* para la reina el primer año que pasó en Sandringham— le regaló en cierta ocasión a Harry un kit de juguete llamado *Planta una novia*: una muñequita que, al regarla, crecía. Desde hace unos años, según parece, la duquesa de Cambridge suele regalar artículos de perfumería de su marca preferida, Jo Malone.

El príncipe Guillermo le regaló una vez a su abuela unas pantuflas adornadas con la cara de la reina. La princesa Ana le compró un año a su hermano, el príncipe Carlos, un asiento de váter de cuero blanco, presuntamente porque los colecciona, y a su padre, Felipe de Edimburgo, al que le encantan las barbacoas, un molinillo de pimienta con luz incorporada para ver más fácilmente la carne mientras se oscurece en la parrilla.

Los agobiantes siete cambios de indumentaria en veinticuatro horas que describió Sarah Ferguson al hablar de sus vivencias en Sandringham eran lo que menos preocupaba a Meghan. Aunque tenía experiencia como actriz, aquella era una audición como ninguna otra, y quería causar buena impresión a sus futuros parientes políticos. La mayor dificultad estribaba en dar con obsequios divertidos para toda la familia. Al menos uno de sus regalos fue un gran éxito: la cuchara que le regaló a Guillermo, en cuya parte cóncava se leía *cereal killer*, «asesino de cereales», un juego de palabras con *serial killer* («asesino en serie»).

La cena de Nochebuena era un acontecimiento mucho más formal. Había que vestirse de gala y el menú incluía marisco y cordero al estilo de Sandringham, con tarta Tatin de postre.

Pero quizás el festejo que más agobiaba a Meghan fuera el servicio religioso de Navidad. El día comenzaba con el desayuno inglés completo que se les servía a los hombres a las ocho de la mañana. (Es tradición que a las mujeres se les lleve el desayuno en una bandeja a su habitación). Luego, la familia al completo recorría a pie unos centenares de metros por el camino que lleva a la pequeña iglesia de piedra de Saint Mary Magdalene, a la que la reina acude todos los domingos cuando está en Sandringham. (Isabel II no llegaba a pie, sino en su Bentley de color burdeos). El camino estaba bordeado por cientos de curiosos, muchos de los cuales llevaban esperando desde las tres de la mañana para ver pasar a la familia real.

Meghan eligió para ese día un abrigo camel de Sentaler con grandes solapas que combinó con una boina de Philip Treacy y botas de ante de Stuart Weitzman en color marrón chocolate. Se la vio conferenciar en voz baja con Guillermo, Harry y Kate, que querían asegurarse de que sabía lo que iba a ocurrir en todo momento y en qué orden.

La muchedumbre de espectadores se entusiasmó al ver a Harry con su novia. Las cámaras de fotos funcionaban sin descanso y la gente comenzó a vitorear cuando aparecieron Guillermo, Kate, Meghan y Harry caminando codo con codo. Habían llegado *los Cuatro Fantásticos*.

Las dos parejas causaron sensación, y no solo en Navidad. El 28 de febrero de 2018 volvieron a reunirse para su primer acto oficial conjunto. Aquella gélida mañana se inauguraba en Londres el primer Foro de la Royal Foundation, una oportunidad para dar a conocer los proyectos solidarios de Guillermo, Kate y Harry en áreas como la salud mental, el apoyo a la juventud desfavorecida, las Fuerzas Armadas y la conservación del medioambiente. Al casarse con Harry, Meghan pasaría a formar parte del patronato de la fundación, que agrupaba las iniciativas humanitarias de los jóvenes príncipes. Harry y Guillermo habían creado la entidad benéfica en 2009 con idea de que fuera el principal vehículo de su acción social.

Haber nacido en el seno de la familia Windsor equivalía a una vida marcada por dos cuestiones insoslayables: el servicio a la nación y el deber. Son célebres las palabras que pronunció ante el país la abuela de Guillermo y Harry el día que cumplió veintiún años:

—Declaro ante todos vosotros que mi vida entera, sea

corta o larga, estará consagrada a vuestro servicio y al servicio de nuestra gran familia imperial, a la que todos pertenecemos.

El compromiso de Isabel II con la monarquía y la Commonwealth ha sido siempre inquebrantable.

Desde su más tierna infancia, Guillermo y Harry habían aprendido, no solo de su abuela, sino también de sus padres, que no había mayor honor que servir a la Corona. Los dos príncipes eran conscientes de que, como herederos, tenían la responsabilidad de liderar la adaptación de la monarquía a los nuevos tiempos, y la Royal Foundation era el medio más eficaz para propiciar ese cambio.

—Somos parte de una institución muy respetada que posee los valores intemporales de la familia, el servicio a nuestro país, el deber y la integridad —afirmó Harry en el foro celebrado en Londres, en cuyo escenario se sentaron los cuatro para responder a las preguntas del moderador—. Sentimos la tremenda responsabilidad de desempeñar nuestro papel lo mejor posible para fomentar los cambios que necesita la sociedad. Estoy increíblemente orgulloso de que mi futura esposa vaya a unirse a nosotros en esa tarea. Ahora mismo estamos muy liados organizando la boda, pero nos hace muchísima ilusión empezar a trabajar juntos, los cuatro, de aquí en adelante, con la esperanza de que nuestra labor sea lo más fructífera posible.

El acto de la Royal Foundation dio a Meghan la oportunidad de vislumbrar por primera vez cómo sería su vida como nueva integrante de la familia real.

Cuando la conversación giró hacia ella, hizo un apasionado alegato a favor del empoderamiento de las mujeres.

—A veces se oye decir: «Qué bien, estáis ayudando a dar voz a la gente», pero yo estoy fundamentalmente en desacuerdo con eso, porque las mujeres no necesitan que les den voz —dijo—. Ya la tienen. Lo que necesitan es sentirse empoderadas para usar esa voz, y que se anime a la gente a escucharla.

Era una declaración muy audaz para un *royal*, aunque no para un miembro de la generación más joven.

Meghan se imaginaba una vida activa, en primera línea de acción, no en la periferia, y tenía la esperanza de contribuir con su labor a mejorar la sociedad. Casi tres meses después de su presentación pública en el Foro de la Royal Foundation, asistió con Harry al Foro de la Juventud, integrado en la cumbre de jefes de gobierno de la Commonwealth, y ambos dejaron constancia de su apoyo a los jóvenes del colectivo LGBTQ, cosa que habría sido impensable cincuenta años antes. La reina nombró, además, a Harry embajador para la Juventud de la Commonwealth. Ambos, Meghan y Harry, deseaban contribuir a poner en valor el trabajo de los jóvenes y a defender a quienes no tenían voz.

De hecho, en más de treinta países de la Commonwealth todavía están en vigor leyes que castigan la homosexualidad. Si alguien pensaba que Meghan iba a dejar de lado sus principios al integrarse en la familia real, se equivocaba. Sus primeros días como prometida de Harry demostraron a las claras que, aunque pensaba respetar la tradición, no acallaría su voz.

La nueva generación de *royals* avanzaba con paso firme y decidido, pero, como sucede en cualquier negocio familiar, el camino no siempre era fácil. Cuando, en el Foro de la Royal Foundation, a Guillermo le preguntaron si había desacuerdos familiares por el hecho de vivir y trabajar en tan estrecha cercanía, el príncipe, que normalmente se mostraba muy reservado respecto a la vida detrás de los muros de palacio, contestó con sorprendente franqueza:

—Uy, sí.

—¿Se han resuelto esos desacuerdos?

—¡No lo sabemos! —respondió Guillermo riendo.

Harry intervino entonces para decir que estaba muy bien que hubiera «cuatro personalidades distintas», todas ellas «con la misma pasión por cambiar las cosas a mejor».

—Trabajar en familia tiene sus dificultades, por supuesto que sí. Que os estéis riendo todos demuestra que sabéis lo que es eso —comentó el príncipe, y añadió en broma que no recordaba si se habían resuelto todas sus discusiones, porque «las hay a montones»—. Pero —añadió— estamos unidos para siempre.

12

Un problema llamado Samantha

Los problemas empezaron con Samantha Markle, la hermana de Meghan, que, a las veinticuatro horas de que se hiciera público que Meghan salía con Harry, decidió sacar partido a la situación, a pesar de que hacía más de una década que Meghan y ella no se veían.

Samantha, que se había cambiado el nombre (antes se llamaba Yvonne) y se había teñido el pelo de rubio, era la hija mayor de Thomas, fruto de su primer matrimonio con Roslyn Loveless. Thomas conoció a Roslyn en Chicago a los diecinueve años, cuando trabajaba en una cadena de noticias local. Ella tenía dieciocho recién cumplidos. Menos de un año después estaban casados e iban a ser padres. Dos años después nació su hijo Thomas. Cuando se separaron, en 1975, Roslyn se trasladó a Nuevo México con Yvonne y Thomas hijo. Siendo adolescentes, los chicos regresaron una temporada a California para vivir con su padre, pero no se quedaron mucho tiempo.

Debido en parte a que Samantha le llevaba diecisiete años, Meghan solo había coincidido con su hermana dos veces de pequeña; la última en 2008, cuando su padre le pidió que le acompañara en un viaje a Nuevo México que solo duraría veinticuatro horas, para asistir a la graduación de Samantha en la universidad. De ese viaje data la única fotografía de las dos hermanas que se ha publicado en un sinfín de medios periodísticos.

—Si la prensa sigue publicando la misma fotografía —revela una fuente de confianza— es porque no hay más. Si las hubiera, Samantha las habría vendido.

Pertrechada con las pocas instantáneas que tenía de la infancia de Meghan, Samantha se puso en contacto con *The Sun* para venderle una exclusiva en la que afirmaba que casarse con un príncipe era desde siempre la mayor ambición de su hermana.

Soñaba con ello de pequeña, cuando veíamos a los príncipes en la tele, afirmaba. A pesar de que las dos hermanas apenas habían tenido relación desde que Doria decidió dejar a Thomas cuando Meghan tenía dos años, según la versión de Samantha estaban tan unidas que hablaban entre sí de sus amores platónicos. *Ella siempre prefirió a Harry*, declaraba. *Le chiflan los pelirrojos.*

Eran afirmaciones bastante inofensivas, pero Samantha no se limitó a eso: también retrató a Meghan como una advenediza manipuladora que había calculado cada uno de sus movimientos para pasar de actriz de televisión a filántropa apasionada y, por último, a prometida del príncipe Harry. Por si eso fuera poco, acusó a Meghan de mantenerla apartada de su vida debido a que en 2008 le habían diagnosticado una esclerosis múltiple que la obligaba a utilizar silla de ruedas.

Su ambición es convertirse en princesa, concluía Samantha, a la que el tabloide pagó una suma importante por la exclusiva. *Su comportamiento no es, desde luego, digno de un miembro de la familia real.*

A medida que se fortalecía la relación de Meghan y Harry, los ataques de Samantha en los medios se redoblaron. Cuando, a principios de 2017, Meghan hizo un viaje humanitario a la India para participar en charlas sobre salud e higiene femeninas de la mano de la ONG World Vision, Samantha la criticó por no hacer más al respecto. Y cuando Meghan publicó un artículo en *Time* acerca del tabú de la menstruación, Samantha anunció que ella iba a publicar un libro. *Emocionada por mi libro, Diario de la princesa Ambiciosilla*, tuiteó. (Tres años más tarde, el libro sigue sin ver la luz).

Aunque el interés que despertó Samantha en los medios no la hizo famosa, era una buena fuente de ingresos. Y Samantha sabía que, para que el dinero siguiera llegando, tenía que seguir proporcionando carnaza a los medios. De ahí que, mientras la relación de Meghan y Harry se afianzaba, se afianzara también la presencia de Samantha en los tabloides. Como explica una fuente de confianza:

—Al principio, Samantha intentó crear una dinámica parecida a la de Kate y Pippa, como si fueran dos hermanas que estaban muy unidas, pero no era el caso. Meg no se crio con ella. No se veían casi nunca.

La verdad pura y dura era mucho menos jugosa, y muy común entre hijos de padres divorciados: las dos hermanas se llevaban casi veinte años de diferencia, y apenas se habían tratado.

El hermano de Samantha, Thomas Markle hijo, habló

muy bien de Meghan en una entrevista exclusiva que en enero de 2017 le vendió a *The Sun*, en la que explicaba su detención por haber empuñado un arma descargada durante una pelea con su novia, Darlene Blount, estando borracho. Thomas, que trabajaba como instalador de ventanas, decía que esperaba no haber avergonzado a Meghan y que no se le excluyera de la lista de invitados a la boda real por ese incidente. Más o menos un año después, sin embargo, al ver que no llegaba ninguna invitación impresa en letras doradas a su casa de Oregón, decidió seguir el ejemplo de su hermana mayor y acusar a Meghan de ser una oportunista y una trepa que solo deseaba ascender en la escala social.

Evidentemente, Meghan Markle no es la mujer que te conviene, afirmaba en una carta abierta a Harry que publicó la revista *In Touch*.

No me explico cómo es que no ves a Meghan tal y como es de verdad, como la ve todo el mundo. Sus intentos de hacer de princesa son de actriz de tercera fila, y están ya muy vistos.

Si Samantha había acusado a Meghan de apartarla de su vida debido a su enfermedad, Thomas hijo fue aún más lejos y la acusó de haber utilizado *a su propio padre*, dejándole abandonado, solo y en la ruina.

Nada más lejos de la realidad. Thomas Markle padre, que había ganado un Emmy en su juventud, tenía problemas de dinero desde que Meghan era pequeña. Ello había contribuido a su ruptura con Doria, que tuvo que compaginar varios trabajos —como diseñar ropa y regentar una tiendecita de regalos—, hasta que en 2011 hizo un máster en trabajo social por la Universidad del Sur de California. Cuatro años después se sacó la licencia que le permitía ejercer como trabajadora social en ese estado. Thomas se declaró en bancarrota una vez en 1991 y de nuevo en 1993. Lo curioso es que en 1990 había ganado setecientos cincuenta mil dólares en la lotería. (Según su familia, usó la fecha de cumpleaños de Meghan como parte de la combinación ganadora). Con las ganancias del premio, le compró un coche a Samantha y ayudó a su hijo Thomas a abrir una floristería. Según este último, sin embargo, su padre invirtió la mayor parte del dinero en montar una empresa de joyería. Al parecer, un amigo suyo le convenció de que era una buena inversión. La joyería quebró y un año después Thomas padre se declaró insolvente. Su patrimonio se tasó entonces en un total de 3931 dólares. Thomas no era mala persona; de hecho, era muy generoso, pero no tenía buena mano para el dinero.

Meghan tuvo desde muy niña la ambición de ganar en algún momento dinero suficiente para que sus padres y ella pudieran vivir con desahogo. De hecho, asumió esa enorme carga psicológica a una edad en la que la mayoría de los jóvenes piensan mucho más en comprarse ropa en Abercrombie & Fitch que en apretarse el cinturón para llegar a fin de mes.

Ella se mantuvo fiel a esa aspiración y empezó a mandar dinero a su padre en cuanto la contrataron en *Deal or No Deal*, donde ganaba cinco mil dólares por cada siete episodios, unos ingresos regulares que compartía generosamente con Thomas para que pudiera pagar sus gastos cotidianos. Quería mucho a su padre y estaba convencida de que solo necesitaba que le dieran un empujoncito para salir a flote, aunque siguiera cometiendo los mismos errores económicos una y otra vez.

Las absurdas acusaciones de sus hermanos indignaron a Meghan y a su círculo más íntimo. Como señalaba una persona muy cercana a ella, ni Samantha ni Thomas hijo se quejaron cuando no los invitó a su boda con Trevor.

—Seguramente ni se enteraron de que se había casado, porque no mantenían contacto —afirmó esa misma fuente—. Es de risa. Ahora sí les importa, claro, porque va a casarse con un príncipe.

Meghan le pidió más de una vez a su padre que hablara con Samantha para convencerla de que dejara de vender exclusivas a los medios y, de hecho, Thomas lo intentó una vez.

—¿Sabes que le estás haciendo daño a tu hermana? —le dijo a Samantha (o Babe, como la suele llamar él).

—Si Meghan quiere que pare, solo tiene que llamarme —respondió ella.

Thomas le transmitió el mensaje a su hija pequeña, pero Meghan nunca llegó a ponerse en contacto con Samantha, convencida como estaba de que grabaría la llamada y se la vendería a un tabloide. Su padre, entretanto, se sentía entre la espada y la pared.

—Las quiere a las dos —afirma una persona de la familia—, y no quería distanciarse de ninguna. —No obstante, eso era lo que sentía Samantha: que su padre se estaba distanciando de ella—. Sam siempre ha sentido que Meghan era la favorita de su padre, a pesar de lo mucho que se esfuerza —añade esa misma fuente—. Thomas no tiene por qué pasar las fiestas solo, pero prefiere hacerlo, aunque Sam y Tom le invitan a pasarlas con ellos.

Harry, mientras tanto, apenas daba crédito a lo mal que se estaba portando la familia Markle. Era muy duro para él ver cómo afectaba a su novia la actitud de sus hermanos. Meghan se sentía frustrada y furiosa por las exclusivas que vendían a los periódicos, y el hecho de no poder publicar un desmentido o replicar en Twitter para defenderse de sus acusaciones aumentaba su sentimiento de frustración. Tenía que quedarse callada mientras la atacaban. De los miembros de la familia real se esperaba desde siempre que se atuvieran al lema «Nunca te quejes ni des explicaciones». Como decía sin rodeos un funcionario del palacio de Buckingham, «Te callas y te aguantas». Meghan intentaba no leer la prensa, pero sus asistentes solían hacerle reparar en tal o cual noticia cuando necesitaban que les confirmara si era cierta o no. En ocasiones, también sus colaboradores fueron blanco de los ataques de sus hermanos. En cierto momento, Thomas hijo comenzó a mandar correos electrónicos a Katrina McKeever, subsecretaria de comunicación del palacio de Kensington, exigiendo ayuda económica porque, aseguraba, el acoso de los medios le impedía conseguir trabajo. A Jason y su equipo la situación les parecía «surrealista», pero al mismo tiempo sentían la responsabilidad de guiar a Meghan para ayudarla a salir de aquel caos.

Si las falsedades de sus hermanos eran indignantes, más descorazonador aún era que la prensa estuviera dispuesta a publicarlas sin molestarse en comprobar su veracidad. Esa actitud hostil era de esperar cuando Meghan comenzó a salir con Harry, pero la pareja confiaba en que, tras anunciarse su compromiso matrimonial, los medios de comunicación actuaran con mayor rigor informativo. Las críticas, sin embargo, seguían arreciando. Continuamente se publicaban noticias basadas en prejuicios, suposiciones erróneas y afirmaciones descabelladas de familiares con los que Meghan no mantenía ningún contacto.

Un ejemplo típico fue lo que ocurrió con la cacería de faisanes que la familia real celebra tradicionalmente el 26 de diciembre, festividad de san Esteban (o *Boxing Day* en Inglaterra). A pesar de que Harry y su hermano cazaban desde niños, el príncipe faltó a la cacería la primera Navidad que pasó en Sandringham con Meghan. Algunos periódicos criticaron a Meghan dando a entender que era ella quien le había prohibido participar en aquella tradición familiar. Afirmaron que era vegana y que, llevada por su activismo animalista, le había exigido a su novio que no tomara parte en la cacería. Ninguna de esas afirmaciones era cierta: ella no es vegana ni le había prohibido a Harry que cazara.

Lo absurdo de todo aquello indignó a Meghan, que solía prepararle asados a Harry y que había recibido su proposición matrimonial mientras estaba preparando pollo al horno.

—Esas historias sobre las tradiciones familiares son una chorrada —afirma una fuente de confianza—. Meghan hace lo mismo que los demás. Le encantan las tradiciones.

En realidad, habían vuelto pronto a Londres porque Harry iba a participar como editor invitado en *Today*, el programa estrella de BBC Radio, para el que ya había grabado una entrevista con Barack Obama, la primera desde el final de su mandato como presidente de Estados Unidos.

En la entrevista, Harry y Obama hablaban con franqueza de temas importantes, como el uso excesivo de las redes sociales y el poder que, para bien y para mal, tienen quienes ocupan puestos de gobierno.

Harry sentía rechazo por una parte importante de la prensa, pero al mismo tiempo era consciente de que ciertos medios de comunicación podían ser muy útiles a la hora de promover causas humanitarias por las que sentía un interés especial. El príncipe había entrevistado al presidente Obama durante los Invictus Games, al concluir su mandato, pero había decidido no publicar la entrevista de momento. Los temas sobre los que habían conversado, sin embargo, seguían estando de actualidad y, cuando Harry decidió emitir su charla con el expresidente americano, demostró que los muchos años que llevaba al otro lado de la cámara le habían convertido en un buen entrevistador. Obama hacía una referencia a Donald Trump sin mencionarle expresamente, al advertir de que el uso excesivo de las redes sociales por parte de personas que ostentaban posiciones de poder podía ser muy dañino. Contaba, además, que echaba de menos el trabajo, pero que, pese a los asuntos que había dejado sin resolver, se sentía tranquilo y disfrutaba pudiendo pasar más tiempo con su mujer y sus hijas y marcándose sus propios horarios.

La entrevista tenía también una vertiente divertida. Harry le propuso al expresidente una ronda de preguntas rápidas durante la cual Barack Obama reveló que le gustaba más Aretha Franklin que Tina Turner, y que era más fan de Isabel II que del grupo Queen.

—Excelente respuesta —comentó Harry riendo.

Obama demostró estar más que dispuesto a entrar en el juego. Después de negarse a contestar a la pregunta «¿*Slips* o bóxers?», cuando el príncipe le preguntó «¿Guillermo o Harry?», el expresidente contestó sin dudarlo:

—¡Ahora mismo, Guillermo!

Para el programa de radio del 27 de diciembre, Harry tenía también otro invitado especial: el príncipe de Gales, su padre. En la entrevista, grabada de antemano, los oyentes tuvieron la rara ocasión de vislumbrar el lado más tierno de la relación entre padre e hijo.

—Lo que he intentado hacer todos estos años es procurar que tú y tus hijos, mis nietos, y los nietos de todo el mundo, tengan un mundo que sea apto para la vida —afirmaba el futuro rey.

—Me doy perfecta cuenta y lo comprendo totalmente, por todas esas conversaciones que hemos tenido a lo largo de los años. Y ahora te pido tu opinión mucho más que antes —contestó Harry.

—Pues me enorgullece muchísimo pensar que lo entiendes, querido hijo —respondía su padre.

—¿Y que te haga caso? —bromeaba Harry.

—Eso es todavía más increíble —afirmaba Carlos.

Además de entrevistar a Barack Obama y a su padre, Harry comentaba la primera Navidad de Meghan en palacio y aseguraba que había sido «fantástica».

—Tenemos una de las familias más grandes que conozco, y todas las familias son complicadas —decía—. Meghan lo ha hecho maravillosamente solo con estar allí. Y supongo que es la familia que nunca ha tenido.

Esta afirmación contribuyó a alimentar el rencor y el sentimiento de insignificancia de la familia Markle ahora que Meghan había entrado en una esfera social totalmente distinta a la suya. El comentario de Harry echó más leña al fuego, dentro de una dinámica familiar que ya era explosiva, y fue el preludio de lo que vendría después.

Es posible que a Meghan le inquietara la polémica a la que dieron lugar las palabras de su prometido, pero, en todo caso, no tuvo mucho tiempo para preocuparse por ese tema. Los tabloides pasaron casi de inmediato a atacarla por los presuntos errores de protocolo que cometió en la primera visita oficial de la pareja a Gales, el 18 de enero. En lugar de centrarse en cómo había animado a una niña especialmente tímida a que participara junto a sus compañeros en un número de baile en el centro social Star Hub de Cardiff, o en cómo la habían rodeado los niños para darle un abrazo, o incluso en cómo había promocionado el diseño local al llevar unos vaqueros negros de cintura alta de la marca galesa Hiut Denim, numerosos artículos ponían el énfasis en que la pareja había llegado con más de una hora de retraso al acto previsto en el castillo de Cardiff. Esos mismos medios omitían, en cambio, que el tren de Great Western Railway que los había trasladado desde la estación de Paddington, en Londres, hasta la estación central de Cardiff, y que también habían utilizado muchos asistentes al acto, se había retrasado por motivos ajenos a su voluntad.

Entre otras «meteduras de pata», se acusaba a Meghan de haberse adelantado a Harry en cierto momento, de haber saludado a un fan con un «choca esos cinco» y de haber firmado un autógrafo a una niña pequeña adornándolo con un corazón y una carita sonriente. (No era cierto; en realidad, Meghan había tenido la delicadeza de escribir el nombre de la niña en vez del suyo, dado que los *royals* tienen prohibido firmar autógrafos con su nombre).

—¿Para qué dejar que los hechos estropeen el cuento? —se lamentó un asistente del palacio de Kensington esa noche.

Ese mismo día, Harry llevó a Meghan a conocer a Tiggy Pettifer a su casa de Glanusk Estate, una finca de dos mil quinientas hectáreas junto al río Usk, a una hora de Cardiff. Tiggy había sido la niñera de Harry desde 1993 y un importantísimo asidero para los dos hermanos al morir Diana en 1997. Una vez se refirió a los príncipes como «mis bebés». Era una mujer de carácter fuerte que había levantado ampollas en palacio al procurar que los chicos llevaran una vida lo más normal posible tras el fallecimiento de su madre. En cierta ocasión, por ejemplo, dejó que los jóvenes príncipes se descolgaran por una presa de cincuenta metros de altura haciendo rapel sin casco. El personal del palacio de Saint James quedó tan horrorizado por su aparente negligencia que abrió una investigación, pero, como los niños adoraban a su niñera, el asunto no pasó de ahí. Tiggy renunció a su puesto en 1999, pero ha seguido en estrecho contacto con Guillermo y Harry desde entonces.

—A Harry le hacía mucha ilusión presentarle a Meghan —afirma una fuente—. Tiggy es una de las figuras femeninas fundamentales en su infancia, así que para él era importante que Meghan, la mujer que iba a ser el pilar de su vida adulta, la conociera. Sabía que se llevarían de maravilla, y así fue.

La prensa, sin embargo, seguía ensañándose en sus críticas a Meghan. El 1 de febrero, le afearon que se pusiera pantalones para asistir a la gala de los premios Endeavour Fund, que reconocían los logros de veteranos del ejército heridos en combate, una causa a la que Harry, por su pasado en las Fuerzas Armadas, le tenía un cariño muy especial. Daba igual que la princesa Diana hubiera lucido un traje de estilo esmoquin parecido al de Meghan, o que la duquesa de Cambridge se hubiera puesto pantalones y americana para saludar al público en un acto prenavideño en Chipre. Vestida con su sofisticado conjunto de Alexander McQueen, Meghan salió del paso con soltura cuando, al presentar uno de los premios junto a otra persona, hubo una confusión de notas y el malentendido tardó unos minutos en aclararse. Se rio y el público asistente se rio con ella. Para una figura pública con menos tablas, aquel habría sido un mal trago.

Meghan trataba de hacer oídos sordos a la andanada constante de críticas que recibía, pero, como dice una persona de su entorno, «cuesta encontrar el equilibrio entre ser tú misma y pensar al milímetro cada gesto que haces para que no te critiquen».

Los ataques de la prensa no eran, además, los únicos que preocupaban a Meghan y Harry. Tras hacerse público su compromiso, empezaron a llegar casi a diario mensajes cargados de odio contra Meghan, hasta el punto de que el personal de palacio estaba desbordado por las amenazas que se recibían a través del correo postal, del correo electrónico oficial de la Casa Real y de las redes sociales.

El 12 de febrero, un día antes de que Meghan y Harry partieran en viaje oficial a Escocia, los expertos en seguridad del palacio de Kensington interceptaron una carta dirigida a la pareja. La carta parecía una más de las muchas que se reciben en la ajetreada sala de correo de Clarence House, pero esta, además de estar llena de comentarios racistas, contenía un polvo blanco no identificado. Aunque en principio se temió que fuera ántrax, el polvo resultó ser inofensivo. Físicamente, al menos. Aquella noche, sin embargo, Meghan apenas pegó ojo y más tarde le confesó a una amiga que temía que aquella acabara siendo su «nueva normalidad».

Una persona muy cercana a ella decía que era «la elegancia misma bajo el fuego enemigo», porque, pese a las presiones que soportaba, nunca se derrumbaba.

—Sabe esforzarse —asegura esa misma persona—. El esfuerzo no le asusta ni le intimida. Y —añade—, cuando eres su amiga, para ella no hay ningún tema que sea demasiado angustioso o incómodo de tratar.

Por eso le dolió tanto que Ninaki Priddy, su amiga de toda la vida, se sumara al coro de quienes la criticaban y trataban de sacar tajada de su relación. Ninaki y Meghan se conocían desde su época escolar, cuando eran grandes amigas. Lo hacían todo juntas: dormían una en casa de la otra y celebraban al mismo tiempo sus cumpleaños. Después, al cumplir once, fueron las dos al mismo centro de educación secundaria, el Inmaculate Heart. Los padres de ambas estaban divorciados y entre ellas se estableció una confianza tan profunda que se consideraban hermanas. Se confesaban todos sus secretos y celebraban juntas cualquier hito importante en sus vidas, como la boda de Meghan con Trevor, en la que Ninaki fue dama de honor.

Ninaki no solo le vendió al *Daily Mail* numerosas fotografías personales de su infancia (de fiestas de cumpleaños, de sus vacaciones y de su baile de promoción), sino que lanzó una serie de durísimas acusaciones contra su amiga, a la que conocía desde que ambas tenían cinco años.

Afirmó, entre otras cosas, que Meghan había «dejado en la estacada» a Trevor, su primer marido.

En cuanto decide que ya no formas parte de su vida, añadía Ninaki, que sigue en contacto con el director, *puede ser muy fría. Es como si tuviera un mecanismo de cierre automático. No hay nada que negociar, ella ha tomado una decisión y ya está.*

Si bien es cierto que Trevor les confesó a sus amigos en su momento que el divorcio le había pillado desprevenido, las personas más allegadas a Meghan llevaban ya algún tiempo intuyendo la ruptura porque ella les hablaba con frecuencia de sus problemas matrimoniales. Ninaki tenía razón al afirmar que Meghan no es una persona proclive a las discusiones. En general, procura evitar la confrontación.

—Es mucho más probable que Meghan, si le has hecho daño, decida distanciarse de ti sin decir palabra —afirma una persona de su entorno.

En lugar de discutir, tiende a levantar un muro de hielo entre ella y la persona que la ha ofendido.

Pero el artículo del tabloide no se limitaba a señalar la aversión de Meghan hacia el conflicto. Iba mucho más lejos y la retrataba maliciosamente como una persona ambiciosa y calculadora, empeñada en *pescar* a un príncipe desde que iba al instituto. Ninaki proporcionó al *Daily Mail* una fotografía en la que Meghan, con quince años, aparecía posando delante del palacio de Buckingham en un viaje que hicieron juntas a Europa, y declaró que no le había sorprendido en absoluto la noticia de que iba a casarse con el príncipe.

Es como si llevara planeando esto toda la vida, afirmó. *Siempre la ha fascinado la familia real. Quiere ser la princesa Diana 2.0.*

El personal de palacio había visto repetirse una y otra vez este tipo de traiciones cuando una mujer ingresaba por matrimonio en el ámbito de la realeza.

—Cuando hay dinero de por medio, la gente es capaz de decir cualquier cosa —comentaba un asistente de la pareja—. He visto repetirse esta situación muchas veces a lo largo de los años.

Sonia Ardakani, la madre de otra amiga del colegio de Meghan, hizo declaraciones de un tenor parecido. Aseguró que Meghan estaba desde muy niña *obsesionada* con la princesa Diana y con sus hijos. Afirmaba que le había regalado un ejemplar de la biografía de Andrew Morton, *Diana, su verdadera historia*, cuando Meghan era una adolescente, y que su hija Suzy y ella solían ver vídeos de la boda de Diana en 1981. Sonia, que describía a Meghan como *una bella persona con un corazón enorme*, le contó también al *Daily Mail* que la amiga de su hija...

... pisaba fuerte. Lo que de verdad admiraba de ella, decía, es que fuera capaz de luchar con uñas y dientes por

las cosas que quería, y Meghan siempre conseguía lo que
quería.

Quienes seguíamos de cerca estos temas, teníamos la clara impresión de que los comentarios de sus viejas amigas y conocidas contradecían deliberadamente las afirmaciones que había hecho Meghan en la entrevista con la BBC con motivo de su compromiso matrimonial.

—Aunque ahora soy muy consciente del interés global que despierta, entonces no sabía gran cosa de Harry —comentaba Meghan refiriéndose a la época anterior a su noviazgo—. Pero creo que para los dos fue muy estimulante, porque, como no sabía mucho de su vida, lo que he aprendido de él lo he conocido a través de lo que él mismo me ha contado. No lo aprendí antes, oyendo las noticias o viendo los tabloides y esas cosas. Lo que sé ahora de él y de su familia es lo que él ha querido compartir conmigo, y viceversa. Así que para los dos ha sido un modo muy auténtico y natural de ir conociéndonos.

Había sido decisión suya casarse con un príncipe, asumiendo lo bueno y lo malo que conllevaba. Entre bambalinas, no obstante, Meghan reconocía estar «dolida y decepcionada» por la traición de su antigua amiga. Aunque Ninaki y ella se habían distanciado tras su divorcio de Trevor, no se esperaba que su amiga arremetiera contra ella en un tabloide. Cuando el personal del palacio comenzó a asesorarla, un consejero se lo había advertido:

—Si hay personas que sepan algo de ti o que te guarden rencor, ten por seguro que intentarán sacar tajada de ello, y que la prensa les comprará la exclusiva —le dijo, y añadió—: Así que, si hay algo, lo que sea, por favor, dímelo para que pueda anticiparme.

Una cosa que ayudó a Meghan a superar aquel mal trago fue su fe religiosa.

—La relación con Dios y con su iglesia es muy importante para ella —afirma una buena amiga—. Eso es algo que la mayoría de la gente no sabe. La religión desempeña un papel central en su vida, como ser humano y como mujer.

Aunque la creencia en Dios había estado presente durante sus años de formación, la familia de Meghan no era muy religiosa. Ella fue a un colegio católico, pero por motivos educativos, no confesionales. Su madre, que había sido educada en el protestantismo, era una mujer muy espiritual cuya fe estaba compuesta por elementos de distintas religiones —entre ellas el budismo— en los que hallaba estímulo e inspiración. Thomas había sido monaguillo a los doce años y a los catorce se había confirmado como miembro de la Iglesia episcopal. Aunque de pequeño asistía con regularidad a los oficios religiosos en la iglesia de la Natividad de su Newport natal, en el estado de Pennsylvania, de mayor no solía frecuentar la iglesia. Según su padre, Doria y él decidieron no bautizar a Meghan de pequeña porque no compartían las mismas creencias y acordaron dejar que ella descubriera por sí misma qué fe quería profesar. De niña, «nadie intentó imponerle la religión», afirma una persona cercana a la familia.

—Su relación con Dios, su espiritualidad, surgen de su experiencia individual —afirma esa misma persona, que ha rezado a menudo con Meghan—. Cuando digo que la fe constituye una parte muy importante de su vida, me refiero a su fe en Dios. A su fe en su familia. A su fe en las personas más cercanas a ella.

En la universidad, una de sus mejores amigas procedía de una familia muy cristiana. Meghan y ella solían rezar juntas.

Y, tras su graduación, Meghan pasó muchas fiestas con la familia de su amiga.

Rezar se convirtió para ella en una herramienta muy importante al afrontar los retos que le salían al paso. Solía reunir al equipo técnico y el reparto de *Suits* para orar en corro antes de empezar a trabajar. Estas plegarias nunca hacían referencia a una teología concreta. Meghan solo quería juntar a sus compañeros en momentos de transición o dificultad.

—Ha sido gracias a la oración y a las conversaciones con Dios como ha conseguido superar los peores momentos —afirma una fuente—. Ese es un factor muy importante en su vida y en su relación con Harry. Han emprendido juntos un viaje espiritual.

Antes de su boda, Meghan decidió bautizarse para ingresar en la Iglesia de Inglaterra, a pesar de que no era necesario que profesara la fe anglicana para contraer matrimonio con Harry.

—Fue una decisión personal y un paso adelante en su periplo espiritual —asegura una persona de su entorno—. Nadie la presionó para que lo hiciera. Y aunque podría haberlo hecho después de la boda, cuando ella decidiera, prefirió bautizarse antes de casarse con Harry en la capilla de Saint George, «por respeto a la reina».

El bautismo —una ceremonia íntima que duró cuarenta y cinco minutos— tuvo lugar el 6 de marzo en la capilla real del palacio de Saint James, la capilla privada donde el rey Carlos I comulgó antes de su ejecución en 1649, donde se instaló la capilla ardiente de Diana durante una semana antes de su entierro y donde había sido bautizado el príncipe George. Allí se celebraría también el bautizo del príncipe Louis cuatro meses después, con la presencia de Meghan y Harry.

Antes de recibir el bautismo, Meghan mantuvo conversaciones frecuentes con el arzobispo de Canterbury, Justin Welby, con el que según un asistente de palacio formó «un vínculo estrecho». Hablaron de muchas cuestiones personales, como su matrimonio con Trevor, y el arzobispo le preguntó qué había aprendido de su divorcio.

—La Iglesia de Inglaterra tiene una doctrina muy clara respecto al hecho de que las personas divorciadas y cuyo cónyuge anterior sigue vivo pueden contraer matrimonio. Hicimos repaso de esa cuestión. Evidentemente, no supone ningún problema —declaró Welby en febrero.

Meghan fue bautizada en la llamada Lily Font, una pila bautismal de plata sobredorada, con agua bendita procedente del río Jordán. El aguamanil de plata maciza que se usó para verter el agua bautismal sobre su cabeza era de la colección de Mark Appleby, el joyero de la Corona. Antes del oficio litúrgico, se llevó toda la plata a la capilla desde la Torre de Londres, donde se guarda junto a las joyas de la Corona, al igual que la botellita labrada que contenía los santos óleos que se emplearon en su unción. A la ceremonia asistieron el príncipe Carlos y su esposa, la duquesa de Cornualles, Harry y varios amigos de Meghan, entre ellos Jessica, Lindsay y Markus.

Durante la ceremonia religiosa —a la que no asistieron ni la reina ni los duques de Cambridge—, cantó un coro formado por seis gentilhombres y diez niños cantores de la Capilla Real.

—Ha sido una ceremonia sincera y muy emotiva —comentó el arzobispo—. Un gran privilegio.

—Fue muy emocionante —afirma uno de los dieciocho invitados, que, tras el bautizo, asistieron a la cena que ofrecieron en Clarence House el príncipe Carlos y Camilla para celebrar la ocasión.

Meghan estaba inmersa por completo en el proceso de

asumir su nueva vida como miembro de la familia real británica. El mismo mes de su bautizo, Harry y ella alquilaron una casa en la finca residencial de Great Tew Estate, en Oxfordshire: un antiguo granero de trescientos setenta metros cuadrados reconvertido en vivienda y construido originalmente en 1708. Aunque seguían alojándose en Nottingham Cottage cuando estaban en Londres, la casita empezaba a quedárseles pequeña.

Harry había comenzado a buscar casa en el campo ya antes de conocer a Meghan. A principios de 2016, el príncipe había pensado en comprarse una casa en Norfolk con parte del dinero que heredó de su madre. Al año siguiente, tanteó la posibilidad de comprar algo en Oxfordshire.

El residencial de Great Tew, situado en el término municipal de Chipping Norton (Chippy para los vecinos de la zona), es el lugar de residencia de muchos famosos que disfrutan de su entorno rural, a apenas hora y media en coche de Londres. Kate Winslet y los Beckham tienen casa en la zona, y otras *celebrities*, como Eddie Redmayne y Stella McCartney, frecuentan el Soho Farmhouse, el club privado situado en la misma finca de más de mil seiscientas hectáreas en la que se hallaba la casa que alquilaron Meghan y Harry. Aunque no lo visitaran a menudo, la pareja sacaba partido de las muchas comodidades que ofrecía el club privado, como el servicio de cocina, que les enviaba cruasanes recién hechos, o los productos del *spa* Cow Shed. Uno de los chefs del club se encargó incluso de preparar la cena en casa de la pareja una noche que tuvieron invitados.

A Meghan y Harry no se les puede reprochar que no les apeteciera salir. La casa de cuatro habitaciones tenía una espaciosa cocina de diseño *shaker* cuyas puertas daban a los cuidadísimos jardines de estilo inglés. Allí podían reunirse cómodamente con sus amigos. Rara vez usaban el enorme comedor. Incluso cuando tenían invitados, preferían el ambiente más informal de la cocina, donde la comida iba directa del horno a la mesa. Aun así, su lugar preferido para agasajar a sus invitados era el patio, con su barbacoa de obra.

Los frondosos jardines de la finca eran, además, el entorno perfecto para sus dos perros. Ese verano, la pareja había ampliado la familia al adoptar un labrador negro al que pusieron de nombre Pula, por la moneda de Botsuana. *Pula* significa también «lluvia» en setsuana, la lengua bantú del país, y es lógico que así sea. En Botsuana, con sus paisajes semiáridos, la lluvia se considera un motivo de gran alegría. Igual que el infatigable labrador.

Muchos familiares y amigos de la pareja (entre ellos Eddie Redmayne y su mujer, Hannah Bagshawe, que se habían integrado en el círculo de amistades de Meghan y Harry) visitaban la cómoda casa de campo, que Meghan había decorado con algunas cosas traídas de su etapa en Toronto.

Jessica los visitó un par de veces, una de ellas justo antes de la boda. Las dos amigas pasaron un fin de semana de relax. Se pusieron mascarillas faciales, bebieron «copiosas cantidades de vino» y cuando llamaron a Ben, el marido de Jessica, para decirle «Hola» les dio la risa porque estaban las dos algo achispadas.

Doria fue dos veces a pasar unos días con ellos. No solo tenía su propia habitación con cuarto de baño en la casa, sino que pudo llegar hasta allí sin que la prensa la molestara. Un coche la recogió en la pista de aterrizaje cuando llegó a Heathrow y, tras pasar por la zona de llegadas VIP, la llevó directamente al campo. Fue un verdadero alivio después del asedio al que la sometían los fotógrafos desde que se hizo público que su hija salía con el príncipe.

La Casa Real había asesorado a Doria acerca de cómo enfrentarse al interés mediático que despertaba de pronto su vida, tan ajeno para ella hasta entonces. Jason le aconsejó que evitara hablar con periodistas y que le llamara inmediatamente si alguien le dejaba una nota en casa, lo que sucedía a menudo. Muchos periodistas le dejaban cartas en el buzón ofreciéndole la oportunidad de «contar su versión de los hechos». Jason le pidió además que le avisara y que alertara a las autoridades si alguien la seguía. Harry había dejado muy claro que, si Doria sufría acoso, él pagaría de su bolsillo la escolta necesaria para protegerla.

En Los Ángeles, los *paparazzi* acampaban delante de su casa y la seguían cuando iba a visitar a las personas mayores a las que atendía como trabajadora social. Corrían a su lado sacando fotos con sus enormes cámaras cuando se acercaba a la puerta, lo que no solo la alarmaba a ella, sino también a personas que ya se encontraban en una situación delicada.

En medio de esta tormenta mediática, Doria encontró una aliada inesperada en la presentadora de televisión Oprah Winfrey, que se puso en contacto con ella para ofrecerle su apoyo. Resultó que Oprah y ella iban de vez en cuando a la misma iglesia, el Centro Espiritual Internacional Agape de Los Ángeles.

—Oprah se ha portado como una amiga y la ha ayudado en esta situación tan extraña para ella —comenta una fuente cercana a Meghan—. No hay mucha gente que pueda entender las situaciones en las que se ha visto inmersa Doria, así que es estupendo que te apoye alguien que conoce perfectamente el estrés que supone estar expuesta a todas las miradas.

Doria podía pasar tiempo con Oprah cuando necesitaba alejarse de su casa, sin tener que preocuparse de que su nueva amiga utilizara su amistad para conseguir una entrevista. (Antes de la boda, un alto funcionario de palacio mantuvo una conversación sincera con la presentadora, que le aseguró que «no se trataba de eso para nada»).

—Meghan le agradecerá siempre a Oprah el haber estado ahí para apoyar a su madre —afirma una fuente—. Doria tiene muchos amigos, pero es un consuelo saber que alguien como Oprah está a mano para echarte un cable.

Aun así, Oprah no podía hacer nada para evitar que los fotógrafos la asediaran cuando iba a trabajar. Y los funcionarios de palacio, a pesar de mantener contacto frecuente con Doria, tampoco podían hacer nada al respecto.

La atención que prestaban los medios al padre de Meghan resultó igual de dañina, solo que en un sentido totalmente distinto.

En diciembre, mientras Meghan y Harry disfrutaban en privado de su compromiso matrimonial, un periódico publicó un artículo sobre Thomas que llevaba meses preparándose y que incluía fotografías de su casa en lo alto de un acantilado de casi cuarenta metros de altura en Playas de Rosarito, una apacible localidad turística mexicana de la costa del Pacífico. El artículo contenía además datos concretos sobre su vida, como que conducía un Ford Escape rojo o un Volvo gris cuando iba al Walmart del barrio o a su guardamuebles, ante cuyo propietario se había pavoneado de que su hija salía en la tele. No había, en cambio, declaraciones textuales de Thomas, puesto que cada vez que le abordaba un periodista respondía diciendo «No puedo hablar por respeto a mi familia», como le había aconsejado el equipo de prensa de la Casa Real.

En cuanto salió el artículo del *Mail on Sunday* informando de dónde vivía, Thomas tuvo que lidiar con las constantes intromisiones de periodistas y fotógrafos. Un *paparazzo* llegó a alquilar el apartamento contiguo al suyo.

—En aquel momento Meghan solo estaba preocupada por su padre —cuenta una persona cercana a ella—. Le abordaban por todos lados y a ella le preocupaba su bienestar y su seguridad, más que nada.

Thomas, que tapó con contrachapado las ventanas de la casa que daban a la calle, no soportaba pensar que, al guardar silencio, estaba consintiendo que los medios controlaran su imagen. Algunos magacines de la televisión estadounidense y varios periódicos británicos ofrecían grandes sumas de dinero a cualquier pariente lejano de Meghan que estuviera dispuesto a revelar secretos familiares. (El programa *Good Morning Britain* tuvo como invitada a la exmujer del hermano de Meghan, a la que ella apenas conocía y a la que no veía desde años, igual que a sus hijos, uno de los cuales regentaba un negocio legal de venta de marihuana). Que fueran sinceros o no carecía de importancia. El público tenía hambre de cotilleos sobre el pasado de Meghan, y el tono o la motivación de los comentarios eran lo de menos.

Lo único que sabía el público sobre Thomas Markle era lo que mostraban las cámaras: fotografías suyas sacando la basura, lavando la ropa en una lavandería de barrio, comprando cerveza para los guardias de seguridad de su urbanización o saliendo de una tienda con un inodoro nuevo (su «trono», lo llamaron algunos tabloides). Pero, dado que él no se prestaba a hacer declaraciones, parte de la prensa se encargó de retratarle como un ermitaño que llevaba una vida poco saludable, sin más compañía que una Heineken y un paquete de tabaco.

Jason, el asistente de palacio encargado de asesorarle, le dejó claro desde el principio que podía recurrir a él de día o de noche para que le ayudara a sortear el acoso de la prensa. Era una situación muy extraña, y todos —especialmente,

Meghan y Harry— querían que se sintiera apoyado. A pesar de que Jason le dio su número de móvil personal y su correo electrónico y el de su ayudante, nunca tuvo noticias suyas. De vez en cuando Jason le llamaba para saber cómo iban las cosas, pero Thomas siempre respondía que no había ningún problema.

—Es un hombre orgulloso —comenta una fuente—. Y muy terco.

Fue entonces cuando entró en escena el fotógrafo Jeff Rayner, copropietario de la agencia de noticias Coleman-Rayner, al que Thomas ya conocía porque llevaba varios meses apostado frente a su casa. Rayner le hizo una oferta que parecía beneficiarlos a ambos. Podían pactar una serie de fotografías aparentemente robadas en las que se le viera por la calle, a fin de cambiar su imagen: de ermitaño entrado en carnes a padre devoto que se preparaba diligentemente para la boda de su hija. De ese modo, cuando ocupara su puesto al final del pasillo de la capilla de Saint George, todo el mundo pensaría que era un padre entregado que había procurado documentarse sobre la monarquía británica antes de conocer en persona a la reina.

En el curso de varias llamadas telefónicas, Meghan y Harry le habían dicho directamente que tenía que hacer cuanto pudiera por ignorar a *toda* la prensa. Al final, sin embargo, no les hizo caso. Animado por su otra hija, Samantha, que consiguió llevarse parte de los beneficios del acuerdo, Thomas aceptó la propuesta del fotógrafo. Rayner y él recorrieron el pueblo buscando las mejores localizaciones para las fotografías, en las que Thomas aparecía, por ejemplo, leyendo un libro de historia de Inglaterra en una cafetería o visitando un cibercafé para leer las últimas noticias sobre su hija y su futuro yerno. El plan consistía en sacar a la venta las fotografías de manera que alcanzaran la máxima difusión posible y rindieran beneficios óptimos.

Las fotografías aparecieron en múltiples medios de todo el mundo, pero no hicieron gran cosa por mejorar la imagen pública de Thomas. De hecho, quien de verdad sacó partido de ellas fue Rayner, que se embolsó no menos de ciento treinta mil dólares por su venta. Thomas recibió el 30% de los beneficios.

Justo una semana antes de que hiciera acto de aparición en el castillo de Windsor vestido con un traje confeccionado muy lejos de la población mexicana donde vivía, el palacio recibió aviso de que el *Mail on Sunday* pensaba publicar un artículo denunciando que las fotografías estaban en realidad pactadas. Entre ellas, esa en la que Thomas aparecía hojeando un volumen titulado *Imágenes de Gran Bretaña: un recorrido fotográfico a través de la historia.*

A instancias de Harry, el equipo de comunicación de la Casa Real, asesorado por el bufete de abogados Harbottle & Lewis, comenzó a trabajar en una estrategia para detener la publicación del bochornoso artículo. Pero, primero, Meghan necesitaba conocer la versión de su padre. Según una persona de su confianza que estaba con ella en aquellos momentos, le dijo a Thomas por teléfono:

—Papá, necesitamos saber si esto es cierto o no, porque mi equipo va a intentar que no se publique la noticia, si tú me dices que es falsa. Si lo hacen, van a tomarse muchas molestias para protegerte —insistió—. Me estás diciendo que te están acusando falsamente, ¿verdad, papá?

Una vez más, Thomas le mintió.

—Claro que sí —contestó, sin reconocer en ningún momento que se trataba de un montaje en el que había tomado parte conscientemente.

—Cada vez que le llamaba, Meghan le decía: «Papá, te quiero, solo quiero que lo sepas. No pasa nada. Tú vente para acá, vienes a la boda y lo celebramos. No te preocupes por nada de esto. Vamos a olvidarnos del asunto» —cuenta esa misma fuente—. Porque una no quiere pensar mal y ponerse en lo peor —añade—. Yo la he oído decir: «Mi padre no ha buscado nada de esto. De verdad que creo que es una víctima, y me da muchísima pena, porque ahora creo que le han corrompido por completo».

Antes de colgar, Meghan le recordó a Thomas que al día siguiente iría a buscarle un coche para llevarle a Los Ángeles, desde donde viajaría a Londres. En la capital británica, todo estaba ya preparado. Un coche con chófer le llevaría a todos lados y estaría en todo momento acompañado por personal de seguridad y por un guía que resolvería sus dudas. No tendría que preocuparse por nada.

Mientras tanto, el equipo de comunicación del palacio de Kensington hacía todo lo que podía por impedir que el absurdo montaje de Thomas saliera a la luz. Con la colaboración del propio Thomas, la oficina de prensa del palacio emitió una nota a través de la IPSO —la principal entidad reguladora de la prensa británica— y advirtió de la situación a los editores de los diarios británicos. Pero no hubo manera: a la mañana siguiente de que Meghan llamara a su padre, la portada del *Mail on Sunday* proclamaba *El padre de Meghan pactó con los paparazzi*. Las imágenes extraídas de cámaras de seguridad dejaban claro como el agua que Thomas había pactado todas y cada una de las instantáneas.

Aunque Meghan estaba muy afectada porque su padre la hubiera engañado, también estaba preocupada por él. Thomas había actuado mal, indudablemente. Pero solo faltaba una semana para la boda. Meghan estaba ansiosa de que llegara a Londres, donde los escoltas de palacio y el personal de seguridad le protegerían de la prensa.

Llamó enseguida a su padre, pero Thomas no contestó. Volvió a llamarle una y otra vez. Y cada una de las veces le dejaba el mismo mensaje:

—Papá, yo te quiero igual. No ha cambiado nada. Vamos a sacarte de México y a traerte a Londres. Voy a mandar un coche a recogerte.

Ojalá hubiera subido al coche.

13

El escándalo Thomas Markle

Meghan Markle pasó su última noche como plebeya a cuerpo de reina. A las seis y cuarto de la tarde del 18 de mayo, víspera de su boda con Harry, Doria y ella llegaron al que sería su alojamiento para esa noche: el hotel de cinco estrellas Cliveden House, una casa señorial cuyos orígenes se remontan al siglo XVII.

La mansión era desde hacía largo tiempo lugar de encuentro de la alta sociedad y la élite política. No sería, sin embargo, hasta la segunda mitad del siglo XX, tras instalarse en ella Nancy y Waldorf Astor, cuando alcanzaría fama por su espléndida hospitalidad y sus glamurosos invitados. Los Astor recibían en ella a una variopinta plétora de invitados: de Winston Churchill a George Bernard Shaw, pasando por Mahatma Gandhi o Henry Ford.

Ahora, la casa iba a alojar a la futura duquesa de Sussex. Madre e hija fueron rápidamente conducidas desde su Range Rover a las habitaciones que iban a ocupar en el ala este de la mansión. Entre ellas, la *suite* Inchiquin, cuyo precio era de mil novecientos dólares por noche. Mientras echaban un vistazo a la señorial mezcla de mobiliario antiguo, pesados cortinajes y obras de arte originales con que estaban decoradas las habitaciones, pudieron degustar sendas copas de champán Taittinger.

Tras meses de preparativos, todo estaba listo. En lugar de contratar a un organizador de bodas convencional, la pareja había recurrido a una persona cercana a la Casa Real: Thea Garwood, que en 2007 entró a trabajar como asistente de los príncipes a las órdenes de Jamie Lowther-Pinkerton, el exsecretario privado de los dos hermanos, puesto que ocupó durante varios años.

Thea, que contaba con la total confianza de los príncipes, poseía unas dotes de organización admirables y había desempeñado un papel esencial en la planificación del concierto homenaje a Diana. Conocida, además, por conservar el aplomo incluso en las circunstancias más estresantes, se encargó de coordinar la comunicación entre todas las partes implicadas, desde el despacho del Lord Chambelán (el principal enlace entre la reina y la Cámara de los Lores) a los servicios de pastelería y floristería, que Meghan eligió personalmente.

No se descuidó ningún detalle, y menos aún en materia de seguridad. Agentes de policía armados patrullaban los pasillos de Cliveden House, y un cordón de seguridad formado por más de una veintena de guardias vigilaba el perímetro de la finca, de más de ciento cincuenta hectáreas de terreno. Tifare Alexander (Tif para los amigos), ordenanza de Harry y exparacaidista, también estaba a mano por si Meghan necesitaba algo.

El ala este —a cuyas *suites* el servicio del hotel llevó jarras de agua con gas, té verde y té con limonada al estilo Arnold Palmer, una de las bebidas favoritas de Meghan y de su padre— se había reservado para uso exclusivo de la futura duquesa y sus invitados. Aunque solo Doria y ella se quedarían a dormir, varias amigas se pasaron a hacerles una visita, entre ellas Lindsay y Jessica. Guy, el queridísimo *beagle* de Meghan, había llegado a Windsor el día anterior, nada menos que en el coche de la reina.

André Garrett, el afamado chef del hotel, se encargó de preparar la cena, que se sirvió en el comedor privado y consistió en raviolis de calabaza (un guiño a la pasión de Meghan por la pasta) y lenguado a la parrilla.

El *spa* estaba también a disposición de los invitados de la novia, con sus masajistas preparados y sus *jacuzzis* y piscinas perfumados con aroma a rosas y lavanda.

Meghan tenía especial necesidad de relajarse un poco. Mientras otras mujeres se pasaban las semanas previas a su boda preocupándose de las flores, de dónde sentar a los invitados y de cómo lucir perfectas con su vestido de novia, ella había tenido que enfrentarse a una crisis personal muy honda, que había acaparado titulares de prensa no solo en el Reino Unido, sino también en el extranjero.

A pesar de los numerosos mensajes de voz y de texto que había mandado a su padre, Thomas no solo se había negado a subir al coche que esperaba para llevarle al aeropuerto, sino que no había respondido ni a uno solo de los mensajes de su hija.

—Dios mío, el teléfono... —le dijo Meghan a una amiga al contarle que había llamado a su padre veinte veces, como mínimo—. Doy por sentado que está recibiendo mis mensajes —añadió, preocupada.

Harry y ella no sabían con certeza si Thomas iba a asistir o no a la boda. De hecho, se enteraban de sus planes a través de los tabloides y de las páginas web de cotilleos.

Después de que apareciera el bochornoso artículo del *Mail on Sunday*, Thomas recurrió a *TMZ* para defenderse públicamente. Explicó que solo había tratado de «mejorar» la imagen que se tenía de él después de las «emboscadas» que había sufrido por parte de otros fotógrafos, y que, para ahorrarles una situación aún más embarazosa a su hija y a la familia real, no asistiría al enlace.

De cara al público, el palacio mantuvo un sobrio silencio al respecto. A puerta cerrada, en cambio, hubo recriminaciones airadas porque el padre de Meghan hubiera convertido en un circo lo que se suponía que debía ser un día de celebración y ceremonia.

Tras cortar toda comunicación con su hija y el personal de la Casa Real, Thomas estaba proporcionando a los medios un torrente aparentemente inagotable de declaraciones carentes de sentido. Un goteo constante de afirmaciones injuriosas, vertidas por *TMZ* —el mismo medio que había dado la noticia de la escapada del príncipe Harry a Las Vegas— copaba los titulares en torno al enlace. El personal de palacio aguardaba minuto a minuto a que cayera la próxima bomba. Nadie sabía a qué atenerse.

—Fue muy muy duro —aseguraba un asistente de palacio acerca de cómo reaccionó la Casa Real a la crisis creada por Thomas Markle—. No había ninguna solución fácil, y lo gestionaron lo mejor que pudieron, aunque visto desde fuera pareciera un caos total. Es muy fácil culpar al palacio, pero es que, Dios mío, yo no he visto nunca nada parecido: que una mujer vaya a casarse con un príncipe y que el padre de la bella joven esté a ocho mil kilómetros de distancia y no solo se niegue a jugar con sus compañeros de equipo, sino que además se dedique a sabotear el partido.

En una de las muchas entrevistas que concedió, Thomas aseguró que Harry le había llamado, furioso, y le había dicho:

—Si me hubieras hecho caso, nada de esto habría pasado.

Esa conversación, sin embargo, nunca tuvo lugar.

Al día siguiente de anunciar que no asistiría a la boda, Thomas dio otro vuelco a la situación al decirles a los periodistas que no le entraba en la cabeza perderse semejante acontecimiento histórico.

Meghan, muy dolida, pidió a la oficina de prensa del palacio de Kensington que emitiera un comunicado. La nota de prensa, que redactó ella misma, describía el incidente como *un asunto de carácter profundamente personal* y pedía que se respetara su intimidad mientras trataban de solucionarlo. Aunque no quería de ningún modo airear sus problemas familiares, se sentía obligada a tomar alguna iniciativa.

A pesar de la conducta de su padre, la apenaba muchísimo que Thomas no fuera a estar presente el día de su boda. Su padre la había mimado desde que era niña, como cuando le había regalado por Navidad una familia Barbie interracial hecha por él mismo; o cuando ayudaba a preparar los decorados de sus funciones escolares; o cuando voló desde Los Ángeles con su caja de herramientas para ayudarla a mudarse a la casa de Toronto pidiéndole a cambio únicamente que le invitara a un café.

—Aunque estaba muy dolida y humillada, quería que su padre estuviera allí y estaba dispuesta a olvidarse del asunto y pasar página —comenta una amiga cercana—. Además, se preocupaba por él. Pensaba que quizá Thomas no estaba bien. Se comportaba de manera muy extraña.

Su chaqué y sus zapatos hechos a medida le esperaban en la sastrería Oliver Brown de Chelsea, y Harry había pedido a un veterano del ejército que le acompañara en el trayecto entre Londres y Windsor.

—Estaba previsto que Thomas recibiera exactamente el mismo trato que recibió Doria cuando llegó a Londres —contaba un miembro del personal de la Casa Real.

Se habría alojado en un hotel y habría contado con un escolta de seguridad y un asistente durante su estancia en Inglaterra.

Cuando faltaban solo cuatro días para la boda, Meghan recibió, de nuevo a través de una página web de cotilleos, noticias aún más angustiosas sobre su padre. Thomas aseguraba que el estrés le había provocado un ataque al corazón y culpaba de ello al acoso de la prensa. Sus médicos aconsejaban, al parecer, que pasara por el quirófano el jueves siguiente, dos días antes del enlace de su hija, para eliminar una obstrucción cardíaca, reparar los daños e implantarle varios *stents* en las arterias. A no ser que se recuperara milagrosamente, afirmó, no estaría en condiciones de cruzar el Atlántico y, por tanto, no asistiría a la boda real.

Meghan, preocupada, le mandó un mensaje de texto:

Llevo todo el fin de semana intentando hablar contigo, pero no me coges el teléfono ni contestas a mis mensajes. Estamos muy preocupados por tu salud y tu seguridad y hemos tomado todas las medidas que hemos podido para protegerte, pero no sabemos qué más podemos hacer si no respondes. ¿Necesitas ayuda? ¿Mandamos otra vez al equipo de seguridad? Siento mucho que estés en el hospital,

pero, por favor, tienes que ponerte en contacto con noso-
tros. ¿En qué hospital estás?

Diez minutos después, volvió a escribirle:

Harry y yo hemos tomado hace un rato la decisión de
mandarte al mismo equipo de seguridad que rechazaste
este fin de semana para que esté allí, sobre el terreno, y se
asegure de que no te pase nada. Estarán a tu disposición si
los necesitas. Por favor, llama en cuanto puedas. Todo esto
es muy angustioso, pero tu salud es lo primero.

Esa tarde, Thomas le envío una breve respuesta diciéndole que agradecía su ofrecimiento de mandarle a los escoltas,
pero que no creía correr ningún peligro. Había decidido, dijo,
pasar la convalecencia en un motel. Meghan le preguntó dónde, pero él no contestó.

Tras confirmar que su padre no podría viajar, Meghan
pidió a la Casa Real que emitiera otro comunicado en su
nombre:

Lamentablemente, mi padre no podrá asistir a nues-
tra boda. Siempre me he preocupado por él y confío en que
pueda disponer del espacio que necesita para centrarse en
su salud.

No se dijo ni una palabra del asunto cuando, ese mismo
día, Meghan llevó a Doria a tomar el té al castillo de Windsor
para que conociera a la reina y a Felipe de Edimburgo. Aun
así, se sentía profundamente avergonzada por el escándalo
provocado por su padre.

Aunque en el palacio de Kensington se dudaba de la credibilidad de las afirmaciones de Thomas, Meghan fue tajante cuando habló con sus asistentes: nadie debía desacreditar a su padre.

—Meghan dejó muy claro que, a pesar de todo lo ocurrido, nadie de su entorno debía criticar públicamente a su padre —asegura una fuente de palacio—. La semana de la boda podrían haberse dicho muchísimas cosas, pero ella decidió, con muy buen criterio y demostrando su largueza de miras, que no merecía la pena desacreditar a su padre para aclarar los hechos.

Se culpaba, en parte, a sí misma. Después de llevar un año y medio sometida al acoso de la prensa, sabía lo estresante que podía ser esa situación.

—Mi padre es una persona vulnerable —le dijo a una amiga—. Le han hecho morder el anzuelo. Muchos periodistas de la prensa sensacionalista han intentado engatusarle y le han ofrecido dinero. La verdad es que no creo que tuviera muchas posibilidades de defenderse de ellos.

El príncipe culpaba también a los medios de comunicación.

—Harry estaba muy enfadado porque le hubieran sometido a esa presión durante seis meses, hasta que por fin flaqueó y empezó a colaborar —comentaba un miembro del personal de palacio refiriéndose a la situación vivida por el padre de Meghan.

Una persona cercana a la pareja lo resumía así:

—Los medios se comportan con una indiscreción y una irresponsabilidad temerarias y agresivas, casi hostiles, que hacen muchísimo daño. No creo que pase lo mismo con los *paparazzi*. Creo que eso ha cambiado. Pero esa malevolencia implacable de algunos sectores de la prensa, y es pura malevolencia, es un verdadero horror. Lo que le han hecho a su padre, sacándole de su vida privada y obligándole a exponerse, y luego tentándole con cheques, es absolutamente terrible. Él quería vivir discretamente. Habría seguido viviendo así. Habría asistido a la boda si la prensa le hubiera dejado en paz, como se le pidió. Y el interés del público no puede utilizarse como excusa para justificar que hayan invadido así la vida privada de Thomas Markle.

Intentando que su novia se sintiera mejor, Harry recurrió a la persona que le pareció más adecuada para sustituir a Thomas: su padre. El príncipe Carlos tenía cierta experiencia en esas lides. Menos de dos años antes había acompañado hasta el altar a Alexandra Knatchbull, una amiga de la familia cuyo padre, lord Brabourne, cayó enfermo en el último momento.

—Se lo pedí y creo que él ya se lo esperaba —comentó Harry en un documental de la BBC—. Me contestó enseguida: «Por supuesto que sí. Haré lo que necesite Meghan, estoy aquí para apoyaros».

(El futuro rey tiene ahora en su residencia de Clarence House una fotografía enmarcada, en blanco y negro, en la que aparece acompañando a su nuera el día de la boda).

Tras una semana de especulaciones durante la cual el padre de Meghan acaparó el interés de los medios y ensombreció el que debería haber sido el momento más dulce de la vida de su hija, el palacio de Kensington anunció poco antes del gran día que sería el príncipe Carlos quien escoltara a la novia hasta el altar. El comunicado del palacio era breve:

La señorita Meghan Markle ha pedido a Su Alteza Real el príncipe de Gales que la acompañe hasta el altar de la capilla de Saint George el día de su boda. Para el príncipe de Gales será un placer poder darle así la bienvenida a la familia real.

La víspera del enlace, los novios recorrieron en su Range Rover azul marino el Long Walk, la larga avenida arbolada que conduce al castillo de Windsor, para echar un último vistazo al escenario en el que iba a celebrarse su boda, del que ambos se habían enamorado. Ya se había congregado una multitud en el pueblecito inglés para contemplar el magnífico espectáculo del enlace real, y cientos de periodistas de todo el mundo se preparaban para captar con sus cámaras aquellos momentos que serían sin duda mágicos.

El ensayo final —donde Doria coincidió por primera vez con Guillermo, Kate, George y Charlotte— consiguió calmar en buena medida los nervios de Meghan, que últimamente le quitaban el sueño.

—Esos últimos días, ella sabía que tenía que dejar las cosas como estaban, que no podía hacer nada por cambiar lo que había pasado —cuenta una amiga íntima de la novia.

Todo el mundo, incluido Guillermo, lo sentía mucho por ella. Era muy triste que su propio padre hubiera estado a punto de arruinar el día de su boda. Doria estaba muy apenada por su hija, pero la actitud de su exmarido no la había sorprendido. A su modo de ver, Thomas casi nunca era de fiar.

Por suerte, Meghan contaba con el apoyo de su madre y sus amigas.

—La propia Meghan reconoce que, si no hubiera sido por Harry, por su madre y sus amigas, mentalmente aquello la habría superado —asegura una amiga.

La noche previa a la boda, después de los últimos ensayos, Meghan disfrutó en Cliveden House de una limpieza facial y una sesión de curación energética de la mano de Sarah Chapman, la gurú del cuidado de la piel, que se había convertido en una buena amiga durante esos meses. Sara le transmitía una enorme serenidad, y Meghan sentía que una sesión con ella era una especie de terapia más que un simple tratamiento facial.

Pero, a pesar de aquel momento de relax, aún tenía un asunto pendiente. Mandó otro mensaje a su padre. Él no contestó.

Esa noche, mientras se daba un baño, Meghan habló por FaceTime con una amiga y le contó que era el último mensaje que le mandaba a Thomas.

—No puedo pasarme toda la noche despierta pulsando *enviar*.

Haciendo acopio de serenidad, les recordó a sus amigos, preocupados por ella, que al día siguiente iban a celebrar que había encontrado el amor verdadero.

—Voy a casarme —les dijo—. Y quiero estar feliz por eso.

14

Stand by Me

Gracias a que el servicio del hotel la despertó a la seis de la mañana, Meghan se levantó casi al alba.

Al poco rato, le llevaron un carrito con cereales, fruta fresca, zumos y té a la habitación, donde desayunó con su madre.

—Éramos como un grupo de amigos que quedan para desayunar y hablar de sus cosas —cuenta su amigo y maquillador, Daniel Martin—. Estuvimos jugando con su perro, Guy. Fue una manera muy relajada de empezar el día.

Dejando a un lado lo ocurrido con Thomas, los últimos preparativos de la boda transcurrieron sin ningún tropiezo (quizá porque no había espacio para más sobresaltos).

Pero, aunque Meghan irradiara calma, Daniel, que tenía que maquillar a la novia de la boda más sonada del año, estaba un poquito nervioso. El maquillador —que había conocido a Meghan en la Semana de la Moda de Nueva York poco después de que despegara *Suits*— llevaba haciendo planes para la boda desde diciembre, cuando ella le mandó un mensaje preguntándole si estaba libre el 19 de mayo.

Daniel contestó que más o menos por esas fechas sería la gala del Met, y que luego se iría probablemente a Cannes, al festival de cine. Pero, de todos modos, a ella siempre podía hacerle un hueco. ¿Por qué?

Meghan respondió con un emoticono de un novio y una novia.

El maquillador comenzó a pensar de inmediato cuál sería el estilismo perfecto para su amiga: un *look* natural pero efervescente, casi como si estuviera «iluminada por dentro». El principal inconveniente fue que, por problemas de agenda, les fue imposible verse en persona para hacer pruebas previas a la boda. Daniel tuvo que trabajar inspirándose en las fotografías de las pruebas de peluquería que se hizo Meghan a principios de mayo. Aun así, llevaban años colaborando y sabía perfectamente lo que quería su amiga. Meghan tenía suficiente seguridad en sí misma como para dejar que su belleza, y sus pecas, brillaran con naturalidad.

Sin embargo, debido al secretismo que rodeaba la boda, Daniel no sabía a ciencia cierta quién más se encargaría de preparar el estilismo de la novia. Y dos profesionales de la belleza en disputa pueden dar lugar a una situación muy incómoda. De modo que, al ver aparecer en las escaleras a Serge Normant, el peluquero habitual de Julia Roberts, exclamó: «¡Menos mal!».

Mientras Serge retorcía la melena de Meghan para hacerle uno de sus recogidos más característicos —un precioso moño bajo ligeramente alborotado—, Daniel maquilló a Doria, mezclando sombras de color melocotón para realzar su mirada. Luego, se cambiaron los puestos. Daniel dio al rostro de Meghan un efecto *glow* fresco e hidratado aplicándole una mezcla de tónico, crema hidratante y *primer* con protector solar. Tras aplicarle base únicamente en la zona T (frente, nariz y barbilla), usó una mezcla de sombras de color castaño, cacao y óxido para los párpados, perfilador y pestañas postizas para realzar los ojos. Prescindiendo del carmín, optó por un bálsamo para realzar el color natural de sus labios y, por último, añadió un toque de colorete en crema en tono coral para sonrosar levemente sus mejillas.

Meghan amenizó la sesión de peluquería y maquillaje con una lista de Spotify que tenía preparada en el móvil. Mientras charlaban tranquilamente, escucharon a Billy Holiday, Ella Fitzgerald, Buddy Holly y Ben E. King.

—Fue todo muy relajado, como si estuviéramos preparando a nuestra amiga para un encuentro con la prensa, como hacíamos antes —comentó Daniel.

Meghan estaba radiante cuando se puso frente al altísimo espejo antiguo, ataviada con su vestido de corte clásico y su velo de cinco metros de largo, bordado a mano con cincuenta y tres flores que representaban a los países de la Commonwealth, la flor del macasar que crecía delante de la casa donde vivían Harry y ella y la amapola californiana, símbolo de su estado natal. El vestido de novia, de cadi de seda confeccionado especialmente para la ocasión, era como un espejo que reflejaba la luz haciéndola resplandecer. Por delante, el bajo no llegaba hasta el suelo; le quedaba casi dos centímetros por encima de las plantas de los pies, para que pareciera que flotaba.

Meghan fue conducida a toda prisa por la carpa blanca que se había instalado para impedir que alguien viera su ves-

tido antes de tiempo y montó en el Rolls-Royce de la reina
—un Phantom IV de 1950, burdeos y oro— que llevaba casi
tres horas aparcado a las puertas del hotel. Solo entonces empezó a comprender la magnitud de lo que iba a ocurrir. Dos
mil millones de personas iban a verla casarse. Daniel, que siguió al Rolls en su coche particular, se quedó asombrado al
ver el enorme gentío que se había congregado en las colinas
de los alrededores.

—Había gente que llevaba varios días acampada para
verla pasar —cuenta.

Muchas personas que nunca se habían visto representadas
en las celebraciones de la monarquía —como los británicos
de origen caribeño del barrio londinense de Brixton— esperaban con ilusión el gran día de Meghan.

La novia había visitado en enero ese distrito del sur de
Londres para reunirse con los jóvenes y talentosos *disk jockeys*
y productores que formaban la emisora de radio Reprezent,
un proyecto desarrollado como respuesta a la creciente tasa de
delitos con arma blanca que sufría la zona. Aquella visita oficial
le brindó la oportunidad de ganarse a la gente del barrio, en
su mayoría de origen afrocaribeño, un colectivo que hasta
entonces nunca había aparecido en el radar de la familia real.

Fue Meghan, que acababa de estrenarse en sus funciones
oficiales, quien propuso que Harry y ella visitaran la emisora
de radio. El proyecto, centrado en el apoyo a la salud mental de
la juventud, coincidía a la perfección con sus intereses humanitarios. Tres días antes de Navidad, Shane Carey, fundador
y director de Reprezent, recibió una llamada del palacio de
Kensington informándole de que la pareja deseaba pasarse a
hacerles una visita. Carey pasó después unas cuantas noches
sin pegar ojo, preparándose ansiosamente para mostrarles el
proyecto por el que llevaba quince años «peleando».

El esfuerzo valió la pena. Tras reunirse por la tarde con Carey, Meghan y Harry visitaron los estudios de la emisora. Se pusieron los auriculares para escuchar un tema del artista *house* Poté, originario de la isla de Santa Lucía, y Meghan dejó impresionada a la pinchadiscos de diecisiete años Gloria Beyi por el conocimiento que tenía de su trabajo. También asombró a YV Shells, un joven de veinticuatro años que compaginaba los estudios de Medicina con su trabajo en la emisora, al decirle que había oído hablar de su labor de fomento de la igualdad de género.

Al poner fin a la visita —no con apretones de manos, sino chocando los puños de sus anfitriones—, la pareja estaba tan entusiasmada que decidió improvisadamente pararse a saludar a los curiosos que se habían congregado fuera. Meghan se agachó para saludar a todos los niños de la cola, que daba la vuelta al estudio. Cuando un señor le dijo que en mayo iría a Windsor para sumarse a la muchedumbre de fans que bordearía el camino hasta la iglesia, ella le dio las gracias por su amabilidad.

—Significa muchísimo para mí —dijo—. Va a ser un día muy especial para todos nosotros.

Y, en efecto, los vecinos de Brixton se echaron a la calle para celebrar la boda de la pareja. En un tramo de calzada que solía reservarse para las banderas de las islas caribeñas y las naciones africanas presentes en el vecindario, alguien colgó, de un lado a otro de la calle, las banderas de Gran Bretaña y Estados Unidos. Antoney Waugh, un jamaicano que saludó a Meghan y Harry en enero, afirmó que ella estaba «cambiando la norma».

Mientras tanto, en la Torre Redonda del castillo de Windsor, los invitados a la boda, vestidos con sus mejores galas y tocados, entraban en un escenario propio de un antiguo cuento de hadas. Tras pasar bajo el arco de ramas que la florista Philippa Craddock y su equipo, formado por treinta personas, habían tardado cuatro días en confeccionar, los envolvía el aroma a guisantes de olor y jazmines que perfumaba la iglesia gótica del siglo XIV.

George y Amal Clooney, David y Victoria Beckham, Elton John, Priyanka Chopra, Idris Elba, Serena Williams, Oprah Winfrey y antiguos compañeros de reparto de Meghan en *Suits*, como Abigail Spencer y Rick Hoffman, encontraron sus nombres grabados en las tarjetas colocadas en los bancos de roble de la capilla o —si tenían la suerte de estar sentados en las primeras filas— en los sitiales más cercanos al altar, decorados con ramas de abedul, dedaleras y perifollo verde procedentes de los jardines de Windsor. Craddock, de hecho, se había fijado pocos días antes de la boda en las delicadas flores blancas del perifollo verde que salpicaban la campiña inglesa y le había preguntado a John Anderson, el jardinero mayor de las fincas de la Corona, si aquella planta se daba en Windsor, para poder añadirla a los arreglos florales de rosas y peonías, las flores preferidas de Meghan.

El Rolls-Royce se detuvo primero ante la capilla para que se apeara la madre de Meghan, que vestía un conjunto de Óscar de la Renta. Las pruebas del vestuario de Doria se habían hecho en Los Ángeles dos meses antes de la ceremonia y Fernando García, jefe creativo de esa firma, contó que la madre de Meghan les llevó «canapés, pero canapés saludables, porque ella es muy deportista, le gusta correr». El sombrerero Stephen Jones fue el encargado de crear la boina de color menta de Doria y los tocados que lucieron varias amigas de la novia.

Luego, el Rolls-Royce recogió a Brian y John, los gemelos de siete años de Jessica y Ben Mulroney, que iban a ser los pajes de su querida «tía Meg». Menos de diez minutos después, aquella chica californiana dejaría atrás el sol y la vida relajada de su hogar para convertirse oficialmente en duquesa.

A falta de dama de honor que ayudara a Meghan, fue Clare Waight Keller, la diseñadora de su vestido de novia, quien se encargó de echarle una mano con el velo. La entonces directora de Givenchy llegó con antelación y esperaba ya en la escalinata oeste de la iglesia cuando llegó Meghan.

Culminaba así un proceso que había dado comienzo poco después de que Meghan y Harry anunciaran su compromiso. De la larga lista de diseñadores que le presentaron sus bocetos, Meghan optó por reunirse con Keller. La diseñadora, nacida en Birmingham, no solo tenía raíces británicas, como era de rigor, sino que también era la primera mujer que ocupaba el puesto de directora artística de una firma que a Meghan le encantaba desde hacía años.

Los asistentes de la Casa Real organizaron la primera reunión, que se celebró en el palacio de Kensington. Meghan y Clare pasaron media hora mirando detenidamente bocetos y hablando de cómo quería Meghan que fuera su vestido de novia: moderno y, al mismo tiempo, intemporal. En su segunda reunión, en enero de 2018, Meghan decidió encargarle a Clare la confección del vestido.

—Fue impresionante cuando me lo dijo —recuerda Clare—. Era increíble formar parte de semejante acontecimiento histórico.

Intercambiando mensajes de texto, llamadas telefónicas y bocetos, las dos mujeres entablaron una relación fluida y relajada. En febrero, Meghan llegó en un coche muy discreto al edificio del suroeste de Londres donde Clare guardaba los archivos de sus diseños y daba los últimos toques a sus creaciones. Allí hablaron del diseño final, antes de que dos equipos muy reducidos comenzaran a confeccionar el vestido, que incluiría, cosido por dentro, un trocito de tela azul extraído del vestido que se puso Meghan para su primera cita con Harry. El 27 de marzo, cuando tomó un vuelo comercial para ir a Los Ángeles a pasar unos días con Doria antes de la boda, Meghan llevó consigo varios bocetos del vestido que quería enseñarle a su madre, junto con otros detalles sobre la boda.

Según cuenta Clare, durante las semanas previas a la boda, Meghan y ella se vieron a menudo, siempre en un ambiente relajado e informal.

—Hablábamos de la ceremonia, de lo que suponía que entrara en la familia real y de cuál iba a ser su papel en el futuro, de lo que quería representar, de las emociones que deseaba transmitir y de que quería crear un nuevo estilo de vestir para una *royal*, y también de la magnitud de todo aquello. Estaba ilusionadísima.

Justo antes de la boda, el vestido —cuya confección requirió varias pruebas de las que se encargó la propia Clare para que no hubiese filtraciones— fue trasladado a una habitación segura de Cliveden House. El traslado, que se llevó a cabo de madrugada, fue casi una operación de alto secreto, ideada por la asistente personal de Meghan, Melissa Toubati, y Jason Knauf. En ella intervinieron varios escoltas y un túnel. La pareja se rio de la locura que era todo aquello, al imaginárselos trasladando a escondidas, a toda prisa, el vestido más buscado del mundo.

Todo lo relativo al vestido, incluido el nombre de su diseñadora, se había mantenido en el mayor secreto. La presencia de Clare en la escalinata de la iglesia fue la confirmación de que era ella quien se había encargado de diseñarlo. Ni siquiera su marido y sus tres hijos lo sabían a ciencia cierta.

—Seguí el principio por el que se rigen los médicos: no hablar de sus pacientes —comentaba la diseñadora.

Delante de las cámaras, Clare se ocupó de estirar el velo de seda y tul, una creación tan delicada y de un blanco tan puro que las personas encargadas de confeccionarlo tenían que lavarse las manos cada media hora mientras trabajaban en él. Tardaron más de quinientas horas en terminarlo.

—Yo sabía que el vestido formaría una línea preciosa cuando ella subiera la escalinata —cuenta Clare—. Y como el velo era tan largo, quería que fuera absolutamente espectacular.

Meghan miró a Clare para comprobar que el velo estaba listo antes de empezar a subir los escalones, y se detuvo a contemplar un instante a la multitud. Clara Loughran, la asistente de Harry que había supervisado toda la logística de los arreglos florales para el gran día, aguardaba en lo alto de la escalinata para entregarle el ramo de novia, formado por lirios del valle, astilbe, mirto, jazmín, astrancia y nomeolvides, la flor preferida de Diana.

Clare dejó el velo en manos de los pajes, que la tarde anterior habían ensayado cuidadosamente en la iglesia con un velo de encaje de poliéster. Según Clare, a los hijos de Jessica y Ben, con sus grandes sonrisas melladas, les encantó el momento en que comenzaron a sonar las trompetas.

—Brian nunca había oído una trompeta en vivo —contó Ben sobre el asombro de su hijo cuando sonó la música, a su llegada—. ¡Y cuánto me alegro de haberles hecho un buen corte de pelo antes de la boda!

Resplandeciente con su diadema de diamantes de la reina María y sus zapatos de corte salón, de satén de seda, también de la firma Givenchy, Meghan recorrió los setenta y siete metros que la separaban del novio, que, anonadado y con los ojos llorosos, la esperaba junto al altar. Harry estaba elegantísimo con su uniforme de los Blues and Royals, confeccionado a medida en Savile Row.

A Doria también se le escapó alguna lágrima al ver a su hija avanzar por el pasillo. Aunque el público pensara que la madre de la novia parecía muy sola, Meghan se había asegurado de que se sentara con dos de sus mejores amigas —Benita y Genevieve—, a las que Doria conocía muy bien; sobre todo a Benita, cuyas hijas, Rylan y Remi, no solo eran ahijadas de Meghan, sino también sus damitas de honor.

Cuando Meghan llegó por fin frente al altar, Harry despidió a su padre diciéndole «Gracias, papá». En ese instante, era imposible fijarse en nada que no fuera el amor arrollador que había entre los novios.

—Estás impresionante. Te echaba de menos —le dijo Harry a Meghan.

—Gracias —contestó ella con timidez.

La ceremonia duró una hora y, a pesar de su solemnidad, la pareja consiguió que estuviera impregnada de una atmósfera muy personal.

—Era en cierto modo una boda global, pero para nosotros era importantísimo intentar que todo el mundo se sintiera incluido —cuenta Harry en las grabaciones que hicieron Meghan y él para la exposición *Una boda real: los duques de Sussex*, celebrada en el castillo de Windsor—. Al elegir cosas muy personales y significativas para nosotros, logramos que fuera una experiencia íntima, a pesar de que era una boda muy aparatosa.

Con ese fin, la pareja quiso que la espléndida capilla medieval iluminada por el sol, con sus vidrieras multicolores y sus techos abovedados, se llenara de personas que habían contribuido a dar forma a sus vidas. Asistieron los representantes de numerosas organizaciones humanitarias con las que habían trabajado a lo largo de los años. También las exnovias de Harry, Cressida Bonas y Chelsy Davy, se encontraban entre quienes vieron cómo el arzobispo de Canterbury, Justin Welby, preguntaba a los asistentes si había algún motivo por el que Meghan y Harry no pudieran contraer matrimonio.

El obispo Michael Curry, el primer presidente afroamericano de la Iglesia Episcopal de Estados Unidos, fue el encargado de pronunciar el sermón. El obispo, que no conocía personalmente a la pareja, se llevó una sorpresa mayúscula cuando recibió una llamada de la oficina del arzobispo de Canterbury informándole de que Meghan y Harry querían que se encargara de la homilía el día de su boda.

—¡Venga ya! —contestó, incrédulo.

Curry asegura que, cuando vio a Meghan y Harry por primera vez aquel día ante el altar, su amor era palpable.

—Se notaba en cómo se miraban. Entonces me di cuenta de verdad de que ese amor que se tenían era lo que había conseguido que confluyeran mundos tan distintos, lo que había hecho que se cruzaran todos los límites de nuestras diferencias. El artífice de todo era ese amor.

El hecho de que una persona de origen interracial ingresara en la familia real británica no solo inauguraba un nuevo capítulo en la historia de esa institución. Era un cambio social de gran relevancia, como puso de manifiesto el obispo afroamericano al proclamar que el amor de la pareja tenía el poder de cambiar el mundo.

—El difunto Martin Luther King dijo una vez, y cito: «Hemos de descubrir el poder del amor, la capacidad redentora del amor. Y cuando lo descubramos, haremos de este viejo mundo un mundo nuevo. El amor, el amor es el único camino» —dijo el obispo Curry en su homilía.

Su decisión de entretejer en el sermón citas del legendario activista de los derechos civiles norteamericano con salmos del Nuevo Testamento venía a decir, simbólicamente, que Meghan iba a ser una duquesa distinta. El obispo Curry no esperaba que su sermón estuviera jalonado por gritos de asentimiento, pero afirma que «vio el amén» reflejado en los ojos de los presentes.

Después del sermón, los veintidós miembros del grupo coral Kingdom Choir entonaron el clásico americano *Stand by Me*, «Quédate a mi lado». (Al igual que la presencia del obispo Curry, la actuación del coro de góspel fue sugerencia del príncipe Carlos). Había muchísimo trabajo detrás del arreglo armónico a tres voces del tema clásico de Ben E. King, que sirvió como grito de protesta durante el movimiento por los derechos civiles en Estados Unidos. La pareja descartó casi una docena de versiones anteriores de la canción preparadas por la directora del coro, Karen Gibson. Luego, el príncipe Carlos, que fue quien les recomendó gran parte del acompañamiento musical de la ceremonia, se encargó de que Gibson, cinco miembros del coro y un teclista tocaran en vivo en el palacio de Kensington.

—La versión que se oyó en la boda era la duodécima, y todavía no estoy segura de que fuera exactamente lo que ellos querían, porque nos quedamos sin tiempo —contó Karen después de la boda—. En aquel momento yo no entendía por qué seguían diciendo que no, pero tenían razón, claro. La versión que cantamos era muy pura. Y encajaba absolutamente con el estilo de la boda.

Aun así, Karen no estaba segura de que la actuación hubiera impresionado a los asistentes al enlace. Acostumbrados a públicos más expresivos, la única reacción que percibieron ese día los integrantes del coro fue «el ruido de la gente volviendo la cabeza», comenta Karen riendo. En cambio, cuando salieron de la iglesia, «fue literalmente una avalancha». El actor Tom Hardy —amigo personal de Harry, que había vuelto de Nueva Orleans, donde estaba rodando una película, para pasar en Inglaterra apenas veinticuatro horas con el fin de asistir a la boda— le dio un abrazo. Al cabo de unos pocos días, varios millones de personas habían visto su actuación en YouTube; los medios británicos llamaban a Gibson la madrina del góspel y la reina había invitado al coro a actuar en una fiesta que se celebraría el mes siguiente en los jardines del palacio de Buckingham.

La emoción de la música seguía resonando en la iglesia cuando Meghan y Harry prometieron amarse y respetarse. La novia decidió omitir de la fórmula matrimonial el verbo «obedecer» por considerarlo obsoleto, como había hecho Kate en 2011 al casarse con Guillermo. Tras intercambiar las alianzas (de oro de Gales con el sello del dragón galés la de ella, como era tradición entre las novias de la familia real británica, y de platino texturizado la de él), Meghan y Harry fueron declarados marido y mujer, para regocijo de la multitud. Eran ya oficialmente Sus Altezas Reales los duques de Sussex.

Mientras la chelista de diecinueve años Sheku Kanneh-Mason (la primera intérprete negra en ganar el premio Músico Joven del Año de la BBC en los treinta y ocho años de historia del galardón) tocaba tres piezas, entre ellas el *Ave María* de Schubert, los novios pasaron con sus padres a una salita privada de la capilla para firmar en el libro de registro matrimonial. Carlos, procurando que Doria se sintiera a gusto, le tendió la mano cuando entraron en la pequeña vicaría para ser testigos de la firma.

—Fue un gesto precioso —comenta Camilla, que estaba en esos momentos junto a su marido, en el documental de la BBC *Príncipe, hijo y heredero: Carlos a los 70*—. El que tanta gente viera a mi esposo coger de la mano a la madre de la novia para firmar en el registro... Fue algo que conmovió a todo el mundo. Es el tipo de cosas que Carlos suele hacer y de las que la gente no sabe nada. No creo que la gente se dé cuenta de lo amable que es.

Después de la ceremonia, pasada la una del mediodía, los recién casados se pararon un instante en lo alto de la escalinata de la capilla para cumplir con la tradición de besarse públicamente por primera vez como marido y mujer. Luego, mientras las voces del coro resonaban dentro de la iglesia cantando *This Little Light of Mine*, montaron en un carruaje abierto —un landó Ascot— tirado por caballos, para dar un paseo de veinticinco minutos por las calles de Windsor.

Al ver el enorme gentío que se había congregado en los terrenos del castillo, Meghan se llevó la mano al pecho y murmuró:

—¡Guau!

Sentado en el carruaje, junto a la novia, Harry comentó, riendo: «¡Qué estrechos son estos pantalones!».

Y así, sin más, tocó a su fin la boda del año o, al menos, la parte de la boda expuesta a los ojos del público. Dispuestos a vivir su cuento de hadas hasta el final, Meghan y Harry se alejaron en su carruaje, saludando a los espectadores que los vitoreaban y mirándose el uno al otro, anonadados aún por el enorme paso que acababan de dar.

15

Con ustedes, los Sussex

Aunque el público no pudiera disfrutar más que de un breve vislumbre del espectacular acontecimiento, para Meghan y Harry el día de su boda solo acababa de empezar.

Tras recorrer las calles de Windsor, el carruaje los condujo a los salones de estado del castillo. Sus invitados empezaban a congregarse en Saint George's Hall, el espectacular salón donde iba a celebrarse la recepción. Allí pudieron admirar el techo artesonado repleto de escudos de armas, la estatua ecuestre del Paladín del rey del ala este y la tarta de varios pisos, de sirope de flor de saúco y limón de Amalfi, adornada con peonías, que había preparado la maestra pastelera californiana Claire Ptak. Entretanto, Meghan y Harry se dirigieron al Salón Verde, donde el fotógrafo Alexi Lubomirski disponía de veinticinco minutos para hacer seis retratos de grupo. Uno de ellos, con los cuatro pajes con sus uniformes de gala y las seis damitas de honor con sus vestidos de Givenchy. Alexi, que también se había encargado de hacer sus retratos de pedida en diciembre de 2017, ya se tuteaba con la pareja.

Pero Harry tenía que ocuparse antes de un asunto importante. El príncipe se apartó un momento de su novia para felicitar a Clare por su trabajo.

—Se vino derecho a mí —contaba la diseñadora, que estaba allí cerca por si tenía que ajustar la cola del vestido o el velo de Meghan para que todo luciera perfecto en las fotografías oficiales del enlace.

—Dios mío, gracias —le dijo el príncipe—. Está absolutamente espectacular.

Daniel también estaba a mano por si tenía que hacer algún retoque de última hora. El maquillador estuvo charlando con Doria, que estaba visiblemente aliviada por hallarse lejos de los focos, mientras Alexi y su equipo hacían sentarse a Harry en el mismo sofá de damasco Morel & Seddon en el que su difunta madre, la princesa Diana, había posado con él en brazos tras su bautizo en 1984. Meghan se sentó a sus pies, en la alfombra Axminster, con los pajes y las damitas de honor alrededor.

Alexi se las arregló con una sola frase para que los niños sonrieran con naturalidad:

—¿A quién le gustan los Smarties? —gritó, y todos levantaron la mano.

Empleó la misma broma con Doria, Guillermo, Kate, Carlos, Camilla, la reina y Felipe de Edimburgo, cuando la familia al completo se dispuso a posar en los sillones de seda.

—Quería que pareciera una foto de familia —explicó—. Que no tuviera un aire de foto de equipo deportivo o de foto militar.

Por suerte, su broma de los Smarties funcionó también con los adultos. Hasta la reina sonrió.

Como solo tenía unos minutos para retratar a los novios a solas, el fotógrafo decidió rápidamente hacerlos salir a la pradera de la rosaleda de la reina. Mientras paseaban los tres por entre los setos y los parterres de flores, el sol empezó a descender tras las torres del castillo. Alexi les sugirió un último posado en una pequeña escalinata. Harry se sentó en los escalones de granito mientras Meghan, libre por fin de su bellísimo pero incómodo velo, se recostó contra él, apoyándose cómodamente en su pecho. Fue la foto del día. Estuvieron riéndose y comentando cómo habían superado el ajetreo de esa mañana y bromearon sobre lo agotados que estaban después de tantas emociones.

—Fue uno de esos momentos mágicos que ocurren cuando eres fotógrafo y todo encaja en su sitio —comentó Alexi después.

El fotógrafo se trasladó de inmediato en coche a casa de su madre, que vivía casualmente cerca de Windsor. Allí podría trabajar sin que le molestaran. Durante el trayecto, echó un vistazo a los archivos digitales. No había tenido tiempo de revisar las instantáneas durante la sesión, y había delegado esa tarea en su ayudante. Así que, cuando vio las fotos que había hecho a toda prisa durante los últimos tres minutos de posado, soltó un suspiro de alivio. Eran «increíbles» y «emotivas».

Emotivo era, sin duda, el adjetivo que mejor describía aquel día. Y nadie acertó mejor que el novio a evocar esa atmósfera de emoción cuando, al iniciarse el banquete de boda, dirigió unas palabras a los invitados reunidos en el salón neogótico, restaurado en todo su esplendor tras el incendio que sufrió en 1992 (muchas de las invitadas habían cambiado ya los zapatos de tacón por las mullidas pantuflas blancas que había a su disposición para que estuvieran más cómodas). Cuando Harry dijo por primera vez «mi esposa y yo», los invitados prorrumpieron en aplausos. Él tenía tantas ganas de pronunciar aquellas palabras como los demás de oírlas.

Todo el mundo estaba de buen humor, a lo que contribuía el champán Pol Roger Brut Réserve que se sirvió en el cóctel. Para los menores de edad —como los primos de Harry *lady* Louise Mountbatten-Windsor y el vizconde Severn—, había cócteles sin alcohol hechos con zumo de manzana Sandringham Cox y saúco. Se sirvieron, además, exquisitos canapés de langostinos escoceses envueltos en salmón ahumado con *crème fraiche* cítrica, espárragos ingleses a la parrilla envueltos en jamón de Cumbria, *pannacotta* de guisantes con huevos de codorniz y hierbaluisa, y pollo de corral escalfado servido con una salsa de yogur ligeramente especiada y albaricoques asados. En el almuerzo se sirvió fricasé de pollo de corral con colmenillas y puerros tiernos; *risotto* de guisantes y menta acompañado de brotes de guisantes, aceite de trufa y crujiente de parmesano; y panceta de cerdo al estilo Windsor, asada a fuego lento durante diez horas, con costra crujiente y guarnición de compota de manzana.

Aunque la reina era la anfitriona oficial del banquete, fue el padrino, Guillermo, quien presentó a los recién casados y dio paso al brindis de su padre. Haciendo gala de su humor socarrón, Carlos habló de cuando Harry era bebé y tenía que darle de comer y cambiarle los pañales, y añadió que, a pesar de todo, su hijo había salido bien. Luego, en un gesto que hizo que a buena parte de los asistentes se les empañaran los ojos, confesó lo emocionante que era para él ver casarse a su hijo pequeño.

—Mi queridísimo Harry —concluyó—, me alegro mucho por ti.

Nadie se alegraba más que el propio Harry, que dio un discurso improvisado sobre lo contento que estaba de formar parte de aquel nuevo equipo y agradeció a su flamante esposa que se las hubiera arreglado para sobrellevar las dificultades de organizar la boda mientras afrontaba «con tanta elegancia» algunos sinsabores inesperados. También lanzó algunas pullas llenas de buen humor, como había hecho su querido padre. Bromeó diciendo que confiaba en que los invitados americanos no se llevaran las espadas del salón y les rogó a todos que no hicieran mucho ruido para no molestar a los vecinos.

Más tarde, antes de que los novios cortaran la esponjosa tarta, aderezada con sirope extraído de los saúcos de la finca real de Sandringham, Harry tomó de nuevo el micrófono para preguntar, haciéndose el tonto, si había alguien entre el público que supiera tocar el piano. Elton John —que hacía tiempo que había acordado con palacio ofrecer un miniconcierto el día de la boda— se dio por aludido y, con sus típicas gafas rosas, se sentó al piano.

—Pero ¿qué pasa? —murmuró una amiga de Meghan, pasmada.

Sir Elton comenzó su actuación cantando el tema *Your Song,* uno de cuyos versos dice «mi regalo es mi canción y esta es para ti». Cantó a continuación *Circle of Life* (*El rey león* es una de las películas favoritas de Harry) y *I'm Still Standing,* que hizo que a los invitados, incluida Oprah, se les saltaran las lágrimas. Por último, cantó *Tiny Dancer,* cuyo primer verso («chica de los vaqueros, dama de Los Ángeles») era un guiño a Meghan.

Era el homenaje musical perfecto para el hijo de una de sus mejores amigas, aquel niño al que había visto convertirse en un hombre. De hecho, fue en aquellos mismos salones, en 1981, durante una fiesta para celebrar que el príncipe Andrés cumplía veintiún años, cuando Elton coincidió por primera vez con Diana.

Para apoyar a Harry en ausencia de su madre estaban las dos hermanas de Diana, *lady* Sarah McCorquodale y *lady* Jane Fellowes; su hermano, Charles Spencer; su antigua compañera de piso y madrina de Harry, Carolyn Bartholomew; y Julia Samuel, madrina del príncipe George y presidenta de la organización benéfica Child Bereavement UK, de cuyo patronato también formaba parte Guillermo. (La entidad ofrece servicios de apoyo a niños y familias que han perdido a un ser querido y a personas que se dedican al cuidado de familiares enfermos en fase terminal). *Lady* Jane había leído un pasaje del Cantar de los Cantares durante el oficio religioso, en homenaje a su difunta hermana.

Acompañados por el recuerdo de Diana, Meghan y Harry se fueron a sus habitaciones en el castillo de Windsor para descansar un rato antes de prepararse para la recepción privada de la noche. Harry pensaba echar una siestecita, pero estaba tan rebosante de energía y emoción que no pudo parar quieto un momento.

Durante las tres horas que duró el descanso entre la comida y la cena, Meghan cambió de *look*. El peluquero londinense George Northwood le recogió la melena en un moño más alto y prieto, con mechones rizados sueltos en torno a la cara. Para la luz más tenue del atardecer, Daniel buscó un *look* más sensual y soñador, añadiendo sombras más oscuras a los ojos de Meghan. El segundo vestido que lució la novia —un diseño de Stella McCartney, de crepé de seda con cuello alto— también era más voluptuoso. A fin de cuentas, había llegado la hora de que la novia se soltara un poco el pelo.

—El papel que ha asumido Meghan es muy austero, casi solemne, diría yo, y creo que es un peso enorme que ella ha aceptado sobre sus hombros y que se lo toma muy en serio —comentó Stella en una entrevista en la BBC—. Aquel era el último momento en que iba a poder reflejar esa otra faceta suya.

Para que llevara algo al mismo tiempo prestado y azul, Harry le dejó a Meghan el anillo aguamarina de Diana, una piedra azul con talla de esmeralda engarzada en oro amarillo de veinticuatro quilates, de la firma Asprey.

—Estoy deseando ponerme manos a la obra y seguir adelante con nuestra vida —le confesó Meghan a Daniel.

El maquillador le puso un toque de aceite orgánico en la piel y, tras darle unos cuantos papeles matificantes y una barra de labios, la dejó marchar. Harry, de esmoquin, se encargó de llevar el Jaguar E-Type Concept Zero de 1968, de color azul plata, en el que recorrieron la larga avenida arbolada que conduce a Frogmore House, donde iba a celebrarse la recepción.

La mayoría de los doscientos amigos y familiares que habían recibido las invitaciones al banquete, escritas a mano, llegaron al palacio en torno a las siete de la tarde en autobuses de dos pisos. Algunos, en cambio, prefirieron llegar en coche, como Doria, que pudo cerrar los ojos un rato en el asiento de atrás de un Range Rover. Las primas de Harry, las princesas Beatriz y Eugenia, optaron por un Bentley negro, en lugar de un coche más corriente. George y Amal Clooney llegaron en un Audi gris.

(Fue notable la ausencia de Skippy, el viejo amigo de Harry que había cuestionado la relación del príncipe con Meghan, y de su esposa, Lara. Estuvieron invitados a la ceremonia religiosa y al almuerzo de gala, pero no a la cena. En un *brunch* celebrado al día siguiente de la boda, Skippy les dijo a unos amigos que «Meghan había cambiado mucho a Harry». Según el excompañero del príncipe en Eton, Harry parecía embelesado con personajes como los Clooney u Oprah Winfrey. «Le hemos perdido», sentenció. Muchos de los amigos de Harry aseguran que la lista de invitados de la cena de boda fue el modo que eligió la pareja para decir «Esta es la gente que queremos que forme parte de nuestra vida a partir de ahora»).

Tras apagar los teléfonos móviles (los novios habían dejado claro que aquella parte de los festejos era estrictamente privada), los invitados a la fiesta cruzaron dos marquesinas blancas para salir a la enorme pradera de césped que unos meses antes había servido de telón de fondo a las fotografías de pedida de Meghan y Harry. También los invitados se habían cambiado de ropa. Serena Williams, que previamente había lucido un vestido rosa de Versace, llevó un modelo de Valentino con estampado floral, que combinó con unas zapatillas deportivas de la misma firma para estar más cómoda. Priyanka Chopra, íntima amiga de Meghan, cambió su traje de Vivienne Westwood en color lila y su pamela a juego por un rutilante vestido de tul dorado de la firma Dior y joyas de Lorraine Schwartz.

Harry, al que nunca le han gustado las celebraciones encorsetadas, había fantaseado con una fiesta que rivalizara con las noches locas de su juventud, cuando sus amigos y él bebían cócteles de champán en cofres de madera en Mahiki, el club londinense de ambientación hawaiana, o pasaban la noche bailando en Boujis. Y aunque los salones de Frogmore House —un palacio con trescientos cuarenta años de antigüedad que había sido residencia oficial del rey Jorge III— eran indudablemente solemnes, la recepción de la boda no lo fue en absoluto.

A las siete y media en punto, los invitados, vestidos de gala, fueron conducidos a la gran carpa levantada delante de la mansión del siglo XVII, donde se distribuyeron en veinte mesas marcadas con nombres de comidas que se pronunciaban de manera distinta en inglés británico y americano. Mientras que a un grupo de amigos le tocaba sentarse con sus copas en una mesa llamada *tomate*, a otros se les habían asignado mesas llamadas *albahaca, orégano, patata* o *rúcula*. Al describir el banquete para la revista *Vanity Fair*, Janina Gavankar, actriz de *True Blood* y buena amiga de Meghan, contó que *había muchísimos guiños preciosos a la fusión de dos culturas*.

A pesar del gran número de invitados, la cena resultó muy íntima, sobre todo si se la compara con la pompa y el boato de las celebraciones de mediodía, que pudieron presenciar millones de personas.

—Fue increíble asistir a la ceremonia, un verdadero honor, pero fue por la noche cuando de verdad sentimos que estábamos en la boda de unos amigos. Éramos un grupo pequeño, de gente de confianza. Muchos nos conocíamos de antes o habíamos coincidido en algún momento durante el año y medio anterior. Fue muy distinto —contó una amiga de la pareja invitada a la boda—. Era igual que ellos, tenía su espíritu. Se notaba el mimo con que habían elegido cada detalle. Las chicas no parábamos de decir «¡Uy, eso es muy de Meg!».

El menú de la cena ofrecida por el príncipe Carlos estuvo compuesto por alimentos orgánicos de producción local y fue obra de la chef Clare Smyth, que cuenta con tres estrellas Michelin y que había trabado rápidamente amistad con Meghan. Entre otros platos, se sirvió pollo asado con salvia y cebolla.

Mientras los camareros servían el primero de los tres platos de la cena, Guillermo dio comienzo a su discurso. Rememorando cómo se burlaba Harry de las efusivas conversaciones que mantenían Kate y él por teléfono cuando todavía eran novios, el príncipe juró vengarse de su hermano ahora que era su padrino.

Para hacer pasar un mal rato a Harry, Guillermo le pasó el micro a Don Divino Charlesworth, como apodaba Harry a Charlie van Straubenzee, su amigo y excompañero de colegio. Charlie, directivo de una empresa de gestión de inversiones y uno de los miembros más antiguos del círculo íntimo del príncipe, aprovechó la ocasión que le ofrecía el banquete de gala para desempolvar viejos recuerdos de internado.

—Yo lo único que quería era que mi mami me abrazara —contó Van Straubenzee, según informaba el periódico británico *The Times*, recordando el día que conoció a Harry en el colegio Ludgrove, en Berkshire, donde al príncipe se le había asignado la función de monitor de dormitorio—. En vez de eso, Harry me quitó mi osito de peluche y lo lanzó al tejado. Señoras y señores, yo les pregunto: ¿cómo se puede poner a alguien al frente de un dormitorio escolar cuando se porta peor que todo el dormitorio junto?

Para burlarse un poco de «nuestro príncipe rubio con reflejos rojizos» por haber negado durante mucho tiempo que fuera pelirrojo, Charlie contó que de niño a Harry no le gustaban nada los pelirrojos y que jamás quiso reconocer que era uno de ellos. Luego habló de su tendencia a caerse del caballo cuando jugaba al polo, normalmente debido a que tenía resaca. Tras lanzarle unas cuantas pullas (sin olvidar una mención a las famosas travesuras de su juventud), Charlie se emocionó al hablar de lo mal que lo había pasado Harry de pequeño al perder a su madre y de cómo había conseguido dejar atrás la ira y la depresión.

Diana se sentiría muy orgullosa y feliz al ver que Harry

había encontrado el amor con una mujer tan maravillosa, afirmó, y estaría ilusionadísima porque fueran a iniciar su vida en común. Meghan, concluyó Charlie, era la compañera perfecta para su querido amigo, y él le estaba muy agradecido por lo feliz que hacía a Harry.

El príncipe, emocionado también, tomó el micro para dar de nuevo las gracias a todos los que habían hecho posible aquel día. Dedicó unas palabras de agradecimiento a su padre por su cariño eterno y su ayuda a la hora de organizar la boda. Carlos, que costeó gran parte de la recepción nocturna, comentaría más tarde en broma que el presupuesto «había saltado por la ventana». Harry también le agradeció a su suegra el haber criado y educado a «una hija tan estupenda, mi esposa», palabras que fueron acogidas con vítores por los invitados. Por último, miró a Meghan y dijo:

—No hay palabras que puedan expresar lo increíblemente afortunado que soy por tener a mi lado a una mujer tan maravillosa.

Después, como se había rumoreado, ella también dio un pequeño discurso. Era la primera vez que una novia de la Casa Real tomaba la palabra para dirigirse a sus invitados, y ese gesto reforzó la idea de que la americana no iba a ser la típica duquesa.

—Se habría oído literalmente caer un alfiler —cuenta una amiga íntima, que describe el discurso de la novia como una ocasión trascendental, incluso para los norteamericanos presentes en el banquete—. Que hubiera guardado silencio tanto tiempo y que dispusiera entonces de ese lugar seguro para poder hablar en confianza y decir lo que sentía, fue un momento muy muy especial —añade esa misma fuente—. Llevaba muchos años haciendo oír su voz, primero en la universidad y luego en la televisión, o defendiendo el empoderamiento de las mujeres. Es algo por lo que se la respeta. Meghan siente muchísimo respeto por la tradición, y por la familia y la institución a la que se ha unido. Pero es un modo de vivir distinto. Y echábamos de menos oírla hablar.

Al parecer, ella sentía lo mismo, porque dijo riendo:

—Ya sé que hace mucho tiempo.

Aprovechó la ocasión para agradecerle a la reina la cálida acogida que le había dispensado desde el comienzo, y dio las gracias a Carlos por haber accedido a acompañarla al altar en lugar de su padre y por su amabilidad al ayudar a Doria a desenvolverse en territorio desconocido. También le agradeció a su madre su apoyo y su sabiduría. Pero a quien dedicó mayores elogios fue a Harry, el príncipe con el que la casualidad la había unido y que seguía superando con creces todas sus expectativas.

Sus amigos americanos rompieron a aplaudir y a silbar.

—Así es nuestra Meg —concluye su amiga—. Conecta con la gente.

Después de tantos discursos emotivos, James Corden, el presentador del programa *Late Late Show*, puso una nota cómica al aparecer en medio de la carpa disfrazado de Enrique VIII. Su mujer, Julia, amiga de Meghan, se fingió horrorizada.

—Altezas, damas y caballeros, no tenía ni idea de qué ponerme para asistir a una boda real —bromeó el presentador, que iba vestido de la cabeza a los pies al estilo de la época Tudor, con jubón y calzas incluidos—, así que miré el manual de etiqueta real y encontré este conjunto. Espero no estar dando la nota.

Tras la intervención de Corden —en la que el cómico comentó en broma que el castillo de Windsor debía de ser muy pequeño, si había que usar una carpa—, Harry instó a los invitados a pasárselo en grande.

Para su primer baile, los novios eligieron el tema *I'm in Love*, del cantante soul de los años sesenta Wilson Pickett. Sonaron a continuación otros clásicos del soul, como el *My Girl* de los Temptations y el *Soul Man* de Sam and Dave, interpretados por una orquesta de doce músicos del sur de Estados Unidos. Luego, Sam Totolee, «el *dj* de las estrellas», se hizo cargo de amenizar la fiesta. Totolee, veterano de las discotecas de Ibiza, había actuado en numerosas celebraciones privadas para personajes tan conocidos como Diddy o Elon Musk, así como en la boda de Pippa Middleton en 2017. Tal y como le había pedido Harry, pinchó un tema tras otro de música *dance*. Solo hizo un descanso para dejar que Idris Elba se hiciera cargo de los platos durante una hora.

—Un día Harry me dijo: «¿Qué vas a hacer ese día? [el de la boda]» —contaría en el programa de Ellen DeGeneres el actor, que se había hecho amigo del príncipe años antes, cuando le echó una mano en la organización de los Invictus Games—. Yo le dije :«Mmmm, nada», y él me contestó: «¿Te apetece…, a) venir a la boda y b), pinchar en el banquete?». Le dije: «¡No! ¡Sí! ¡Hombre, claro!».

Por si acaso los temas de *hip hop* y música *house* con los que Harry bailaba como un loco en las discotecas cuando tenía veinte años (el volumen de la música se oía mucho más allá de los jardines de cinco hectáreas del castillo) o la barra libre con temática «bebidas del mundo» no bastaban para animar a los invitados a participar de la fiesta, George Clooney también se prestó a echar una mano. Animó a la gente a pasarse por el bar e hizo reír a los invitados cuando él mismo se puso a servir chupitos de tequila Casamigos, la marca de la que es cofundador.

—Quería asegurarme de que todo el mundo se lo pasaba bien —comentó Clooney.

A las once de la noche llegó el momento álgido de la celebración. Mientras el servicio sacaba canapés para acompañar los cócteles Cuando Harry Conoció a Meghan, creados especialmente para la ocasión a partir de ron y jengibre, otros miembros del personal corrieron a buscar una cuerda para ahuyentar a los cisnes del lago, donde estaba a punto de celebrarse un magnífico espectáculo. Luego, se invitó a los asistentes a salir a contemplar el gran despliegue de fuegos artificiales.

De la mano de su flamante marido, Meghan fijó los ojos en el cielo. Tenía delante de sí su futuro, tan brillante y luminoso como el espectáculo pirotécnico que iluminaba el firmamento. La boda era la culminación de un periplo extraordinario para una pareja que había superado importantes escollos para llegar a ese instante. El comienzo de su matrimonio presentaba, sin embargo, nuevos obstáculos.

16

Ni una palabra

Meghan y Harry acababan de volver de su luna de miel secreta, a cuyo destino les había llevado un avión privado que les prestó un amigo. Habían pasado una semana fuera, disfrutando del sol en un lugar tan exclusivo que casi nadie —ni siquiera sus amigos— sabe todavía hoy dónde estuvieron. Se hallaban gozando aún de la felicidad de esos primeros días de matrimonio cuando, el 18 de junio de 2018, Thomas Markle concedió una explosiva entrevista en vivo al programa de televisión *Good Morning Britain* desde la habitación de un hotel de San Diego.

El padre de Meghan tocó diversos temas durante la entrevista y pidió disculpas por haber participado en el montaje de las fotografías antes de la boda (aunque al parecer también le pagaron diez mil dólares por la entrevista en televisión).

—Me doy cuenta de que fue un error grave —afirmó—. Pero cuesta deshacerlo.

Más aún costaba imaginar que Thomas pudiera tener la esperanza de que su hija y Harry se lo perdonaran. Los amigos y consejeros de la pareja no sabían a qué atenerse con un hombre que ya había dejado claro que no se podía confiar en él. La Casa Real valoraba la discreción y la privacidad por encima de todo.

—Creo que Thomas no está bien, y que es vulnerable —comentaba una persona cercana a la pareja—. Esos periódicos y esos programas que cada cierto tiempo se ofrecen a pagar por otra entrevista... Es una vergüenza, en mi opinión.

Esta nueva salida de tono del padre de Meghan fue un revés especialmente duro para la pareja, que había pospuesto su viaje de novios para poder asistir a la fiesta celebrada en los jardines del palacio de Buckingham con motivo del setenta cumpleaños del príncipe de Gales. Seiscientas personas —entre ellas, representantes de trescientas ochenta y seis entidades benéficas de las que Carlos era patrono, de veinte cuerpos del ejército y de los distintos servicios de emergencias del país— se reunieron para rendir homenaje al príncipe por el medio siglo que llevaba realizando labores humanitarias. Aunque el cumpleaños de Carlos no era en realidad hasta noviembre, la presencia de Meghan y Harry en la fiesta del 22 de mayo reflejaba el vínculo cada vez más fuerte entre Carlos y los Sussex.

—Su entusiasmo y su energía son verdaderamente contagiosos —comentó Harry esa tarde al rendir tributo a su padre—. A Guillermo y a mí, desde luego, su ejemplo nos ha animado a involucrarnos en cuestiones que nos apasionan y hacer todo lo que está en nuestra mano para que cambien las cosas. De hecho, fue nuestro padre quien nos introdujo de niños en muchos de los temas en los que trabajamos ahora.

»Así que, papá, aunque sé que habías pedido que hoy no se hablara mucho de ti, debes perdonarme si no te hago caso, como cuando era más joven, y les pido a todos los presentes que te den un gracias enorme por la increíble labor que has realizado durante casi cincuenta años. Una labor que ha proporcionado seguridad en sí mismos y oportunidades a miles de jóvenes que de otro modo no habrían comenzado en esta vida con muy buen pie, y que ha promovido causas como la lucha contra el cambio climático mucho antes de que prácticamente todo el mundo hablara de ellas. Y, sobre todo, por tu visión y tu capacidad para juntar a la gente y hacer que cambien las cosas. Nos has servido de inspiración a Guillermo y a mí y, viendo hoy a tanta gente aquí reunida, está claro que no solo a nosotros.

Meghan también tenía motivos para admirar a su suegro, que había tenido la generosidad de acompañarla hasta el altar cuando su padre la dejó en la estacada. En aquel momento, según una persona de su confianza, Meghan «encontró en Carlos a un padre cariñoso y dispuesto a apoyarla, y eso cambió su vida a mejor, no hay duda». El príncipe de Gales no era para ella un suegro, sino «un segundo padre», según esa misma fuente.

—Carlos le tiene mucho cariño a Meghan —aseguraba un amigo del príncipe de Gales—. Es una americana guapa, fresca y enérgica. A él le gustan las mujeres fuertes y seguras de sí mismas. Ella es muy inteligente y lúcida, así que no me extraña nada que hayan trabado amistad tan rápidamente.

A Carlos le gustaba la energía de Meghan.

—El príncipe de Gales siempre ha sentido especial simpatía por la gente relacionada con las artes, como Emma Thompson, de la que es amigo desde hace años —cuenta otra fuente—. Meghan encaja perfectamente en ese perfil y, sobre todo, está casada con su queridísimo hijo pequeño y le hace muy feliz. Para Carlos, eso es una alegría inmensa y una gran satisfacción.

Es posible que Camilla fuera consciente de la necesidad de su marido de reforzar ese vínculo, porque, en los primeros tiempos de su noviazgo con Harry, Carlos y ella procuraron que Meghan se sintiera apoyada en todo momento mientras superaba los altibajos de una vida sometida a un constante escrutinio público. Los dos intentaron tranquilizarlos y mostrarles su apoyo en los momentos de zozobra anteriores a la boda. Ese verano, la pareja había pasado unos días en el castillo de Mey, la residencia escocesa de la difunta reina madre, a la que el príncipe Carlos estaba muy unido. Esos cinco días de estancia privada en la fortificación del siglo XVI situada en Caithness, en la costa norte de Escocia, permitieron a Meghan conocer mejor a Carlos y Camilla en un ambiente relajado, a resguardo de miradas curiosas.

Antes de que su padre volviera a acaparar titulares, Meghan se estaba acostumbrando sin tropiezos a su nuevo papel como miembro de la familia real. No solo había entablado una buena relación con Carlos y Camilla, sino que el 14 de junio acompañó a la reina en una «salida» a Chester, sin Harry. Viajaron ellas dos solas (y varios asistentes) en el Royal Train, el tren privado de la reina, donde también pernoctaron.

Fue un viaje abrumador para la recién casada, a pesar de las muchas comodidades del tren de Su Majestad, que cuenta con dormitorios privados (las fundas de almohada de Felipe de Edimburgo son lisas; las de la reina tienen puntilla y llevan bordado en una esquina el monograma real); un cuarto de estar con un sofá con cojines de terciopelo hechos a mano; una mesa de comedor para seis comensales; un escritorio en el que la reina despacha sus asuntos; y suspensión secundaria neumática para evitar zarandeos. (El maquinista conduce muy despacio en torno a las siete y media de la mañana para que el agua de la bañera no se derrame mientras se baña la reina).

Meghan le agradeció enormemente a Isabel II aquel gesto de generosidad. Era un honor que la reina la acogiera tan pronto bajo su ala después de la boda. A Kate tardó diez meses en invitarla tras su enlace con el príncipe Guillermo, pese a que hacía años que se conocían.

La reina confiaba ya en cierta medida en Meghan, debido a que, como asegura una fuente de la Casa Real, la duquesa de Sussex «maneja estas situaciones impecablemente porque siempre está bien preparada y siempre es respetuosa. Es muy lista y entiende perfectamente lo que requiere cada situación».

Efectivamente, Meghan —con su elegante vestido de Givenchy de color crema, creación de Clare Waight Keller, la diseñadora de su traje de novia— se desenvolvió casi a la perfección durante el viaje en tren. (Los tabloides, aun así, la criticaron por no llevar sombrero, a pesar de que no era obligatorio).

—La reina estuvo maravillosa, muy cálida y generosa con la nueva duquesa —comentó una fuente cercana a Su Majestad—. Procuró en todo momento que Meghan supiera lo que iba a pasar y que se sintiera a gusto, porque era su primer viaje.

De hecho, antes de que se apearan del tren, Isabel II le regaló unos delicados pendientes de perlas y diamantes.

Meghan, en su afán por aprender, estudiaba todo lo que podía sobre el protocolo real, y a menudo se la veía llevando archivadores llenos de documentación. Se tomaba muy a pecho su nuevo papel y no quería meter la pata. Ese día, sin embargo, era distinto. Iba a recibir una clase magistral de manos de la propia reina.

—Fue una salida muy agradable, y una introducción estupenda a la vida de la realeza, porque la reina tiene muchos conocimientos que transmitir y Meghan es una alumna aplicada —cuenta una fuente cercana a la duquesa.

Pasaron el día en Chester, trescientos veinte kilómetros al norte del palacio de Buckingham. Inauguraron un puente, visitaron un complejo deportivo y de ocio y comieron en el ayuntamiento con políticos locales y representantes de organizaciones cívicas.

A pesar de que se había preparado cuidadosamente, Meghan no estaba muy segura de cómo actuar cuando la reina y ella tuvieron que subir al Bentley de Su Majestad.

—¿Qué prefiere usted? —le preguntó educadamente a la reina.

—Sube tú primero —contestó Isabel.

—Ah, vale.

Meghan se esforzaba mucho por hacerlo todo bien, de ahí que el espectáculo que dio su padre en la televisión nacional inglesa fuera un duro golpe para ella.

Lamentablemente, la aparición de Thomas en *Good Morning Britain* fue solo el principio de una nueva tormenta mediática.

En julio, Thomas habló con *The Sun*, tocando numerosos temas. Afirmó que en su opinión su hija parecía atemorizada en los actos oficiales y que la ropa que le elegían era demasiado sobria. Dijo, además, que Meghan había cortado tan drásticamente toda relación con él que no tenía manera de ponerse en contacto con ella. Su hija, no obstante, conservaba el mismo teléfono móvil con el que le había acribillado a mensajes antes de la boda. De hecho, Thomas aseguró que el

10 de junio, tres semanas después de que una angioplastia le impidiera asistir al enlace, le escribió un mensaje diciéndole:

La operación salió bien. Voy a tener que tomar anticoagulantes y estar a dieta el resto de mi vida, pero no me voy a morir. He pensado que querrías saberlo.

En realidad, nunca mandó ese mensaje.

Dos días más tarde, *The Sun* publicó otra entrevista en la que Thomas amenazaba con presentarse en Londres sin avisar si Meghan no se ponía en contacto con él.

Quiero ver a mi hija. Me lo estoy pensando seriamente. Me da igual que esté enfadada conmigo.

Y añadía:

Es triste que las cosas hayan llegado a este punto. Lamento que haya pasado esto. En parte es culpa mía, sí. Y está claro que voy a estar pagándolo hasta el día que me muera.

Si hubiera sido otra persona la que se dedicaba a diseminar tales falsedades, habría sido más fácil desacreditarla. Pero se trataba del padre de Meghan. Thomas había cortado toda relación con el palacio y, a esas alturas, solo tenía a su hija Samantha como consejera. Entretanto, los periódicos comenzaban a publicar editoriales acerca de lo mal que había manejado la Casa Real el escándalo en torno a la familia Markle. Thomas había puesto a la Corona y a Meghan en una situación de la que solo podían salir malparadas.

Harry solía leer la prensa y echar un vistazo a las cuentas

de Twitter de los periodistas especializados en la Casa Real; Meghan, en cambio, procuraba evitarlo. Aun así, el personal de prensa de palacio y sus amigos la avisaban cuando surgía cualquier cosa especialmente polémica o dañina, y la duquesa solía estar al corriente de muchos de los comentarios hirientes que se hacían sobre ella.

Una de sus amigas más íntimas afirma que estaba muy apenada y que deseaba «restaurar la relación». A pesar de las muchas humillaciones que había sufrido, al acercarse el verano hizo un último intento de comunicarse con su padre. La carta que le escribió tenía cinco páginas.

Papá, te escribo esto con mucha pena y no entiendo por qué has decidido tomar este camino y obviar el dolor que estás causando. Lo que has hecho me ha roto el corazón en mil pedazos, no solo porque hayas provocado un dolor tan innecesario y gratuito, sino porque hayas preferido no decir la verdad y dejarte manipular de esta forma. No lo entenderé nunca.

Meghan llegaba al extremo de suplicarle:

Si me quieres, como dices, por favor, para. Por favor, déjanos vivir en paz. Por favor, deja de mentir, de hacernos daño y de explotar mi relación con mi marido.

Thomas llevó la carta manuscrita de su hija durante meses en su maletín, metida en el sobre de la mensajería, sin enseñársela a los medios porque demostraba cuántos contrasentidos había en sus declaraciones a los tabloides. Escribió una carta de cuatro páginas en la que proponía una vía para que se reconciliaran.

El mejor modo de pasar página, le decía en la carta de contestación, sería hacer una sesión de fotos pactada con la prensa en la que aparecieran los tres —Meghan, Harry y él—, juntos y felices.

Meghan no daba crédito.

—Estoy hecha polvo —le confesó a una amiga—. Está claro que a mi padre le han corrompido por completo.

—Todo esto es muy doloroso para ella porque siempre se ha portado bien con su padre. Le daba dinero, intentaba ofrecerle toda la ayuda que necesitaba —cuenta una persona cercana a Meghan—. Nunca se le va a olvidar lo que ha hecho su padre, nunca, pero al mismo tiempo se compadece de él. Porque no fue Thomas quien llamó a la puerta de la prensa. Estuvo callado casi dos años. Luego, ellos le fueron minando la moral, le bombardeaban cada día. Uno incluso se instaló en la casa de al lado. No le dejaron escapatoria. Y ahora las cosas ya han ido demasiado lejos.

Meghan no volvió a contactar con él. En una de las muchas entrevistas que concedió tras su intercambio de mensajes por escrito, Thomas afirmó que su hija había levantado «un muro de silencio» entre los dos.

Unos meses después, Samantha trató de entregar una carta en el palacio de Kensington pidiendo hablar con Meghan cara a cara. Se encontraba en esos momentos en Londres para conceder otra ronda de entrevistas y permitió que un fotógrafo de Splash News, al que avisó de antemano de su visita, fuera testigo de ese momento. Dejó, sin embargo, la carta en la barrera de seguridad equivocada, en vez de llevarla a la entrada de la carretera privada que hay detrás del palacio. Meghan les confesó a sus amigos que estaba «alucinada» por el comportamiento de su hermana.

Perder a su familia no fue nada fácil. Darse por vencida

y renunciar a la relación con su padre —un hombre del que había presumido en numerosas entrevistas y al que, según había dicho, le debía muchos de los conocimientos que tenía sobre el trabajo en televisión, así como su capacidad de esfuerzo y su gusto por las notas de agradecimiento escritas a mano— fue un sacrificio muy duro a cambio de su nueva vida, por maravillosa que fuera esta.

Un par de meses después del escándalo provocado por su padre, George Clooney les envió su avión privado a Londres para que fueran a pasar unos días a su casa del lago Como. La tarde del 16 de agosto, los recién casados llegaron al aeropuerto de Milán. Desde allí, una comitiva sin distintivos los condujo a Villa Oleandra, la casa de George y Amal.

Los Clooney, que llevaban un mes instalados en su mansión de veinticinco habitaciones, habían recibido ya ese verano a unos cuantos amigos famosos, como Cindy Crawford y Rande Gerber, y Stella McCartney y su marido. El año anterior, David y Victoria Beckham también les habían hecho una visita acompañados por sus hijos.

Situada en el pueblecito de Laglio, la casa de recreo que George compró en 2002 disponía de teatro al aire libre, piscina y un amplio garaje en el que el actor guardaba cinco motocicletas *vintage*. Contaba además con pista de tenis, gimnasio, cuartos de baño enormes y una pizzería con horno incluido. Solo el artesonado de las habitaciones daría para hablar largo y tendido.

Según una fuente, durante los tres días que estuvieron allí, «Meghan y Amal pasaron mucho tiempo relajándose en la piscina y jugando con los gemelos, y George le enseñó a Harry su colección de motos. Harry salió a probar una de las motos acompañado por sus escoltas. George no quiso salir porque hacía poco que había tenido un accidente».

Los duques no eran los únicos invitados presentes en la casa ese fin de semana. Eugenia y su prometido, Jack Brooksbank, ya estaban en la villa cuando llegaron Meghan y Harry, y coincidieron con ellos durante parte de su visita. Para evitar problemas de seguridad, el grupo prefería no salir y disfrutó en casa de los manjares que prepararon diversos chefs. La última noche de la estancia de Meghan y Harry, George contrató al cocinero de Il Gatto Nero, uno de sus restaurantes preferidos de la zona, para que preparara un festín italiano para quince personas. El grupo de amigos, entre los que se contaban varios vecinos con sus invitados, cenó en mesas de caballete colocadas en los jardines. Hubo música en directo y los invitados disfrutaron de la velada hasta altas horas de la noche.

Harry y George ya eran amigos mucho antes de que el príncipe conociera a Meghan. Tras coincidir en una gala benéfica, descubrieron que, pese a su diferencia de edad, tenían muchas cosas en común. Entre ellas, su pasión por las motos, que George coleccionaba en sus casas del lago Como, Los Ángeles y Sonning.

George y Amal habían invitado al menos en dos ocasiones a Meghan y Harry a su casa de Sonning, en Oxfordshire, más o menos a una hora de distancia de Great Tew Estate, donde vivían los *royals*. A los Clooney les encantaba invitar a sus amigos a aquella casa situada a orillas de un río, y Meghan y Harry aprovecharon para llevarse a sus perros. La casa tenía una espaciosa terraza protegida de miradas curiosas y un salón decorado a la manera tradicional de un club británico, con paredes revestidas de madera, gruesos cortinajes, tapicerías de terciopelo, mullidos sillones y un bar.

Al regresar a Inglaterra, Meghan y Harry establecieron una nueva rutina como pareja casada. Tomar café o té juntos por las mañanas, en la cocina, se convirtió en un ritual. Luego se turnaban para preparar el desayuno con la compra que les llevaban del supermercado Waitrose o los productos orgánicos de temporada que encargaban a Daylesford Farm, una finca cercana.

Ellos también recibían invitados a menudo. A principios de julio, Serena Williams, que estaba en Londres para disputar el torneo de Wimbledon, fue a hacerles una visita al campo, acompañada por su marido, Alexis Ohanian. Unos días después, Meghan y Kate fueron a verla jugar contra Angelique Kerber en la final femenina del torneo. Aunque era ya duquesa —igual que Kate, que además era patrona real de Wimbledon desde 2006, cuando tomó el relevo de la reina en ese papel—, Meghan se acercó a la zona VIP para abrazar a Serena y a su madre, Oracene Price.

—Meghan es una mujer increíble y una gran amiga de la familia —declaró Oracene—. Estamos muy orgullosas de todo lo que ha logrado.

El otoño de 2018 fue más cálido de lo normal y la pareja pudo disfrutar del patio de la casa casi hasta que comenzó su gira oficial de dieciséis días por Australia, Fiyi, Tonga y Nueva Zelanda. No era su primer viaje oficial al extranjero como pareja. En julio ya habían hecho una visita oficial a Dublín, pero fue un viaje muy corto, de solo dos días, y apenas se alejaron de Inglaterra. De hecho, procuraron que el vuelo chárter que usaron para el viaje a Irlanda los llevara a casa a tiempo de ver la segunda parte de la semifinal del Mundial de fútbol entre Croacia e Inglaterra desde su cómodo cuarto de estar en Oxfordshire.

Hubo otra diferencia sustancial entre ambos viajes. Al partir hacia Australia, Meghan estaba embarazada, y Harry y ella estaban encantados, porque querían tener hijos cuanto antes.

El 15 de octubre, la víspera de su partida, el palacio de Kensington convocó por sorpresa al pequeño grupo de periodistas que se había reunido en Sídney para cubrir la gira real. Los periodistas creyeron que el objeto de la reunión era darles la típica información logística que necesitaban para informar sobre la visita oficial, como de dónde salía el autobús y a qué hora. Sin embargo, cuando se reunieron en torno a un iPhone 6 colocado encima de una taza de té con su platillo, a modo de altavoz improvisado, Jason Knauf, el secretario de comunicación de la pareja, les dio la gran noticia.

—Los duques están esperando un bebé. Dentro de un cuarto de hora, vamos a emitir un comunicado.

Meghan, que salía de cuentas en la primavera de 2019, estaba de menos de doce semanas de embarazo cuando empezó la gira oficial, pero un asistente de la Casa Real afirmó que la pareja prefería hacer pública ya la noticia para evitar especulaciones durante el viaje.

—Ya se le notaba y habría sido imposible ocultarlo —añadía esa misma fuente—. Los rumores sobre su embarazo habrían dominado la cobertura informativa de la gira, quitándole todo su sentido. Y Meghan no quería que eso pasara.

(El anuncio del embarazo se hizo coincidir con el inicio de la gira para no ensombrecer esta, pero eclipsó otro feliz acontecimiento para la familia real: la boda de la princesa Eugenia. La familia se había enterado de que Meghan estaba embarazada apenas un par de días antes, en el enlace de la prima y amiga de Harry. Al parecer, a Eugenia no le sentó nada bien. Según una fuente, la princesa les comentó a sus amigos que Meghan y Harry podrían haber esperado un poco para hacer pública la noticia).

Meghan no aflojó su ritmo de trabajo por el embarazo, a pesar de que durante los dieciséis días siguientes tuvo que tomar catorce aviones y asistir a setenta y seis actos oficiales. La primera parada del viaje fue Sídney, donde la pareja aterrizó con su equipaje personalizado de color azul, con sus nombres grabados, y sus maletas de cabina Rimowa a juego, que contenían un neceser, algo de ropa, sus notas y otras cosas básicas (un asistente se encargaba de que las llevaran consigo cada vez que cogían un avión). Los acompañaba un séquito de diez personas, entre ellas su secretaria privada y jefa de personal, Samantha Cohen; las secretarias privadas Amy Pickerill y Heather Wong; la asistente del palacio de Buckingham Marnie Gaffney y el peluquero George Northwood.

Además de asistir a diversos actos oficiales y presidir la cuarta edición de los Invictus Games, Meghan y Harry consiguieron sacar tiempo para cenar con Jessica y su marido, Ben Mulroney, que estaba en la capital australiana cubriendo la celebración de los juegos para la cadena de televisión canadiense CTV. Un millonario del sector inmobiliario les prestó su casa para que pudieran verse en la intimidad y disfrutar de una cena de cinco platos preparada por su cocinero privado.

Allá donde iba, la pareja era recibida por una muchedumbre de fans digna de los Beatles. La prensa local aseguró que los Sussex tenían «un toque mágico» cuando el pequeño avión de la Real Fuerza Aérea Australiana aterrizó en el municipio de Dubbo, uno de los mayores centros agrícolas de Nueva Gales del Sur, que se había visto muy afectado por la peor sequía que sufría el país desde hacía más de cincuenta años. Cuando se bajaron del avión, el cielo empezó a cubrirse de nubarrones y empezó a llover. Cayó más lluvia en un solo día que en los seis meses anteriores, y la tierra reseca se empapó por fin. El aguacero fue una bendición para los 38 943 habitantes de la ciudad, cuya economía se estaba viendo gravemente afectada por las malas cosechas. Casi la mitad de la población celebró aquel milagroso cambio de tiempo en un pícnic con la pareja real. Acabaron todos hechos una sopa, incluidos Meghan y Harry, pero absolutamente encantados.

Aunque no es ninguna novedad que la presencia de los *royals* atraiga a multitudes, hubo algo distinto en la visita de los Sussex a Oceanía. Gente joven que nunca se había interesado por la monarquía británica empezó a identificarse con ellos. Chicos y chicas adolescentes, muchos de ellos aborígenes australianos, contaron que veían a Meghan como un símbolo de empoderamiento femenino o un rostro que los representaba como ningún otro miembro de la familia real los había representado hasta entonces.

—Es genial pensar que hay chicas que ven a la duquesa de Sussex y piensan: «¡Eh, pero si se parece a mí!» —comentaba Sherry-Rose Bih, una empresaria australiana afrodescendiente que estuvo charlando con la duquesa durante un acto para líderes jóvenes en Melbourne.

Después de visitar Australia, Meghan y Harry viajaron a Fiyi y Tonga, dos escalas que generaron cierta preocupación debido a la epidemia de zika, un virus que puede causar defectos congénitos graves en el feto si lo contrae una mujer embarazada. Aunque la OMS y los diversos Centros de Control de Enfermedades consideraban esos dos países «áreas con riesgo de infección por Zika» y no recomendaban a las mujeres embarazadas visitar la zona, Meghan y Harry no quisieron modificar su agenda oficial.

Habían consultado con especialistas médicos antes de salir de Inglaterra y Meghan se atuvo a las recomendaciones que le dieron los profesionales de la salud. Llevaba siempre manga larga y ropa de colores claros para evitar en la medida de lo posible picaduras de mosquito, y cada vez que salía se «embadurnaba» de repelente, según uno de sus colaboradores. Harry y ella tenían siempre en el coche botecitos de gel hidroalcohólico y de repelente de insectos. En Tonga, las autoridades sanitarias fumigaron dos veces la zona unos días antes de que llegara la pareja.

Si a Meghan le preocupaba el zika, no se le notó lo más mínimo. En Fiyi, ante centenares de estudiantes y profesores de la Universidad del Pacífico Sur, pronunció un apasionado discurso sobre la necesidad de una educación universal. Fue uno de los tres discursos oficiales que dio durante la gira —más que cualquier otro consorte real—, y escribió ella misma la alocución de tres minutos, lo que explica que apenas tuviera que consultar la copia impresa, que estaba llena de anotaciones de su puño y letra.

En aquel viaje, Meghan demostró ser una fuerza formidable dentro de la familia real británica. No se la vio agobiada en ningún momento por la enorme cantidad de compromisos oficiales, las muchedumbres histéricas que acudían a verlos pasar, o el *jet lag*, que según dijo le duró más de una semana. De hecho, procuró sacar partido a las noches de insomnio que pasó en la Casa del Almirantazgo de Sídney. Antes de visitar Dubbo, preparó pan de plátano usando su receta particular, que incluía trocitos de chocolate y jengibre, y lo llevó cuando fue a visitar a una familia de agricultores locales, junto con una caja de té Fortnum & Mason Royal Blend, su favorito.

—Mi madre me enseñó que, cuando vas a casa de alguien, tienes que llevar algo —dijo al llegar.

Los medios australianos comenzaron a apodarla de inmediato «Reina de Corazones».

Harry también puso mucho de su parte para cambiar esa percepción que se tenía de la monarquía británica como una institución estirada y rígida. Con la camisa desabrochada, sin corbata (llevó solo dos para toda la gira, que incluyó cuatro países) y haciendo gala de franqueza y naturalidad cuando hablaba de los problemas que había vivido, el príncipe demostró ser una persona muy cercana, con la que el público podía identificarse, pese a formar parte de la familia real. La gira demostró, además, hasta qué punto se tomaba en serio su papel como embajador para la Juventud de la Commonwealth, puesto que desempeñaba desde abril de 2018. De hecho, el tema del empoderamiento de la juventud de todas las procedencias sociales ocupó un lugar central en el viaje desde su inicio.

Durante el último tramo del viaje, en Nueva Zelanda, Meghan siguió mostrando su entusiasmo y su energía. En un encuentro en torno a la salud mental celebrado en una cafetería de la playa, en Wellington, Harry mantuvo una conversación muy sincera con adolescentes que tenían problemas de salud mental en la que les habló de su propia experiencia. Meghan, por su parte, abordó un tema que conocía bien: las redes sociales. Habló, concretamente, del lado negativo que tenían para los jóvenes.

—En las redes ves fotos preciosas, pero nunca sabes si son naturales o si han usado un filtro —comentó—. Cuando todo se basa en *likes*, tu sentido de la autoestima acaba estando muy distorsionado.

Harry respaldó las palabras de su esposa añadiendo:

—Las redes sociales y el juego generan problemas muy graves para la juventud del Reino Unido, y de todo el mundo.

—Pero pensando quizá en su inminente paternidad, aconsejó a los asistentes que no se apresuraran a culpar a los padres de los problemas de sus hijos—. Se suele señalar a los padres —dijo—, pero a veces es injusto, porque a ellos también hay que educarlos sobre estas cuestiones.

Meghan se mostró infatigable hasta el último minuto de

la gira. Escribió sus propios discursos, se encargó de que los dulces que sobraban en un acto oficial se repartieran entre un grupo de escolares que esperaba frente al lugar del evento para conocer a la pareja, y se escapó de los asistentes de palacio y los escoltas para recorrer a pie junto a Harry el último tramo de su ruta por el bosque de Whakarewarewa, en Rotorua, donde su marido le hizo fotos con las secuoyas de fondo. Todo ello demostró que el embarazo no era impedimento para que siguiera trabajando con el mismo empeño y la misma dedicación que antes.

Aunque faltó a un par de actos oficiales a petición de Harry y de los asistentes del palacio de Kensington, que opinaban que debía administrar sus fuerzas, la duquesa, embarazada de cuatro meses, no mostró signos de flaquear.

—El embarazo suele ser una época de mucho cansancio —comentó Jacinda Ardern, la primera ministra de Nueva Zelanda, que pasó tres días con los duques durante su visita oficial—. Aun así, fue increíble cómo se esforzó por darlo todo. Es una mujer asombrosa y me alegro mucho de haber tenido la oportunidad de conocerla.

(La pareja y la primera ministra mantienen contacto regular desde entonces a través de correo electrónico, y el 21 de enero de 2019 volvieron a verse en el palacio de Kensington. Meghan se pone a menudo los pendientes que le regaló Ardern en Nueva Zelanda: dos sencillos botones de oro con un grabado de plumas, creación de la cantante y diseñadora de joyas neozelandesa Boh Runga).

Lamentablemente, la vida no iba a darles ni un respiro cuando volvieran a Inglaterra.

17

Una duquesa distinta

Gracias al anuncio de su embarazo y a su impecable actuación durante su primer gran viaje oficial como representante de la Casa Real británica, Meghan pudo disfrutar por fin de unas cuantas semanas de buena prensa. Esa racha llegó bruscamente a su fin el 10 de noviembre, cuando el *Mail on Sunday* publicó la primera de una serie de noticias poco halagüeñas para la duquesa. Al parecer, Melissa Toubati, la asistente de los duques, había dejado su trabajo al cabo de solo seis meses.

El periódico citaba a un funcionario de la Casa Real, que describía a Melissa como *una persona de gran talento que había desempeñado un papel crucial en el éxito de la boda real y a la que todo el personal de la Casa Real echará de menos*, y afirmaba que Meghan era una pésima jefa.

Una semana después, el *Mirror* publicó asimismo un artículo sobre la brusca renuncia de Melissa, informando de que Meghan la había hecho llorar varias veces, y una fuente anónima aseguraba:

> *Ha aguantado mucho. Varias veces acabó llorando por culpa de las exigencias de Meghan. Melissa es una profesional como la copa de un pino y es fantástica en su trabajo, pero las cosas llegaron a un punto crítico y lo más fácil era que cada una tirara por su lado.*

Los apodos que los tabloides dedicaban a la duquesa (*Hurricane Meghan*, «Huracán Meghan», y *Me-Gain*, «Yo gano») y las descripciones sesgadas de su conducta (levantarse a las cinco de la mañana, bombardear a sus asistentes con mensajes y cierta forma de mirar levantando las cejas) no mostraban signos de remitir.

A Meghan y Harry les preocupaba que la Casa Real no contestara a las muchas noticias desfavorables y engañosas que aparecieron en torno a la marcha de Melissa. Según múltiples fuentes que conocen los motivos de su súbita renuncia, pese a lo mucho que la prensa ensalzara a la exasistente del palacio, la pareja no estaba nada satisfecha con su trabajo y no se llevó en absoluto un disgusto cuando se marchó. Meghan se preguntaba si alguien en el palacio de Kensington, donde Melissa tenía buenos amigos, estaba más interesado en proteger a la asistente que en defenderla a ella.

En momentos de desánimo como aquel, Meghan y Harry agradecían el apoyo del #SussexSquad, el colectivo global de fans que los apoyaba en Internet. Sus apasionados seguidores, hombres y mujeres de todo tipo, solían defenderlos de las críticas de la prensa y convertir las actividades de los Sussex en tendencia en Twitter. Siguiendo el ejemplo de Meghan y Harry, incluso habían lanzado iniciativas benéficas como el *#GlobalSussexBabyShower*, cuyo objetivo era recaudar cincuenta mil dólares para ONG dedicadas a la protección de la infancia, o la campaña para plantar cien mil árboles en todo el mundo en nombre de la pareja.

A pesar del apoyo que recibían en Internet, Meghan y Harry seguían generando polémica en la prensa. Cuando el 24 de noviembre la Casa Real anunció que los recién casados se instalarían en Windsor pese a que se estaba remodelando el Apartamento 1 del palacio de Kensington para su uso, los medios volvieron a arremeter contra ellos.

Tras varios meses especulando con que Meghan y Harry iban a abandonar Nottingham Cottage para mudarse a la antigua residencia de los duques de Gloucester, contigua al Apartamento 1A que ocupaban Guillermo y Kate, los expertos en la Casa Real se llevaron una sorpresa al saber que la pareja iba a instalarse lejos del palacio. A treinta y cinco kilómetros, para ser exactos.

Los duques de Sussex trasladarán su residencia a Frogmore Cottage, en Windsor, a principios del año próximo, en espera del nacimiento de su primer hijo, anunció el palacio. Su nuevo hogar estaba situado a tiro de piedra del castillo de Windsor y a escasos metros de Frogmore House, la mansión donde habían celebrado su banquete de bodas y donde habían posado con motivo de su compromiso matrimonial.

Windsor es un lugar muy especial para Sus Altezas Reales, que se sienten muy afortunados por poder instalar allí su residencia oficial.

Para la reina era una enorme satisfacción poder regalar

casas a sus familiares más cercanos, afirmaba un alto funcionario de palacio. Su Majestad le había regalado Sunninghill Park al príncipe Andrés; Bagshot Park al príncipe Eduardo y a su esposa Sofía, condesa de Wessex; y Anmer Hall a Guillermo y Kate.

—¡Le encanta! —añadía la misma fuente.

Frogmore Cottage era perfecta para Meghan y Harry por su cercanía al castillo de Windsor. La casa no estaba, sin embargo, pegada a la que ocupaban Guillermo, Kate y sus hijos. Eso bastó para que dos días después los medios comenzaran a hablar de *duelo de duquesas*. El 26 de noviembre, el *Telegraph* informó de que antes de la boda Meghan había hecho llorar a Kate a raíz de una prueba para el vestido de damita de honor de la princesa Charlotte.

—Kate acababa de dar a luz al príncipe Louis y tenía las emociones a flor de piel —comenta una fuente.

Pese a que la información publicada por el *Telegraph* era muy vaga, el 28 de noviembre *The Sun* decidió echar más leña al fuego al asegurar que habían sido las «exigencias» de Meghan las que habían hecho llorar a la duquesa de Cambridge.

Una fuente que estuvo en la prueba de vestuario de mayo y que nunca hasta ahora ha hablado de lo ocurrido afirma que las informaciones acerca del llanto de Kate dejaron «perplejos» a quienes estuvieron allí presentes.

—Algunos niños no cooperaban y había muchas cosas que hacer. Todo el mundo intentó ayudar como pudo, pero las pruebas con niños nunca son fáciles. Nadie lloró. Y al final la prueba salió bien. Kate y Meghan estaban un poco estresadas, pero se mostraron muy profesionales en todo momento, y había otras personas presentes, entre ellas Clare [Waight Keller], Melissa y dos asistentes de Givenchy.

Las personas más allegadas a Meghan se preguntaban si

detrás de aquella historia no habría alguien de palacio o algún exempleado de la Casa Real, y por qué la oficina de prensa no emitía de inmediato un desmentido.

—Hay gente que trabaja para la familia real o que forma parte de ella que sabe que muchas de esas cosas no son ciertas y a la que no se permite desmentirlas, como esa noticia absurda sobre Meg y Kate y los vestidos de las damitas de honor —cuenta una persona de confianza—. Era una historia ridícula y completamente falsa.

En aquel momento, sin embargo, un asistente de Kensington se limitó a comentar que las duquesas estaban dolidas por las acusaciones de la prensa, pero que eran «muy distintas». (Varios asistentes de la Casa Real han confirmado a los autores de este libro que no hubo ninguna prueba de vestuario en la que la duquesa de Cambridge acabara llorando).

Meghan habría estado de acuerdo en que, efectivamente, Kate y ella tenían caracteres muy distintos. Su relación no había avanzado mucho desde que era la novia de Harry. Meghan podía entender hasta cierto punto que su cuñada no hubiera querido estrechar lazos con ella antes de la boda, pero las cosas no habían mejorado mucho desde que era la esposa del hermano de Guillermo y un miembro más de la familia real. Aunque agradecía que Kate le mandara flores por su cumpleaños, habría preferido que la llamara para preguntarle cómo estaba cuando la prensa se ensañaba con ella.

Negarse a hacer desmentidos solo contribuía a reforzar los rumores incorrectos que la prensa ponía en circulación. Por regla general, el palacio no hacía comentarios sobre los rumores que publicaba la prensa, pero los Sussex tenían la sensación de que a la Casa Real no le importaba saltarse esa norma cuando se trataba de noticias que afectaban a miembros de mayor rango de la familia. (Sin ir más lejos, en julio de 2019 un portavoz de palacio desmintió públicamente las alegaciones de una clínica de cirugía plástica que aseguraba que Kate se había sometido a un tratamiento de *baby bótox*). A Meghan y Harry les molestaba esta actitud, porque ellos no parecían disfrutar del mismo respaldo por parte de la institución.

Las duquesas no eran, en efecto, grandes amigas, pero tampoco estaban en guerra. Hubo momentos un tanto incómodos, como un día en que se cruzaron por casualidad en el palacio de Kensington a principios de 2017, cuando Meghan y Harry aún no se habían casado. Iban las dos de compras a la misma calle, y aun así Kate decidió trasladarse hasta allí en su Range Rover personal. Lo cierto era que Meghan y Kate apenas se conocían. De hecho, antes de la boda habían coincidido en contadas ocasiones, por más que algunos asistentes de palacio aseguraran que «hablaban y se escribían con regularidad».

Ningún lugar de trabajo es perfecto y, en el ambiente enrarecido de la monarquía, la presión puede ser desquiciante. Lo mismo puede decirse de las tensiones internas entre los tres palacios, que a menudo parecen competir entre sí. Los tiras y aflojas entre el palacio de Buckingham, Clarence House y Kensington eran tales que hasta a los expertos en la Casa Real empezó a darles la risa cuando los tres palacios se empeñaban en programar actos y publicar comunicados en las redes sociales el mismo día, como si quisieran superar a los demás.

—Siempre ha habido rivalidad entre los palacios —reconoce un funcionario veterano de la Corona—. Eso no cambiará nunca.

El personal de la Casa Real reconocía que era muy frustrante que los tabloides británicos publicaran noticias negativas o falsas sobre la monarquía día tras día. A nadie le sorprendía, sin embargo, que hubiera filtraciones internas. Un funcionario de la Casa Real se jactaba en privado ante sus amigos de su habilidad para colocar noticias, positivas o negativas, en cualquier publicación con solo un clic, y otro le dijo al editor de un periódico muy respetado que «después de aguantar una pataleta de Meghan, podía con cualquier cosa». Varios empleados de la Casa Real nos han descrito la atmósfera imperante en los tres palacios como «competitiva», «mezquina» y «agobiante».

El problema no radicaba únicamente en la actitud del personal de los distintos palacios. En parte era también responsabilidad de los príncipes. La brecha que se abrió cuando el duque de Cambridge cuestionó el ritmo al que avanzaba la relación de su hermano no había hecho más que agrandarse tras la boda de Harry.

A los Sussex, la actitud de Guillermo y Kate hacia ellos se les hizo evidente a partir de ese verano. Meghan y Harry recibieron la visita de numerosos familiares y amigos en su casa de Oxfordshire. Los Cambridge, en cambio, no fueron a verlos ni una sola vez mientras vivieron allí, a pesar de que, según asegura una fuente, estaban invitados.

No era así, desde luego, como Harry se había imaginado su futuro. El príncipe le dijo una vez a un amigo que antes fantaseaba con que, al casarse, su mujer y él pasarían mucho tiempo con Guillermo y Kate, y sus respectivos hijos serían grandes amigos.

La tirantez que había entre Guillermo y él era uno de los motivos por los que Harry quería que Meghan y él se fueran a vivir a Windsor.

—Quería alejarse de esa pecera que era el palacio de Kensington —afirma una fuente—. Vayas donde vayas, estás rodeado de empleados y familiares. En aquel momento, su hermano y él no solo trabajaban juntos, sino que estaban montando la fundación y además vivían uno al lado del otro. Era agobiante.

La prensa, por su parte, seguía reservando para Meghan sus críticas más virulentas. Según un medio, la duquesa había exigido que el día de la boda se usaran ambientadores en aerosol en la capilla de Saint George (el lugar donde la reina suele asistir a misa y donde se halla la cripta real) porque *olía a moho*, lo que escandalizó a los funcionarios de la Casa Real. Lo cierto era que los discretos difusores de fragancia Baies que se usaron en la capilla —de la firma Dyptique, como las velas que eligió Kate para perfumar la abadía de Westminster cuando se casó allí en 2011— habían recibido el visto bueno de todas las partes implicadas.

En diciembre, se publicó que Kate había intervenido, «furiosa», después de que Meghan «abroncara» a un miembro de su personal. Se rumoreaba que la persona en cuestión era Katrina McKeever, la subsecretaria de comunicación del palacio de Kensington, que tras cinco años había abandonado su puesto en la Casa Real para explorar nuevas posibilidades laborales. Era una historia tan absurda que sorprendió incluso al palacio de Kensington. En realidad, Katrina se había despedido amigablemente de los Sussex, que le mandaron una nota escrita a mano y un gran ramo de flores cuando se marchó.

Una semana después, *The Express* informó de que el personal de la Casa Real llamaba a Meghan la Duquesa Difícil, un mote que no ha podido sacudirse todavía hoy. Cualquier gesto que hiciera, por nimio que fuera, se consideraba un acto de desafío, incluso que se pintara las uñas de negro o se pusiera un vestido con un solo tirante como el que lució en la gala de los Premios de la Moda en diciembre, donde entregó a

Clare Waight Keller el galardón de Diseñadora Británica del Año. Una fotografía de Meghan, Clare y la actriz Rosamund Pike que se publicó en la cuenta de Instagram del British Fashion Council fue retirada al cabo de dos horas.

—Era un recuerdo personal que no debía compartirse públicamente —asegura una persona del entorno de la Casa Real.

Una fuente del British Fashion Council afirma, sin embargo, que la organización retiró la fotografía debido al aluvión de comentarios racistas que generó.

El columnista Richard Kay (el periodista favorito de la princesa Diana) afirmó, citando a una fuente de palacio, que *había cierta ostentación en la forma en que Meghan posaba sujetándose la barriga.* Y, por si eso fuera poco, *llevaba las uñas pintadas de oscuro, y la reina lo odia.*

La princesa Diana había llevado esmalte de uñas rojo y vestidos con una sola hombrera. La princesa Eugenia se pintó la bandera británica en las uñas para conmemorar el jubileo de la reina en 2012 y llevó un esmalte morado muy parecido al de Meghan a una fiesta en Serpentine Galleries. Hasta Kate, que normalmente respeta escrupulosamente las normas, se había pintado las uñas de los pies de rojo alguna que otra vez. Aunque las mujeres de la familia Windsor, incluida Meghan, solían llevar colores neutros, a veces hacían una excepción si la ocasión lo permitía. No había ningún protocolo respecto al color de la laca de uñas.

La indignación en torno al esmalte de uñas de Meghan dejaba traslucir un problema de mayor calado. Se había abierto la veda contra ella, y había mucha gente dispuesta a criticarla por cualquier cosa.

—Que sea una duquesa distinta, eso es lo que no le perdona la gente —afirma una amiga íntima de Meghan—. Trabajar con Meghan es lo más fácil del mundo. Pero a ciertas personas no les gusta que destaque.

Según algunos funcionarios de la corte, había una parte del personal de la Casa Real que rechazaba a Meghan por el hecho de ser estadounidense y haber sido actriz. Británicos y americanos tienen estilos distintos a la hora de trabajar. Los americanos pueden ser mucho más directos, y eso no siempre sienta bien en una institución tan protocolaria como la monarquía. En la alta sociedad británica, el desparpajo de los estadounidenses se considera a menudo ofensivo y de mal gusto.

—Estuvo clarísimo que sería así en cuanto se supo que una actriz americana iba a entrar a formar parte de la familia real —comenta otro asistente de palacio.

Meghan sentía que parte de los comentarios que circulaban y de las noticias que publicaban los tabloides no obedecían únicamente a cierto desajuste cultural. Eran machistas y prejuiciosos. Si un hombre se levantaba antes de que amaneciera para trabajar, se le aplaudía por su esfuerzo y su dedicación. Si lo hacía una mujer, se la tachaba de arpía o de tener un carácter difícil. Ese doble rasero se manifestaba con mayor crudeza cuando se trataba de mujeres de color que alcanzaban éxito social, a las que solía tildarse de exigentes o agresivas.

El 3 de diciembre, Meghan se hallaba entre el público presente en el Southbank Centre de Londres cuando Michelle Obama, que estaba en la ciudad para promocionar *Mi historia*, su libro de memorias, dijo:

—A las mujeres negras nos sucede que se nos convierte en una caricatura. La gente se queda con las cosas de nosotras que le gustan. Se apropian de nuestro estilo, de nuestra desenvoltura, y luego nos demonizan. Tenemos mal genio, somos muy chillonas, todo lo que hacemos es excesivo... Eso lo he vivido yo. ¡¿Cómo me atrevo a tener voz y a usarla?!

Por poner un ejemplo, en febrero de 2019 Meghan se convirtió de nuevo en blanco de los ataques de la prensa por escribir mensajes de aliento para prostitutas que ejercían su oficio en las calles de Bristol. En el transcurso de un compromiso oficial, en la cocina de la ONG One25, que ayuda a mujeres en situación de vulnerabilidad a liberarse del yugo de la prostitución, la drogodependencia, la pobreza y la violencia, Meghan vio que una voluntaria estaba preparando bolsas de comida para repartirlas ese mismo día entre mujeres que trabajaban en la calle. Empuñó entonces un rotulador, sacó un plátano de cada bolsa y en cada uno de ellos escribió un mensaje de apoyo: *Eres fuerte, Eres increíble, Se te quiere*.

Fue un gesto espontáneo que conmovió al personal de la asociación, cuya furgoneta ofrecía apoyo y atención a unas doscientas cuarenta trabajadoras del sexo en el barrio rojo de la ciudad cada año.

—Me acordé de un proyecto que puso en marcha una mujer en no sé qué parte de Estados Unidos, en un comedor escolar—contó Meghan, refiriéndose a una noticia acerca de la encargada de la cafetería del colegio Kingston de Virginia—. Escribía mensajes en los plátanos para que los niños se sintieran empoderados. Era una idea preciosa, ese pequeño gesto.

Para las trabajadoras sexuales, fue un gesto lleno de amabilidad.

—Nos sentimos invisibles ahí fuera —afirmó una de ellas, que prefirió conservar el anonimato—. Y aunque parezca una tontería, me llegó al alma ver reconocida nuestra existencia y leer esas palabras que no oigo muy a menudo.

No todo el mundo lo vio de la misma manera. Un tabloide mandó a una periodista de incógnito a intentar conseguir uno de los plátanos de la furgoneta de One25, y *The Sun* tachó el gesto de «ofensivo». El periodista Piers Morgan —que, tras no recibir una invitación a la boda, había atacado a la duquesa en más de cien artículos de opinión y entrevistas— afirmó que Meghan se estaba «mofando» de la monarquía y de las prostitutas. Un columnista del *Daily Mail* afirmó en un artículo que *las trabajadoras sexuales no son especiales, como pueden comprobar cada vez que practican el sexo con un hombre por dinero.*

Los comentarios de la prensa indignaron a Meghan.

—Son animales —le dijo a una persona de su círculo de amistades.

—No son más que trols —añadió Harry.

Las normas de la Casa Real exigían que Meghan callara y no se defendiera, por más que se sintiera difamada. De modo que, cuando en abril de 2019 *The Sun* informó en primera página de que la reina le había prohibido llevar joyas que hubieran pertenecido a Diana, la duquesa tuvo que guardar silencio. Otra vez.

Ciertos aspectos del comportamiento de Meghan suscitaron malestar en algunos sectores del palacio de Buckingham ya antes de la boda, aseguraba el tabloide refiriéndose al presunto trato tiránico que Meghan dispensaba a sus colaboradores o a su negativa a utilizar al personal de la reina para casi todo lo relacionado con su boda, como las flores o la tarta. En cambio, Kate, según el artículo, tenía permitido ponerse lo que quisiera.

> *La reina y sus consejeros de mayor confianza tienen discrecionalidad para decidir qué piezas de la Royal Collection presta la soberana y a quién.*

La fuente a la que citaba el periódico ignoraba, al parecer, que las joyas de Diana no pertenecen a la Royal Collection.

Tanto Meghan como Kate han lucido en diversas ocasiones joyas icónicas vinculadas con Diana. Tras la muerte de la princesa, sus joyas pasaron a sus hijos o a la reina, dependiendo de si eran bienes privados o regalos recibidos en su calidad de representante de la Corona. Kate había llevado en diversas cenas de estado la diadema del Nudo de los Enamorados de Cambridge, que Diana lució muchas veces. Y, durante su gira por Australia, Nueva Zelanda, Fiyi y Tonga, se vio a Meghan con unos pendientes de diamantes en forma de mariposa y una pulsera de zafiros que habían sido de Diana.

No era la primera vez que la prensa aireaba presuntas disputas en torno a las joyas. *The Sun* informó anteriormente de que Meghan se había encaprichado de «una tiara con esmeraldas». Al parecer, se trataba de la diadema de la gran duquesa Vladimir, no de la que la reina María de Teck lució el día de su boda. La tiara Vladimir era una de las piezas más espectaculares de la colección real. Extraída clandestinamente de Rusia tras la Revolución de 1917, la reina María la compró en 1921 y posteriormente fue remodelada para añadirle aros de diamantes entrelazados de los que colgaban grandes esmeraldas y perlas en forma de lágrima.

Debido a estas piezas colgantes, la tiara se confunde a veces con la del Nudo de los Enamorados de Cambridge. Fabricada por la joyería House of Garrard para la reina María en 1914 usando perlas y diamantes que ya pertenecían a su familia, la diadema del Nudo de los Enamorados se hizo tomando como modelo una diadema de su abuela, la princesa Augusta de Hesse. Tras la muerte de la reina María en 1953, la tiara pasó a su nieta, Isabel II.

Es posible, no obstante, que la tiara Vladimir atrajera especialmente a Meghan por el color verde que dominó en diversos aspectos de su boda (la sesión de fotos se hizo en el

Salón Verde de Windsor y, para el enlace, la reina llevó un vestido verde y Doria un traje de color menta). Una fuente que participó en la planificación de la boda cuenta que «es posible que en cierto momento, al principio, hablara de que la diadema ideal debía contener esmeraldas».

No es cierto, sin embargo, que Meghan exigiera otra tiara después de haber elegido una junto con la reina, lo que constituye un rito de paso para las novias de la familia real. Desde que ocupa el trono, Isabel II ha prestado piezas de su colección a todas las novias de la familia, incluidas Camilla y Kate. Según un alto funcionario de la Casa Real, «para Su Majestad es una inmensa alegría poder ofrecer alguna cosilla» para los acontecimientos importantes. Al parecer, Isabel II disfruta ayudando a elegir las piezas que han de lucirse en las ocasiones especiales, como cenas de Estado y otros compromisos oficiales de gala.

—Suele tener algo pensado de antemano —afirma esa misma fuente.

En el caso de Meghan, hubo algo distinto, y es que Harry también estuvo presente en la selección de las joyas. En febrero de 2018, la pareja, que llevaba casi cuatro meses prometida y convivía ya en el palacio de Kensington, llegó a la sala de audiencias del palacio de Buckingham, desde donde se los condujo, en un ascensor de seguridad, hasta la gran cámara acorazada que hay doce metros por debajo del palacio, donde ya estaban expuestas las piezas para que las vieran.

Aunque normalmente se muestre tan segura de sí misma incluso en las circunstancias más imponentes, Meghan estaba nerviosa aquel día. Iba a probarse joyas de incalculable valor, algunas de las cuales rara vez habían visto la luz del día. Ni su infancia en el sur de California, ni su carrera como actriz, ni su trayectoria como feminista y defensora de los derechos de las mujeres en todo el globo la habían familiarizado con el uso de diademas incrustadas de diamantes. No era el caso de la reina, que, como dijo una vez su difunta hermana la princesa Margarita, «es la única persona capaz de ponerse una diadema con una mano mientras baja las escaleras».

Antes de aquel encuentro, Meghan había hablado con Clare Waight Keller, que ya había empezado a diseñar su escultural vestido de novia.

—Tenían cierta idea de lo que podía irle bien —comenta una fuente acerca de la elección de diadema por parte de la diseñadora y de la novia—, pero no estaban seguras de cuáles serían las opciones finales entre las que les darían a elegir. Había que esperar a ver qué les ofrecían.

Estuvieron viendo imágenes de archivo de distintas diademas que les gustaban, pero sabían que, en última instancia, no serían ellas quienes decidieran. Lucir una de esas diademas era un privilegio y un regalo concedido por la reina y, como sucede casi siempre con los regalos, había que aceptar lo que a uno le daban.

Cada diadema se guarda en su propia caja de seguridad dentro de la cámara acorazada, una sala situada en el sótano, de unos cuarenta y cinco metros de largo, dividida en secciones. La sala —cuyas dimensiones evidencian lo grande que es la colección de Su Majestad, compuesta por centenares de tiaras, broches, collares, pendientes y otras piezas de joyería— no es austera y fría como la cámara acorazada de un banco, sino tan luminosa como una sala de exposición.

Mark Appleby —el joyero de la Corona, encargado de sacar las diademas para mostrarlas y de colocar en su sitio las gemas, que se guardaban por separado en saquitos, así como de engastar la piedra central de la diadema de la reina María— no estuvo presente aquel día, debido a que se trataba de un momento muy íntimo y personal, pero se hallaba allí cerca por si era necesaria su ayuda o surgía alguna complicación. Todos los puestos de trabajo del personal a sus órdenes estaban vacíos, y solo la conservadora de las joyas de la reina, Angela Kelly, se hallaba presente para mostrarles las diademas a la reina y a Meghan, como había hecho anteriormente con la duquesa de Cambridge y como haría más adelante con la princesa Eugenia.

Angela, que ocupa el cargo oficial de asistente personal, consejera y conservadora de Su Majestad la reina (Joyería, Insignias y Guardarropa), era la única persona, aparte del joyero real, que tenía acceso a la colección personal de alhajas de la soberana. El cuidado que Angela ponía en su conservación se manifestaba en el brillo de cada piedra y en la colocación de las pulseras, las sortijas, los collares y las diademas en la bandeja forrada de tela rosa, cubierta con un paño con reborde de encaje hecho a mano por la reina María, abuela de Isabel II.

Normalmente se utilizan guantes para manipular las diademas, pero en esa ocasión Angela —que también se encarga de limpiar las joyas de la reina antes y después de su salida de la cámara acorazada— decidió no ponérselos para sujetar mejor las piezas, de valor incalculable. En presencia de la reina y el príncipe Harry, le mostró a Meghan cinco diademas distintas para que eligiera entre ellas. Aunque la reina es una gran conversadora, igual que Meghan, que cuando está nerviosa tiende a ponerse especialmente habladora, en aquel momento todos guardaron silencio, concentrados en la tarea que tenían entre manos.

Angela le había propuesto varias opciones a la reina antes de la cita. Su Majestad le dio su parecer y entre Angela y ella redujeron a cinco el número de diademas entre las que elegir.

Meghan se sentó delante de un espejo de cuerpo entero y Angela le colocó con todo cuidado cada una de las diademas, hasta que se tomó una decisión.

Las tiaras suelen sujetarse con una cinta de raso o una horquilla, pero ese día no se hizo una prueba completa porque la presencia de un peluquero habría mermado la intimidad de ese instante tan personal. Angela les explicó que habría tiempo de sobra más adelante para hacer una prueba de peluquería, incluyendo distintas posibilidades de sujetar la tiara con horquillas y haciendo que Meghan moviera la cabeza para comprobar si se movía. Ese día, lo importante era elegir la diadema, y entre las posibles opciones una desbancó a las demás en cuanto Angela la colocó sobre el cabello oscuro de Meghan.

Era la tiara *bandeau* de diamantes de la reina María. Fabricada para la difunta reina consorte en 1932, la diadema tiene en su centro un broche de diez diamantes que le regaló el condado de Lincoln por su boda en 1893. El gran broche desmontable está engastado en una centelleante banda de platino formada por once piezas flexibles, atravesadas por óvalos entrelazados y recubiertas por un pavé compuesto de brillantes grandes y pequeños. Aunque no era de las favoritas de la reina María, que solía lucirla en los actos que exigían menos boato, Meghan dijo que «resaltaba» entre las demás.

La reina estuvo de acuerdo en su elección. Meghan se probó las cinco diademas, pero enseguida supo cuál le gustaba más.

—Fue un momento especial para las dos —contó un asistente de la Casa Real.

Cuando, más de un año después, se publicó que Meghan había exigido otra diadema para lucirla el día de su enlace, Meghan llamó a una amiga y le dijo:

—Qué pena. Me encanta mi tiara.

Aunque la información que publicaron no procediera de una fuente fidedigna, los periódicos acertaron al afirmar que había surgido un conflicto durante los preparativos de la boda. No hubo, sin embargo, desavenencias entre la reina y Meghan en torno a la elección de la tiara. Quienes discutieron fueron Harry y Angela Kelly.

Todo empezó a finales de marzo, cuando el peluquero de Meghan, Serge Normant, llegó de Nueva York para hacer una prueba de peluquería con la diadema escogida para la boda. La pareja esperaba poder reunirse en el palacio de Buckingham con Angela, que se encargaría de manipular la diadema como había hecho cuando la eligieron en presencia de la reina. Pero la asistente personal de Isabel II no respondió a las solicitudes que le envió el palacio de Kensington a tal efecto. Tras varios intentos fallidos de quedar con ella, la disponibilidad de Angela seguía siendo una incógnita. Harry estaba furioso.

Angela —que comenzó a trabajar como camarera de la reina en 1993 y ascendió rápidamente en el escalafón del Servicio de la Casa Real hasta alcanzar primero el puesto de camarera mayor y, después, el de primera asistente personal de la reina— tenía una relación especialmente cercana con Isabel II. Es una de las pocas personas que tienen permitido tocar a la reina, y desde hace más de una década es su mano derecha o, como dicen algunos, su «cancerbera». Su Majestad ha visitado a menudo la casa «de gracia y favor» que ocupa Angela en Windsor y, cuando están solas, el personal del palacio de Buckingham las oye reír desde el otro lado del pasillo.

Como la mayoría de los principales funcionarios del palacio de Buckingham, Angela está siempre de guardia por si

Su Majestad requiere sus servicios. Al parecer, cuando le llegaron las primeras peticiones para la prueba de peluquería estaba muy ocupada en el castillo de Windsor, donde la reina se había instalado para pasar la Pascua. Pero iban pasando las semanas y seguía sin fijarse la fecha para que Meghan se probara la diadema, a pesar de la insistencia de los asistentes del palacio de Kensington.

Aunque estaba, evidentemente, familiarizado con el protocolo de la Casa Real, Harry no creía que Angela estuviera tan ocupada como para no poder atenderlos. Pensaba más bien que estaba haciéndole el vacío a Meghan a propósito. Ello dio lugar a una acalorada discusión entre el príncipe y Angela, muy alejada de la moderación que se esperaba en ese contexto. Según una fuente, Harry abordó el asunto sin rodeos.

—Estaba harto —añade el asistente.

Faltaban solo un par de semanas para la boda y el asunto de la prueba de peluquería con la tiara seguía siendo motivo de conflicto. El personal del palacio de Kensington no conseguía ponerse en contacto con Angela. Era molesto... y desconcertante para todos. ¿Por qué era tan complicado fijar una fecha para que Meghan se probara la diadema con su peluquero? Al final, Harry tuvo que recurrir directamente a su abuela. Y Meghan pudo por fin probarse la diadema.

Un funcionario del palacio de Buckingham declaró que Harry se había mostrado «hipersensible» al acusar a Angela de intentar dificultarle las cosas a su prometida, pero una fuente cercana al príncipe asegura que Harry estaba convencido de que parte de la vieja guardia de la Casa Real sentía antipatía por Meghan y no se detendría ante nada para hacerle la vida imposible.

18

Hermanos mal avenidos

Los principales asistentes de los tres palacios reales estaban tan alarmados por el bombardeo de noticias y las especulaciones en las redes sociales acerca de las desavenencias entre los príncipes y sus esposas que empezaron a debatir abiertamente cómo afectaría el asunto a la monarquía si las cosas no se arreglaban. Durante meses, la ruptura entre las dos parejas copó los titulares. Las redes sociales eran un hervidero de comentarios y rumores. La situación llegó a tal punto, asegura una fuente, que «hasta la reina estaba preocupada».

En la primavera de 2019, los altos funcionarios de la Casa Real asistieron a un retiro en el que se habló abiertamente de la preocupación que generaba este tema.

—Tenemos que diseñar un sistema que proteja a la monarquía y punto —opinaba uno—. No es ningún secreto que el futuro de esta monarquía descansa únicamente en las cuatro personas que ahora mismo viven en el palacio de Kensington. Son los únicos que gozan de popularidad entre el público. Cuando el príncipe de Gales sea rey, la monarquía solo sobrevivirá si hay paz entre ellos cuatro. No podemos tenerlos en guerra.

—Harry estaba muy molesto porque se hubiera aireado el asunto y porque gran parte de la información que se publicaba era falsa —comenta una fuente—. Había momentos en que tenía la sensación de que la gente que trabajaba para su hermano filtraba informaciones para hacer quedar bien a Guillermo, aunque eso significara dejarle a él en mal lugar. Fue una época muy desconcertante, y Harry estaba hecho un lío. No sabía a qué y a quién creer, y Guillermo y él casi no se hablaban, lo que empeoraba muchísimo las cosas.

Fue sin duda la crisis más dañina de las surgidas hasta ese momento, porque remitía al periodo de mediados de los años 90, durante la ruptura del matrimonio de Carlos y Diana, en que la prensa y la opinión pública empezaron a preguntarse si la monarquía no habría alcanzado su fecha de caducidad. Y aunque el personal de palacio aseguraba que los hermanos mantenían una relación sólida, los rumores no remitían.

El 14 de marzo de 2019, el palacio de Buckingham anunció que las oficinas de ambos príncipes iban a separarse, lo que equivalía a decir que Guillermo y Harry tiraban cada uno por su lado.

La reina ha acordado la creación de una nueva Casa para el duque y la duquesa de Sussex tras su matrimonio en mayo del año pasado. La Casa, cuya creación estará costeada por la reina y el príncipe de Gales, quedará constituida en primavera.

Que Meghan y Harry contarían con su propia administración era un secreto a voces desde noviembre. Los asistentes de palacio se apresuraron a aclarar que era lo más natural. Los príncipes ya no eran «los niños», como los llamaba Diana. Eran hombres adultos con temperamentos, estilos personales y papeles institucionales muy distintos. Como dijo un portavoz, seguían «caminos divergentes».

Todo el mundo creía que, al separarse y disponer del espacio propio que tanto necesitaban, su relación acabaría restañándose.

—Tener que trabajar juntos es muy duro —aseguraba un miembro de la Casa Real—. No es lo normal en una familia. Y es lógico que en algunos momentos cause ciertas tensiones.

El príncipe Carlos, que financia gran parte de su labor benéfica y de sus actividades privadas gracias a los ingresos que genera su finca patrimonial, el ducado de Cornualles, era el encargado de administrar el dinero, lo que también era motivo de fricción entre Guillermo y Harry. Los hermanos tenían que competir a veces para que su padre les concediera fondos adicionales con los que financiar sus iniciativas, y Carlos ayudaba, además, a cubrir los gastos de Camilla y parte de los gastos personales de sus hijos. Entre ellos, el vestuario de Kate y Meghan.

—Tienen que debatir seriamente quién recibe qué cantidad de dinero de su padre para financiar sus proyectos —aseguraba un asistente—. Si a eso se suma el hecho de que existe una jerarquía implícita, la cosa se vuelve complicada.

—Aunque Carlos sea el padre de Harry, también es su jefe, y eso dificulta su relación por diversos motivos —añadía otra fuente—. Carlos está extremadamente centrado en su imagen pública, y Harry ha sentido a veces que eso se anteponía a todo lo demás.

Harry no era el único que tenía una relación complicada con el príncipe de Gales.

—Los chicos pueden ser muy cambiantes en su actitud para con su padre —revelaba una fuente, que ponía como ejemplo la organización de la sesión de fotos con motivo del setenta cumpleaños de Carlos, que al parecer fue «una absoluta pesadilla».

Ni Guillermo ni Harry se esforzaron mucho por estar disponibles para la sesión, según esa misma fuente.

Otro asistente de palacio que ha participado en reuniones acerca del futuro de los príncipes explicaba que:

—En esta familia, el lugar en el que naces determina tu posición de poder y, por eso, Harry siempre ha estado por detrás de su hermano, sobre todo en lo que se refiere a financiación. Ha habido veces en que Harry quería asumir proyectos más grandes, pero no conseguía dinero para costear esas iniciativas. Guillermo siempre tiene prioridad. Muchas de sus discusiones han sido por cuestiones de presupuesto. Es lo que tiene trabajar en una empresa familiar.

El príncipe Andrés y el príncipe Eduardo nunca habían tenido que trabajar codo con codo con su hermano mayor, el príncipe Carlos, de modo que nunca habían surgido tales tensiones entre ellos. Y los funcionarios de palacio estaban de acuerdo en que era lógico que Harry no quisiera estar a la sombra de su hermano ahora que acababa de iniciar su vida en común con Meghan.

Meghan y Harry querían tener casa propia en Windsor, lo que suponía contar con una oficina y un equipo de personal propios, separados del resto de los palacios. Los principales funcionarios de la Casa Real se apresuraron, sin embargo, a descartar esta opción.

A los mandamases de la corte —a los que Diana solía

referirse como «hombres de traje gris»— les inquietaba que hubiera que poner freno a la popularidad y el interés global que despertaban los Sussex. En el breve espacio de tiempo transcurrido desde su boda de cuento de hadas, Meghan y Harry habían conseguido que la monarquía alcanzara nuevas cotas de popularidad en todo el mundo. Habían acercado la institución a un sinfín de personas que nunca se habían sentido representadas por ella. En palacio preocupaba, sin embargo, que hubiera que «meter en vereda» a la pareja. El *establishment* temía que, si se les dejaba a su aire, su popularidad llegara a eclipsar al resto de la familia real.

Para la plana mayor de palacio que se pregunta cómo manejar a la pareja, el recuerdo de la madre de Harry —una mujer joven que se sirvió de su posición dentro de la realeza para encabezar causas humanitarias de alcance global— se alza como una figura amenazadora, escribía el comentarista político Tom Shipman en el *Sunday Times*, y citaba a una fuente que afirmaba que *el peligro para ellos es que la figura de Meghan llegue a superar a la de Diana*.

Meghan no gozaba de un apoyo unánime dentro de la institución monárquica, y parte de la prensa sensacionalista británica la retrataba como una amenaza para la Corona. El público, en cambio, la había acogido con los brazos abiertos. Para muchas personas de toda condición, tanto en el Reino Unido como en el extranjero, la duquesa era una pionera: una mujer que avanzaba con paso firme por un territorio que hasta entonces se consideraba vedado.

Las feministas la elogiaban por la energía y la constancia con que promovía el empoderamiento femenino sirviéndose de la influencia que le otorgaban sus nuevas funciones públicas como representante de la monarquía. El 10 de enero de 2019, Meghan anunció que estaba colaborando con Smart

Works, una entidad británica dedicada a mejorar las posibilidades de las mujeres de conseguir empleo proporcionándoles asesoramiento y acceso a ropa de trabajo adecuada. Previamente había trabajado como voluntaria en la asociación a título privado, asesorando a mujeres acerca de cómo vestir y desenvolverse en una entrevista de trabajo. La fundadora de la ONG, Juliet Hughes-Hallet, exeditora de moda del *Vogue* británico, pasó varios meses colaborando con la duquesa antes del anuncio oficial, y estaba impresionada por lo dispuesta que se mostró Meghan a ponerse manos a la obra desde su primera visita, en marzo de 2018.

—Meghan estaba emocionada y quiso involucrarse en el proyecto desde el principio —cuenta la fundadora del programa, que ha ayudado a miles de mujeres a encontrar trabajo desde su lanzamiento en 2013—. Lo que más nos impresionó a todas fue su empatía y lo bien que se le daba conseguir que las mujeres se sintieran a gusto. Además, es muy simpática.

El anuncio coincidió con una visita pública de Meghan a la sede de la asociación en West London. Desde el momento en que asomó la cabeza por la puerta del despacho para saludar a parte del personal al que tan bien conocía ya, quedó claro que se sentía allí como pez en el agua.

—No se trata solamente de donar tu ropa y ver dónde acaba, sino de ser de verdad partícipe de la historia de superación de otras mujeres —comentó Meghan mientras ayudaba a elegir prendas donadas para Patsy Wardally, una fontanera con experiencia, madre de tres hijos, que intentaba volver a integrarse en el mercado laboral después de criar a su hija autista.

Marina Novis, la monitora de entrevistas, que pasó tiempo con la duquesa durante sus muchas visitas a la asociación, añadía:

—Es estupendo verla hablar con las candidatas porque las escucha de verdad y hace preguntas muy pertinentes. El año pasado [antes de su boda] nos estuvo hablando sobre la confianza en una misma, y luego le preguntamos cómo gestionaba ella ese tema. Respondió que estaba a punto de asumir un papel muy importante. Y que lo fundamental era respirar hondo y tener la confianza íntima de que vas a ser capaz de hacerlo.

Meghan aportó esa seguridad en sí misma a las cuatro entidades de cuyo patronato formaba parte, dos de ellas por delegación de la reina: el National Theatre y la ACU, la Asociación de Universidades de la Commonwealth, una entidad que reúne a las universidades y centros de enseñanza superior de más de cincuenta países a fin de promover el conocimiento.

—Le apasiona el impacto que pueden tener las artes, tanto en el tratamiento de la salud por parte de las instituciones públicas como en la integración social —comentaba Rufus Norris, director artístico del National Theatre—. Y es una manera muy bonita de conjugar su experiencia en un mundo que conoce tan bien y su nueva vida.

Las actividades filantrópicas de Meghan estaban muy influidas por sus intereses y sus capacidades.

—Ella quería que fueran un reflejo de su forma de ser, de lo que es capaz, y un anticipo de las muchas cosas que quería hacer en un futuro como miembro de la familia real —afirma un asistente de palacio—. El empoderamiento femenino y la diversidad sexual y de género siempre serán una piedra angular de su labor.

Meghan se mostró horrorizada por la falta de ambas cosas cuando en febrero visitó la ACU y le mostraron datos que revelaban que la inmensa mayoría de los catedráticos del Reino Unido eran varones de raza blanca.

—¡Dios mío! —exclamó durante una conversación con la doctora Rachel Cowan, secretaria de igualdad, diversidad e inclusión de la Universidad de Manchester—. Impresiona verlo así. Está claro que aún nos queda mucho camino por recorrer.

Defensora desde hacía mucho tiempo del movimiento animalista «adopta, no compres», Meghan también se convirtió en promotora del centro de acogida de animales Mayhew. Durante su segunda visita a la sede de la asociación en el noroeste de Londres, le dijo a la directora, Caroline Yates:

—Los animales son una parte muy importante de mi vida. Servicios como este hacen muchísima falta en Londres, en el Reino Unido y en todo el mundo, pero soy muy consciente de lo importante que es la financiación. Quiero ayudaros a crecer de la manera que pueda.

Las principales revistas de Gran Bretaña y Estados Unidos seguían con gran interés las actividades de Meghan y sus estilismos. Anna Wintour declaró en abril de 2019, durante la cumbre Women in the World, que Meghan tenía un estilo «fantástico».

—Últimamente pienso mucho en trajes [*suits*] —le dijo la editora jefe de *Vogue* al público—. ¡Gracias a la duquesa de Sussex!

Aunque la creación de dos casas distintas permitía a los hermanos dedicarse a sus intereses propios, también tenía como fin asegurar los recursos necesarios para que los príncipes desempeñaran sus respectivas responsabilidades, que estaban empezando a cambiar.

—Los Cambridge y los Sussex tienen futuros distintos, y hay que procurar que ambas casas gestionen lo mejor posible el cambio —aseguraba un funcionario de la Casa Real refiriéndose al momento en que el príncipe Carlos ocupe el trono—. El objetivo final es tratar de establecer las estructuras necesarias para que todos asuman los papeles que van a desempeñar de manera permanente.

Harry era consciente de que seguramente Meghan y él tenían un tiempo limitado para ejercer el mayor impacto posible a escala global. Tiene muy presente que, en cuanto su sobrino George cumpla dieciocho años y comience a asumir sus funciones como heredero de la Corona, la institución girará en torno a la sucesión de Carlos, Guillermo y George y él quedará relegado, como les sucedió a sus tíos Eduardo y Andrés cuando Carlos y ellos alcanzaron la mayoría de edad.

A pesar de lo que se había afirmado, los Sussex nunca tuvieron una oficina propia que se encargara de sus asuntos. Una fuente afirma que se les dejó claro que no iban a recibir ningún trato de favor. La noticia fue un varapalo para la pareja. A modo de compensación, sin embargo, contarían con un pequeño equipo de asistentes dentro del palacio de Buckingham. Aunque no era lo que habían pedido, era más de lo que la Corona estaba dispuesta a concederles en un principio: la posibilidad de compartir personal con otros miembros de la familia real bajo el amplio paraguas del palacio de Buckingham.

El príncipe Carlos quería que la separación no fuera gravosa económicamente. Pero, según varios asistentes de palacio, Guillermo insistió en que se concedieran recursos económicos suficientes para que la casa de los Sussex, recién creada, tuviera un espacio de trabajo y un presupuesto de comunicación dignos. El duque de Cambridge sabía que los Sussex eran importantes para la familia real y que necesitaban financiación suficiente. Además, si Meghan y Harry reducían sus funciones oficiales, los Cambridge tendrían más carga de trabajo. A lo largo de varias semanas, Guillermo y su secretario personal, Simon Case, se reunieron varias veces con los jefes de administración del palacio de Buckingham para asegurarse de que Meghan y Harry recibían el mejor trato posible.

Con los fondos extra que se le concedieron, la pareja pudo contratar a Sara Latham, una reputada directora de relaciones públicas y exfuncionaria de la administración Clinton, para que se hiciera cargo de la estrategia de prensa de la nueva casa de Sussex.

Sara, que tenía doble nacionalidad estadounidense y británica, había trabajado en la campaña presidencial de Hillary Clinton en 2016, como jefa de personal de John Podesta, el director de campaña. También tenía experiencia en la administración británica, por haber sido consejera especial de la Secretaría de Estado de Cultura, Medios de Comunicación y Deporte entre 2005 y 2006, durante el gobierno de Tony Blair. Antes de unirse a la Empresa, trabajó como socia directiva de Freud's, una agencia internacional de relaciones públicas fundada por el exmarido de Elisabeth Murdoch, hija del titán de los medios de comunicación Rupert Murdoch. Había colaborado además con Nick Loughran, uno de los asesores de comunicación preferidos de Harry y marido de Clara Loughran, asistente del palacio de Kensington, de modo que también estaba hasta cierto punto familiarizada con la dinámica de la monarquía. Inteligente, divertida y gran estratega, Sara llamaba a las cosas por su nombre, y a Meghan y Harry les cayó bien de inmediato.

Al anunciarse la separación de las dos casas, hubo que dividir al personal que previamente trabajaba para ambos hermanos y hacer múltiples ajustes. Jason Knauf, el director de comunicaciones de los Sussex, pasó a trabajar para los duques de Cambridge ampliando sus funciones para hacerse cargo de la labor benéfica de la pareja y asumir, pasado un tiempo, el puesto de consejero delegado de su fundación. Durante los meses siguientes se encargó de supervisar la división de la Royal Foundation y de separar muchas de las iniciativas que los príncipes habían emprendido conjuntamente.

—Cabía la posibilidad de que siguieran los cuatro como hasta entonces, pero los Cambridge preferían cortar por lo sano y seguir adelante con la separación —comenta una fuente—. Las dos parejas querían promover sus iniciativas benéficas por su cuenta, cada una por su lado.

Aunque aquello no supondría el fin inmediato de todos los proyectos conjuntos de los Cuatro Fantásticos (cuya última iniciativa, un servicio de mensajes de emergencia llamado Shout, se anunció a finales de mayo), sí supuso el fin de colaboraciones como su participación en el Foro de la Royal Foundation en febrero de 2018, donde presentaron conjuntamente sus proyectos, entre ellos Heads Together y United for Wildlife.

Christian Jones —exsecretario de prensa del Ministerio para la Salida de la Unión Europea— se encargaría de dirigir la nueva oficina de comunicación de los Cambridge. A Meghan y Harry les apenó tener que prescindir de Christian, con el que habían trabajado a menudo cuando las dos parejas compartían oficina. Meghan había congeniado con él desde la llegada de Jones en diciembre de 2018. Era fan suya desde la primera vez que comieron juntos en el restaurante italiano Chucs, en Notting Hill. Le encantaba que le hablara como un amigo y que llevara deportivas al trabajo. También le entusiasmaban sus ocurrencias. Solían reunirse los dos para intercambiar ideas de tú a tú. Christian, sin embargo, no podía rechazar la oportunidad de trabajar para el futuro rey de Inglaterra.

En cuanto a la reputación que tenía Meghan de ser una jefa singularmente dura, sus asistentes la describen como muy decidida, pero también atenta. Solía mandar golosinas a las oficinas de palacio (a principios de 2018 mandó una gran selección de sorbetes al equipo de comunicaciones y los asistentes personales de Kensington para agradecerles su ayuda) y enviaba flores y notas escritas de su puño y letra a sus ayudantes para felicitarlos por su cumpleaños.

Aun así, ella es la primera en reconocer que está «centrada en implementar el cambio».

—Esa es la realidad —cuenta una persona próxima a la duquesa—. Es lo que la impulsa y lo que la hace levantarse por la mañana. Y tiene capacidad y recursos para hacerlo.

En una importante muestra de apoyo, la reina la nombró vicepresidenta del Commonwealth Trust, una plataforma para jóvenes emprendedores que opera en los cincuenta y cuatro estados miembros de la Mancomunidad de Naciones y que promueve, financia y conecta a líderes jóvenes. Harry, por su parte, ocupó la presidencia. En su primer acto oficial como vicepresidenta, Meghan participó en una mesa redonda de mujeres con gran proyección pública, como la cantante Annie Lennox y la ex primera ministra australiana Julia Gillard, para debatir la importancia del Día Internacional de la Mujer. Durante el acto celebrado en el King's College de Londres, Anne McElvoy, editora de *The Economist*, le preguntó qué opinaba de los titulares periodísticos que definían su feminismo como «a la moda».

—La noción de que el feminismo sea una moda no tiene ningún sentido para mí —afirmó Meghan—. El feminismo está aquí para quedarse, siempre va a formar parte del debate.

Al igual que su esposa, Harry puso a trabajar a su nuevo equipo sin perder un instante. En abril de 2019 anunció que

Oprah Winfrey y él iban a producir una serie en torno a la salud mental para Apple TV+ que se emitiría a finales de 2020 o principios de 2021. Oprah viajó a Londres en marzo para reunirse con Meghan, que por entonces estaba ya en la recta final del embarazo, y Harry. La presentadora contó que la idea se le había ocurrido a raíz de una conversación con el príncipe. «¿Cuáles crees que son los retos más importantes que afronta el mundo actual?», le preguntó. A lo que él respondió inequívocamente: «El cambio climático y la salud mental y psicológica».

—Estoy sumamente orgulloso de trabajar con Oprah —declaró Harry—. Creo sinceramente que una buena salud mental es básica para el liderazgo eficaz, la productividad social y la motivación personal. Tenemos la esperanza de que esta serie sea positiva, esclarecedora e inclusiva al difundir historias globales de superación, partiendo de situaciones muy críticas, y nos brinde la oportunidad de entendernos mejor a nosotros mismos y a los que nos rodean.

La vida profesional del príncipe empezaba a despegar. Y, lo que era igual de importante, su vida privada parecía haberse asentado. Confiaba en que, tras el respaldo que había recibido de Guillermo en la creación de su propia casa, su hermano y él pudieran hacer borrón y cuenta nueva.

—En aquel momento, decidió pasar página y agradecer los esfuerzos que había hecho su hermano —comenta una fuente cercana a la pareja.

Harry estaba dispuesto a aceptar que Guillermo y él eran muy distintos. Guillermo estaba casado con la institución monárquica y desempeñaba un papel muy determinado dentro de ella, mientras que él podía seguir su propio rumbo. Y tenía que reconocer que los dos eran muy orgullosos. Pero a fin de cuentas eran hermanos, y no merecía la pena romper ese vínculo.

Guillermo se alegraba de haber hecho las paces con Harry. Una fuente de palacio cuenta que el príncipe le dijo a finales de marzo:

—¿Sabes?, mi hermano y yo hemos tenido una conversación muy agradable por primera vez en dos meses.

Ese año, Harry acudió solo al servicio religioso del domingo de Pascua en el castillo de Windsor, donde se reunía toda la familia. Meghan no estaba en condiciones de asistir a un gran acto público, debido a su avanzado estado de embarazo. Los dos hermanos estuvieron charlando y riendo dentro de la capilla.

—Fue maravilloso verlos así, tan a gusto juntos —asegura un asistente del palacio de Buckingham.

19

Un nuevo hogar en Windsor

Tras el oficio de Pascua, Harry regresó a Frogmore Cottage con Guillermo y Kate, que se pasaron a ver a Meghan.

Estuvieron charlando y tomando un té junto con otros miembros de la familia en el cuarto de estar, no en el salón de recepciones de la mansión. Fue una visita breve, de apenas treinta y cinco minutos, pero sirvió para restañar su relación y dejar atrás lo sucedido. Al menos, eso esperaba Harry después del apoyo que le había mostrado su hermano. Y como era la primera vez que iban a verlos desde la reforma de Frogmore Cottage, antes de que se marcharan Harry les enseñó la casa, ilusionado.

El príncipe imaginaba que su hermano y su cuñada irían a verlos a menudo con los niños a la casa de Windsor, que «ocupa un lugar muy especial en su corazón», según una fuente cercana a los Sussex. Cuando todavía se estaban enamorando, Meghan y Harry habían podido dar largos paseos por los terrenos privados de Frogmore House, sin temor a los *paparazzi*. Y más adelante la mansión acogió la sesión de fotos de su compromiso y su banquete de boda.

—Es un sitio verdaderamente precioso para criar a un niño —comenta una persona de confianza de Meghan—. Con solo abrir la puerta, tenían todo ese parque privado. Los dos estaban convencidos de que sería muy positivo para su hijo vivir allí, y que pudieran salir a pasear en la intimidad. Aunque no lo habían pensado antes, en cuanto se convirtió en una opción posible a los dos empezó a apetecerles muchísimo.

Pero primero había que remodelar la casa de arriba abajo. Construida en 1801, fue en principio la casa de campo de la reina Carlota y sus hijas solteras. La casa tuvo numerosos arrendatarios (entre ellos, el teólogo norteamericano Henry James, padre del novelista del mismo nombre y del filósofo William James) hasta que a principios del siglo XXI sus diez habitaciones se dividieron en apartamentos para albergar a personal de la finca real de Windsor. La reina se la regaló a Meghan y Harry en otoño de 2018, y antes de que se instalaran en ella hubo que reformarla por completo, incluyendo la cocina, el cuarto de los niños y el invernadero.

Se instalaron varias chimeneas de gas nuevas, se construyó una cocina diáfana y espaciosa y se ampliaron las instalaciones del invernadero. La pareja esperaba que la madre de Meghan fuera a visitarlos a menudo para estar con su nieto, pero, como trabajaba en Estados Unidos, sus estancias no serían muy largas. A pesar de que se dijo que iba a construirse un «anexo para la abuela», Doria ocuparía una habitación de invitados a escasa distancia del dormitorio de Meghan y Harry.

Se conservaron los suelos de tarima originales, así como los marcos de las ventanas y las puertas. La reforma incluía, además, una remodelación paisajística importante, dado que uno de los principales atractivos de Frogmore Cottage eran sus preciosos jardines, donde el bebé de los Sussex podría jugar algún día libremente.

Aunque los 2,4 millones de libras que iba a costar la reforma estructural saldrían de la Sovereign Grant (la partida de los presupuestos públicos que el Gobierno destina anualmente a sufragar las funciones oficiales de la reina y los viajes de la familia, el mantenimiento de los palacios y el sueldo de sus empleados), la pareja pagó de su bolsillo la remodelación interior de la casa. Ambos son muy cuidadosos con el dinero y no es cierto que se gastaran, como se dijo, un millón de libras en cuadros.

—Nada más lejos de la realidad —asegura un amigo.

Al parecer, la mayoría de los cuadros con los que decoraron la casa eran carteles antiguos enmarcados o litografías; entre ellos, un boceto de desnudo de la ilustradora neoyorquina Inslee Fariss que Meghan conservaba de su etapa en Toronto.

La casa es grande pero estrecha: muchas de las habitaciones dan a ambos lados del edificio.

—Es una de las cosas que más les gusta de la casa —asegura una persona de su entorno—. Entra una luz preciosa por los dos lados. Hay una energía maravillosa.

Frogmore Cottage se hallaba dentro del perímetro de seguridad de la finca real de Windsor, lo que les permitiría vivir tranquilamente fuera de Londres, pero aun así hubo que reforzar las medidas de seguridad antes de que se instalaran en la casa. Se plantaron árboles crecidos en torno al edificio para resguardarlo de miradas curiosas (y objetivos) y se instaló una valla con tecnología láser para impedir la entrada de intrusos. Muy cerca de la casa había, además, otro edificio en el que se instalarían los escoltas de la Unidad de Protección de la Realeza de Scotland Yard.

Eran precauciones necesarias para mantener la seguridad de los Sussex, que se vieron obligados a abandonar su casa en Oxfordshire cuando la agencia Splash News (la misma que los había fotografiado sin permiso en Jamaica) mandó un helicóptero a tomar fotos aéreas de la finca. Las imágenes eran tan nítidas que se veía el interior de su dormitorio y de las zonas comunes. *The Times of London* las publicó a medidos de enero de 2019, y muchas otras publicaciones siguieron su ejemplo. Harry se puso furioso y Meghan se llevó un enorme disgusto.

Una fuente cercana a la pareja asegura que se sintieron muy vulnerables, sobre todo teniendo en cuenta lo avanzado que estaba ya el embarazo de Meghan. Aunque la casa se encontraba en una zona segura y protegida, «estaban en medio del campo, donde no sabes quién ronda por ahí de noche o si alguien ha conseguido colarse». Aquello bastó para que decidieran abandonar Oxfordshire. El plan original era mantener la casa hasta que expirara el contrato de alquiler y luego, tal vez, comprarla. Finalmente, sin embargo, optaron por regresar a Nottingham Cottage hasta que la casa de Windsor estuviera lista, aunque mientras tanto estuvieran aún más apretados e incómodos que antes. (Harry demandó posteriormente a Splash News, y el 16 de mayo de 2019 recibió una cuantiosa indemnización que donó a obras benéficas y una disculpa formal de la agencia por haber violado su intimidad).

Además de las precauciones físicas que tomaron en Frogmore Cottage, Meghan y Harry empezaron a tomar medidas de seguridad digital extra tras sufrir una importante filtración de datos. El 12 de septiembre de 2018, un programador informático afincado en Rusia logró hackear una cuenta de almacenamiento en la nube que contenía más de doscientas fotografías inéditas de la pareja hechas por el fotógrafo Alexi Lubomirski. En muchas de ellas aparecían compartiendo momentos muy personales durante la sesión fotográfica de su compromiso matrimonial y de la recepción del día de su boda (con la reina incluida). Había también fotografías descartadas en las que aparecían con los ojos entornados o en poses poco favorecedoras. El *hacker* publicó unas cuantas en Tumblr. Muchos fans dieron por sentado que se trataba de montajes fotográficos falsos, pero semejante fallo de seguridad hizo saltar todas las alarmas en el palacio de Buckingham. Según una persona de su círculo íntimo, Meghan y Harry «se alarmaron al saber que era tan fácil conseguir archivos personales suyos» y eso «les hizo despertar».

Según una fuente de palacio, Frogmore Cottage planteaba también «retos logísticos» en cuanto al trabajo que desempeñaban ambos.

—Van a estar lejos de la oficina [del palacio de Buckingham] —afirmaba esa fuente—. Y los dos están muy centrados en su trabajo, así que va a ser complicado.

Debido a ello, Meghan y Harry tenían pensado mantener casa en Londres por si la necesitaban en un futuro. No volverían, sin embargo, a Nott Cott, que permanecía cerrada desde que la vaciaron.

Que los Sussex fueran a mantener dos residencias no tenía nada de especial. Guillermo y Kate tenían Anmer Hall, la casa de la finca de Sandringham que les había regalado la reina, además de su domicilio habitual: el Apartamento 1A del palacio de Kensington. El príncipe Carlos tenía Clarence House como residencia oficial y el palacete de Highgrove, en

Gloucestershire, para pasar los fines de semana en el campo. Y la princesa Ana y el príncipe Andrés tenían también viviendas privadas dentro del recinto del palacio de Buckingham.

De momento, sin embargo, la pareja se estableció indefinidamente en Frogmore, donde Meghan pasó las últimas semanas de embarazo, desde principios de abril, sin salir ni una sola vez. Su último trimestre de embarazo había sido muy ajetreado. Había anunciado el comienzo de su colaboración con cuatro organizaciones benéficas y asistido a numerosos actos oficiales, como el estreno del espectáculo *Totem* del Circo del Sol en el Royal Albert Hall de Londres para recaudar fondos destinados a Sentebale. Luego, el 15 de febrero, había viajado a Nueva York en un vuelo comercial de British Airways.

Era la primera vez que visitaba Nueva York desde su boda y estaba deseando pasar cinco días con sus mejores amigas yendo de compras y disfrutando de la buena comida de la ciudad. Aunque ya era duquesa, no tuvo ningún problema en alojarse las tres primeras noches en el dúplex de Misha Nonoo en Greenwich Village, al lado del restaurante Waverly Inn, entre cuya clientela había muchos rostros conocidos. Misha estaba por entonces prometida con Michael Hess, el heredero de la petrolera Hess, con el que se casaría en otoño.

El primer día que pasó en la ciudad, Meghan quedó con Jessica Mulroney, que la llevó a tomar té con *macarons* a la pastelería Ladurée, en el Soho, donde había un salón privado. La futura mamá también fue de compras a Bonpoint, una elegante tienda francesa de ropa para bebés. Pero fue al dar su primer paseo vespertino por el West Village cuando empezó a sentirse de nuevo como la Meghan de antes. Vestida de negro, con el pelo suelto, pasó prácticamente desapercibida. Un hombre sacó su móvil para hacerle una foto y su escolta, que caminaba unos pasos por detrás, tuvo que intervenir, pero eso no era nada comparado con las multitudes con las que tenía que vérselas en el Reino Unido.

Cuatro días después, sin embargo, cuando ya se había trasladado al hotel Mark, en el Upper East Side, se filtró la noticia de que Serena Williams y Genevieve, su antigua compañera de universidad, iban a celebrar un *baby shower* para ella al que acudirían numerosas estrellas. Desde ese instante, los *paparazzi* comenzaron a aparecer como setas.

Serena había alquilado la *suite* del ático del hotel, donde se reunieron unas veinte amigas de Meghan —incluidas algunas de su adolescencia— para celebrar una fiesta que una de las invitadas describió como «íntima y relajada». A Meghan le encantó ver reunidas a casi todas sus amigas. Se encargó de organizar la fiesta Jennifer Zabinski, de la agencia JZ Events, que también había organizado la boda de Serena con el empresario de Internet Alexis Ohanian en 2017. La paleta de colores estuvo dominada por distintas tonalidades de azul, rosa, amarillo y verde para no dar ninguna pista sobre el sexo del bebé. Era, de todos modos, una precaución innecesaria, dado que muchas de las invitadas ya sabían que la duquesa estaba esperando un niño y, a las que no lo sabían, como Amal Clooney, Meghan se lo contó ese mismo día.

Entre las invitadas estaban Misha, Jessica, la presentadora Gayle King, la gurú del *wellness* Taryn Toomey, Bonnie Hammer —directiva de la cadena NBC—, la actriz e íntima amiga de Meghan Janina Gavankar y su excompañera en *Suits* Abigail Spencer. Preparó la cena el afamado chef Jean-Georges Vongerichten, y la arpista Erin Hill se encargó de amenizar la velada. También hubo algunos hombres invitados, como Markus Anderson, el maquillador Daniel Martin y el peluquero Serge Normant.

La fiesta incluyó un taller de arreglos florales impartido por el florista neoyorquino Lewis Miller, famoso por sus Flower Flashes, una serie de intervenciones artísticas florales que realizó en distintas partes de la ciudad aprovechando elementos urbanos de todo tipo, desde cubos de basura a monumentos. Los ramos de flores de los invitados se donaron a la firma Repeat Roses, que se encarga de recoger las flores de eventos privados y de redistribuirlas a hospitales, residencias de ancianos, albergues para indigentes y otros centros de asistencia social, en lugar de tirarlas.

Luego llegó la hora del postre, que se sirvió acompañado de cajitas doradas llenas de cristales de azúcar y galletas en forma de cigüeña. La tarta de dos pisos estaba recubierta de *fondant* blanco y decorada con figuritas de papel de Meghan, Harry y un carrito de bebé. Había también torres de *macarons* de Ladurée, pasteles de lima y cereza, tartas de zanahoria y de terciopelo rojo, pompones de algodón de azúcar y un tarro de buñuelos multicolores sin gluten.

Meghan regresó al Reino Unido cargada de energía. Nada más subir al avión privado de los Clooney con Amal —que viajaba con sus gemelos, Ella y Alexander—, Daniel, su amigo y maquillador, le mandó un mensaje para avisarla de que Beyoncé y Jay-Z acababan de rendirle homenaje en los premios BRIT.

—Creo que solo escribí *¡Chica!* —cuenta Daniel, que adjuntó al mensaje el vídeo de The Carters posando delante de un retrato de Meghan con corona, obra del ilustrador Tim O'Brien—. Me respondió con un emoticono con los ojos como platos.

Pero aunque el viaje entusiasmara a Meghan, en el Reino Unido los altos funcionaros de la corte escupieron el té de la mañana cuando vieron el suntuoso *baby shower* convertido en un circo mediático. No solo se vio a la duquesa llegando al hotel con sus grandes gafas de sol, rodeada de *paparazzi*, como si su llegada estuviera cuidadosamente orquestada, sino que la prensa estadounidense publicó un sinfín de pormenores acerca de la celebración que solo podían proceder de personas que habían participado en ella.

—La imagen que transmitió el *baby shower*, un pelín ostentoso, no sentó nada bien a ciertos miembros de palacio —asegura un asistente de la Casa Real.

A Meghan se la había criticado a menudo por tener una actitud demasiado hollywoodiense, o sea, demasiado ostentosa y llamativa. Sobre todo, comparada con la estética más sobria de la monarquía.

—Creo que unas cuantas personas que la habían defendido durante los meses anteriores se llevaron un chasco. Pero a veces, en este papel, no aciertas hagas lo que hagas. Y a fin de cuentas el viaje era solo para que Meghan celebrara con sus amigas un momento muy emocionante de su vida.

Meghan no tuvo mucho tiempo para asimilar las críticas que recibió a raíz del *baby shower*. Apenas cuarenta y ocho horas después de volver a Londres, Harry y ella volaron a Marruecos a petición del Gobierno británico. Aunque estaba ya en la recta final del embarazo, rebosaba energía y no mostraba signos de querer aflojar su ritmo de trabajo. El primer día de viaje, tras aterrizar, subió a un helicóptero para volar a los montes Atlas, donde iba a celebrarse un acto de la ONG Education for All, que proporciona apoyo educativo a niñas de zonas rurales de Marruecos. Se puso los auriculares para aislarse del ruido, cogió la mano de Harry y respiró hondo mientras el helicóptero despegaba.

—Su energía no tiene límites —aseguró el embajador británico en Marruecos, Thomas Reilly, que acompañó a los duques en su visita de tres días al país norteafricano—. Es una mujer capaz de subirse a un helicóptero para volar a mil cuatrocientos metros de altitud, sin dejar de sonreír y dispuesta a hacer todo lo que haya que hacer y a poner todo de su parte para promover causas importantes.

En su visita a una de las residencias de la ONG en el pueblecito de Asni, Meghan impresionó a la prensa que cubría el acto por su capacidad para tranquilizar a las alumnas, que estaban muy nerviosas. Incluso les hizo algunas preguntas en francés.

—Ninguna niña de este país debería quedarse atrás —comentó después—. Es importante que todas tengan acceso a la educación y puedan avanzar en sus estudios.

El itinerario de tres días puso de manifiesto las cuestiones sociales que más interesaban a Meghan: desde la igualdad de género al acceso universal a la educación, pasando por el emprendimiento social y el empoderamiento femenino. El príncipe Harry, que ya tenía larga experiencia en la promoción de proyectos humanitarios, dejó a menudo que su esposa fuera la protagonista de sus nueve compromisos oficiales en Marruecos. De vez en cuando se inclinaba y le preguntaba algo al oído para asegurarse de que se encontraba bien.

Durante el viaje, Meghan colaboró con un afamado chef marroquí en una iniciativa que tuvo como eje el libro *Together: Our Community Cookbook*, una colección de cincuenta recetas confeccionadas por mujeres, a beneficio de las víctimas del incendio de la torre Grenfell, acaecido en 2017. El libro, que incluía un prólogo de la duquesa, había alcanzado la lista de los más vendidos en Amazon a las pocas horas de publicarse, cinco meses antes, y era uno de los mayores logros de Meghan hasta la fecha en su papel de *royal*. Todo empezó con una visita privada que hizo a un pequeño comedor social de West London dedicado a atender a familias afectadas por el trágico incendio, que se saldó con setenta y dos víctimas mortales y dejó sin hogar a centenares de personas.

Meghan se puso un delantal y estuvo ayudando a un grupo de mujeres del Centro Cultural Musulmán Al Manaar. Su intención era únicamente echar una mano en el local de la asociación, donde las mujeres preparaban comida para familias damnificadas y vecinos de la zona.

—Solo quería ayudar —contaba Zahira Ghaswala, la coordinadora de la cocina—. Al poco rato de llegar, el primer día, ya estaba ayudando a lavar el arroz, a hacer *chapatis* y servir la comida.

En su segunda visita, se le ocurrió una idea para recaudar dinero para el comedor, que en aquel momento solo funcionaba dos veces por semana por falta de presupuesto.

—Deberíamos hacer un libro de cocina —les dijo a las mujeres de la asociación.

Animadas por su energía, ellas se pusieron manos a la obra, trabajando codo con codo con la duquesa.

—¡No pensábamos que iría todo tan rápido! —comentaba Zahira.

Era frecuente que Meghan, que conocía a todas las mujeres por su nombre, se presentara en la cocina sin previo aviso. Ellas siempre la recibían con besos y abrazos.

—Es como de la familia —contaba Intlak al Saiegh, la directora del proyecto—. Los niños también la quieren muchísimo. Siempre se los sienta en las rodillas y habla con ellos.

El sentimiento era mutuo.

Conecté enseguida con este comedor social. Es un lugar en el que las mujeres pueden reír, llorar, contarse sus problemas y cocinar juntas, escribía Meghan en el prólogo del libro. *Mezclando distintas identidades culturales bajo un mismo techo, se genera un espacio de normalidad entendida en su forma más elemental: esa necesidad humana de conectar, de nutrirse y comunicarse a través de la comida, ya sea en la dicha o en la tristeza. Algo con lo que todos podemos identificarnos.*

Doria se presentó por sorpresa en la fiesta de presentación del libro celebrada en el palacio de Kensington. Acababa de llegar de Los Ángeles para pasar unos días con su hija y su yerno.

—Hola, soy la madre de Meg —les dijo a las mujeres de la asociación reunidas en el evento—. Me han hablado mucho de vosotras. Me alegro mucho de conoceros.

Tras presentar a su madre a todo el mundo, Meghan dio un discurso improvisado.

—Hace poco que me mudé a Londres y las mujeres de la cocina me acogieron inmediatamente —dijo—. Su cariño, su amabilidad y la posibilidad de estar aquí y de ver en ese cuartito lo multicultural que es esta ciudad… Me siento muy orgullosa de vivir en un lugar tan diverso. ¡Hay doce países representados en este grupo de mujeres! Es impresionante.

Doria, en efecto, estaba impresionada.

—El poder de las mujeres… —comentó—. Nosotras hacemos que las cosas ocurran. Somos curiosas. Decimos que sí, acudimos. Sois un ejemplo para mí.

Cuando Meghan y Harry hicieron su gira por Marruecos, el libro había alcanzado ya la lista de superventas de *The New York Times*, con setenta y un mil ejemplares vendidos en apenas siete semanas desde su publicación. Durante el viaje, la pareja pasó una tarde cocinando con el chef marroquí Moha Fedal. Prepararon una receta magrebí del libro con ayuda del personal de un restaurante de la capital, Rabat, adaptado para dar empleo a personas discapacitadas.

—Qué orgullosas van a estar cuando vean esto —comentó Meghan sobre la presentación del libro en Marruecos—. El mensaje ha llegado muy lejos.

Tras aquel viaje, Meghan comenzó a aligerar su agenda, preparándose para su inminente maternidad. Ya no podía montar en avión, pero, teniendo en cuenta las críticas que recibía continuamente de algunos sectores de la prensa británica, hallarse de nuevo en Inglaterra no suponía un descanso. Nunca había llegado a acostumbrarse a ese bombardeo constante, y al final de su embarazo no soportaba más críticas innecesarias y gratuitas. Los tabloides aprovechaban cualquier pretexto para atacarla. Criticaban desde su ropa de premamá a su forma de tocarse la tripa. Era como si ni siquiera pudiera estar embarazada a gusto de la prensa. Meghan comparó esos ataques ante una amiga con la «muerte de los mil cortes».

Sufría horriblemente. Se sentía frágil y tenía las emociones a flor de piel mientras esperaba ansiosamente la llegada de su primer hijo. Harry hacía todo lo posible por ayudarla, pero sentía que era el momento de que su familia interviniera. Sin embargo, nadie en la familia real movió un dedo.

Durante las últimas semanas de embarazo, estaba programado que Meghan asistiera a un par de actos oficiales. El 20 de marzo tenía que acompañar a Harry a plantar árboles en apoyo de Commonwealth Canopy, un proyecto de conservación de los bosques. Al final, sin embargo, no se sintió con ánimos. Estaba más cómoda trabajando desde casa.

Nadie la presionaba para que trabajara, pero como dice una amiga, «no es nada fácil que Supermeg se quede en el banquillo». Sara Latham, su secretaria de comunicación, se pasaba a menudo por Frogmore Cottage, donde la pareja se había instalado a principios de abril. A pesar de que se decía que la reforma de la casa llevaba un mes de retraso, pudieron mudarse solo nueve días después de la fecha prevista en un principio, todo un logro teniendo en cuenta que las obras empezaron a principios de octubre de 2018.

Las visitas de sus amigos íntimos animaron a Meghan durante aquellas semanas. Daniel fue a verla el 6 de abril y la encontró «increíblemente tranquila, disfrutando de sus últimos días con el "bombo"». Meghan y Harry cocinaron para el maquillador, aunque fue sobre todo el príncipe quien se encargó de preparar la comida.

—No se les notaba nerviosos, y los dos parecían encantados con la casa nueva —comentaba Daniel.

Doria llegó a Frogmore el 16 de abril para echar una mano a su hija, que salía de cuentas el día 28. En el avión, un pasajero se le acercó para preguntarle si era la madre de Meghan.

—¡Soy la orgullosa mamá! —contestó Doria, que fue conducida a Frogmore Cottage en cuanto aterrizó en Heathrow.

Aunque para Meghan era un alivio tener a su madre cerca, Harry procuraba asegurarse en todo momento de que su esposa se encontraba cómoda y solía prepararle cosas para picar. Guacamole y *crudités*, sobre todo. Nada de comida basura (no porque no le gustara, sino porque no le apetecía).

A Meghan no le preocupaba su peso, pero cuando salió de cuentas le dijo a una amiga que parecía «un globo». Ya no le cabía el anillo de compromiso. Durante la primera semana de mayo, siguió con la rutina de yoga para embarazadas que practicaba desde el principio del embarazo. Y desde que vivía en Frogmore había cogido la costumbre de dar largos paseos con sus dos perros.

A pesar de que ya había salido de cuentas, Harry y ella siguieron recibiendo visitas. Sara iba a verlos con regularidad. El viernes 3 de mayo encontró a la duquesa «tranquila y contenta». Al día siguiente, Gayle King, que estaba en Windsor para rodar un documental de la CBS con motivo del primer aniversario de la boda, se pasó a verlos un rato. Quedó impresionada por la energía que desplegaba todavía la duquesa.

El 6 de mayo, hacía ya una semana que Meghan había salido de cuentas.

—¡Fueron los ocho días más largos de su vida! —cuenta una amiga—. Pero demostró una paciencia y una tranquilidad increíbles. Decía solo que el bebé llegaría cuando tuviera que llegar. Y ya está.

20

Bienvenido, Archie

La noche del domingo 5 de mayo, Harry se sentó de un salto al volante de un Range Rover azul marino, en cuyo asiento trasero esperaban ya Meghan y Doria. Con un escolta en el coche y varios más siguiéndolos en otro Range Rover, el príncipe se dispuso a recorrer los cuarenta y cinco kilómetros que había entre Frogmore Cottage y el hospital Portland, en el centro de Londres. Aunque en un principio Meghan se había interesado por el parto en casa, al entrar en el tercer trimestre de embarazo optó finalmente por dar a luz en el hospital. Algunos medios afirmaron que la duquesa estaba «muy disgustada» porque sus planes de que fuera en casa se hubieran venido abajo en el último momento, pero una fuente cercana a la pareja asegura que, cuando Meghan salió de cuentas, hacía tiempo que había abandonado esa idea.

—Sé que circulaba la idea de un parto en casa, y desde luego fue una posibilidad que se contempló en un principio —comenta esa misma fuente—, pero hacía ya unos meses que Meg tenía claro que iba a dar a luz en el hospital. Lo único que le importaba era que su hijo naciera de la manera más segura posible. Estaba cada vez más nerviosa a medida que se acercaba la fecha prevista del parto, así que yo diría que en cierto modo fue un alivio para ella tener claro que iba a dar a luz en un hospital convencional.

Al contrario de lo que también se dijo, en ningún momento sopesó la posibilidad de dar a luz en la maternidad de Lindo Wing, donde Kate había tenido a sus tres hijos, Diana a Guillermo y Harry y la princesa Ana a sus hijos, Peter y Zara. Quería un lugar más discreto que el hospital de Saint Mary.

En el hospital Portland, de propiedad estadounidense, habían nacido las princesas Beatriz y Eugenia. Era una de las clínicas maternales preferidas por los famosos y por la comunidad de expatriados norteamericanos en Londres. No solo contaba con los recursos médicos más avanzados, sino que además tenía una entrada subterránea por la que era común ver entrar y salir todoterrenos con las ventanillas tintadas. Meghan y Harry, a los que nunca se había visto entrando o saliendo de la clínica, no le dijeron a nadie —ni siquiera a sus asistentes y amigos más cercanos— qué hospital habían elegido para el parto. Los únicos que lo sabían eran Doria y el equipo médico de Meghan, encabezado por la tocoginecóloga Penelope Law, quien además de ser una de las principales obstetras de la clínica, era condesa por estar casada con el séptimo conde de Bradford. Aun así, les decía a sus pacientes que la llamaran simplemente «doctora Penny». A pesar de que en el hospital tiene fama de ser «demasiado pija para tirar» debido al elevado número de cesáreas que practica, la doctora

Law es defensora del parto natural. Aunque la pareja no hizo públicos los detalles del parto, Meghan no dio a luz mediante cesárea. Según una fuente, «siguió el consejo» de los médicos que la atendieron a diario en Frogmore Cottage durante los días previos a su ingreso en el hospital. A las 5:25 de la madrugada del lunes 6 de mayo vino al mundo Archie Harrison Mountbatten-Windsor, séptimo en la línea de sucesión al trono. El pequeño pesó tres kilos trescientos gramos y el parto transcurrió sin complicaciones. Meghan estaba muy contenta porque todo hubiera salido bien y por tener en brazos por primera vez a su «precioso niñito».

—Archie daba la impresión de estar muy alerta cuando nació, con los ojos abiertos de par en par —cuenta un amigo de la familia—. Meghan describió el momento en que cogió en brazos a Archie por primera vez como una especie de éxtasis, de felicidad y dicha absolutas.

—Era como cualquier madre primeriza. Hasta que no pasas por ello, no sabes qué esperar —añadía otra persona de confianza de la pareja.

Meghan y Harry ya tenían pensado el nombre de su hijo cuando nació Archie. Hacía tiempo que sabían que iban a tener un niño, pero, según una fuente, no se decantaron definitivamente por un nombre hasta la última semana de embarazo. Querían un nombre tradicional, que sonara poderoso incluso si no llevaba un título delante. Archie, que significa fortaleza y valentía, cumplía ese requisito.

—Sopesaron llamarle Archibald solo un segundo —comenta una amiga, riendo—. Desde el principio iba a ser el pequeño Archie.

(Mountbatten-Windsor es el apellido que llevan todos los descendientes varones de la reina y el príncipe Felipe. Los *royals* con título no suelen utilizar su apellido).

Meghan y Harry —que iban a registrar a su hijo con doble nacionalidad, británica y estadounidense— decidieron que no llevara ningún título nobiliario. Querían que fuera un ciudadano de a pie hasta que tuviera edad de decidir qué camino quería seguir. Una fuente afirma que a la pareja le preocupaba que, cuando Carlos fuera rey, sus hijos heredaran el título de príncipe o princesa. Lo consultaron con Carlos, que les dijo que consideraría la posibilidad de emitir una nueva orden ejecutoria —un instrumento jurídico emitido por un monarca reinante— que cambiara esa norma.

—Tener un título pero no una función dentro la familia real solo es una carga —dijo en su momento un asistente cercano a la pareja.

Tras nacer Archie, Harry se puso a mandar mensajes y a llamar a sus familiares y amigos (incluido Skippy, con el que se había reconciliado) para darles la buena noticia. Empezó por la reina y el príncipe Felipe, que fueron los primeros en saber que había nacido su octavo bisnieto. Luego, mandó un mensaje a su padre y su hermano junto con una foto del recién nacido, y a continuación informó a otros miembros de la familia —como la hija de la princesa Ana, Zara Phillips, y su marido, el mítico jugador de rugby Mike Tindall— a través del grupo de WhatsApp del que formaban parte todos los primos de la familia Windsor. Harry avisó también en persona a la familia de Diana: a sus dos tías, *lady* Sarah McCorquodale y *lady* Jane Fellows y a su tío, el conde Charles Spencer. Tampoco podía olvidarse de Tiggy, a la que ya había elegido como madrina de su hijo o hija mucho antes de ser padre.

A petición de Meghan, Doria mandó un mensaje a Thomas para darle la noticia. La flamante mamá no quería que su padre se enterara por la prensa, pero no quiso saber qué contestó Thomas al mensaje de su madre.

Por último, Harry avisó al personal de palacio, incluida Sarah Latham. Fue a las nueve y media de la mañana, cuando se marcharon de la clínica para regresar a Frogmore Cottage. Aunque habían transcurrido pocas horas desde el parto, la doctora Penny dio el visto bueno y Meghan estaba deseando volver a casa, donde el equipo médico podía seguir atendiéndola. Pasó, pues, muy poco tiempo en el hospital tras el nacimiento de Archie, y más tarde, cuando escribió a sus amigos norteamericanos para darles la noticia mientras el bebé dormía, dijo estar eufórica, aunque un poco cansada y abrumada.

Es un momento de esos de «pellízcame, que no me lo creo», le dijo a una amiga.

Le maravillaba lo tranquilo que era su bebé.

Casi no ha llorado. Es un ángel, aseguraba.

En un mensaje a otra persona muy querida escribió: *Si mi hijo es la mitad de bueno que los tuyos, qué feliz voy a ser.*

Harry quiso hacer público en persona el nacimiento de Archie.

—No quería que su oficina informara a la prensa, ni perder el control de ese momento tan especial —asegura una fuente cercana al príncipe—. Quería contárselo a la gente con sus propias palabras, sin comunicado ni anuncio oficial de por medio. Solo él, hablando sinceramente, sin guion.

Sara se encargó de hacer los preparativos necesarios.

Delante de los establos del castillo de Windsor, con dos caballos asomando la cabeza negra por las puertas de las caballerizas, Harry dijo a la cámara sin dejar de sonreír:

—Me emociona anunciar que Meghan y yo hemos tenido un niño esta mañana, un niño muy sano. La madre y el niño están estupendamente. Ha sido la experiencia más increíble que podía imaginar. Todavía no me explico cómo hacen las mujeres lo que hacen, pero estamos absolutamente encantados y muy agradecidos por las muestras de cariño y apoyo que hemos recibido de todo el mundo. Ha sido fantástico.

Mientras hablaba del primer parto al que había asistido, el príncipe rebosaba entusiasmo por su mujer y su bebé.

—Es una cosita absolutamente preciosa. Así que estoy en una nube —afirmó.

Dos días más tarde, Archie hizo su debut en el castillo de Windsor ante un escogido grupo de periodistas. Solo estuvieron presentes dos fotógrafos, un periodista de una agencia y tres cámaras que se encargarían de distribuir la información al resto de los medios de comunicación.

Las cámaras captaron el instante en que Meghan y Harry hacían su entrada en Saint George's Hall —donde habían celebrado la recepción de su boda casi un año antes— con el recién nacido envuelto en la toquilla de G. H. Hurt & Son que lucen tradicionalmente los bebés de la familia real. (Los príncipes George, Charlotte y Louis también llevaron toquillas de la misma marca en su presentación ante la prensa).

A diferencia de lo que ocurrió en la sesión de fotos del anuncio de su compromiso oficial, esta vez fue Harry quien trató de dar ánimos a Meghan antes de su aparición ante la prensa.

—Estás preciosa —le dijo.

Meghan eligió para la ocasión un vestido de gabardina de la firma Wales Bonner, zapatos de Manolo Blahnik y uno de sus collares favoritos, de oro y turquesas, de Jennifer Meyer. Lucía también su anillo de pedida, que no había podido ponerse durante las últimas siete semanas de embarazo. Antes de llegar, reconoció que estaba agotada, pero muy emocionada por poder compartir con el público un momento tan feliz.

La pareja tenía pensado en principio posar en la escalinata de detrás del castillo para recrear la foto tomada el día de su boda, antes de la recepción oficial, pero ese día estaba lloviznando y finalmente se decidió trasladar la presentación al interior de Saint George's Hall.

Sara y su asistente, Julie Burley —que corrió a retirar unos hilos sueltos de la alfombra roja del salón justo antes de que entrara la pareja—, informaron a los periodistas presentes de que solo dispondrían de diez segundos para hacer fotografías; después, podrían formular tres preguntas aprobadas de antemano. Los duques, sin embargo, estaban tan contentos que se quedaron un rato más charlando con los periodistas sobre su hijo recién nacido.

—Tengo a los dos mejores chicos del mundo —declaró Meghan—. Estoy muy feliz.

Cuando le preguntaron qué tal se portaba Archie, respondió:

—Tiene un carácter buenísimo. Es muy tranquilo.

—No sé a quién ha salido —bromeó Harry.

La pareja no tuvo inconveniente en hablar de sus sentimientos, pero no quiso hacer declaraciones sobre el nombre del bebé. Querían que la reina fuera la primera en saberlo y les diera su aprobación, no porque así lo exigiera el protocolo, sino por simple respeto hacia la abuela de Harry.

Tras concluir la presentación ante la prensa, Harry, Meghan y Archie entraron en el castillo para que Isabel II conociera a su bisnieto. Ya se habían encontrado con Felipe de Edimburgo, muy risueño, en los jardines del castillo antes del posado ante la prensa, pero aquel iba a ser el primer encuentro del pequeño con su bisabuela.

Doria, la orgullosa abuela materna, también estuvo presente en la audiencia con Isabel II. Posteriormente, la Casa Real publicó en redes sociales una foto que recogía ese instante: los cinco adultos en torno a Archie, el primer bisnieto interracial de la reina de Inglaterra. Aquella imagen, tomada por el fotógrafo personal de la pareja, Chris Allerton, plasmaba un momento de enorme trascendencia para la familia real. Por primera vez, la necesidad de inclusión racial se visibilizaba en el corazón de la monarquía británica.

—Para mí fue un gran orgullo —le confesó Meghan a una amiga.

Doria estaba siempre a mano para apoyar a su hija.

—Cuidaba de Meghan mientras Meghan cuidaba de Archie —asegura una amiga, que añade que Doria ayudaba a preparar la comida y a hacer otras tareas de la casa para que Meghan pudiera dedicar toda su energía a cuidar de su hijo y darle el pecho.

Harry también estaba «superdispuesto» a hacer todo lo que hiciera falta, comentaba un amigo de la pareja.

—A Meghan le encanta que quiera hacer tantas cosas. Es él quien le cambia casi siempre los pañales a Archie. Le encanta que ese sea su «trabajo», sobre todo porque Meghan tiene muchas más cosas que hacer.

En eso Harry se parecía a su hermano Guillermo, que se involucraba en todos los aspectos de la crianza de sus tres hijos, incluyendo ir a llevarlos al colegio y a recogerlos y ayudarlos con las tareas escolares. Kate y él eran padres modernos y se repartían equitativamente las tareas de la casa. Guillermo cocinaba tanto como Kate. El príncipe retomaba así el legado de su madre. Diana fue una de las primeras *royals* que convirtió la cocina de su casa en el núcleo de la vida familiar, en una época en la que la mayoría de los miembros de la familia real apenas pisaban la cocina. Cuando Guillermo y Kate se instalaron en el Apartamento 1A, quisieron que la cocina fuera el centro de su hogar, y no por una cuestión puramente práctica. También era un símbolo. Al igual que su madre, Guillermo quería que sus hijos tuvieran una infancia relativamente normal, aunque su hijo mayor estuviera destinado a ser rey algún día.

Harry estaba empezando a conocer a su hijo. A la pareja todavía le costaba creer que su bebé fuera tan silencioso. Meghan le dijo a una amiga que Archie dormía tan apaciblemente que a veces le daban ganas de que hiciera algún ruido para saber que estaba bien. Archie tenía su propio cuarto, claro, pero también dormía en una cunita en el dormitorio de sus padres.

Mientras tanto, llegaban regalos sin cesar a Frogmore Cottage. La casa —sobre todo, la cocina— se llenó de flores enviadas desde los cinco continentes. Los Clooney, los Corden y la primera ministra neozelandesa Jacinda Ardern enviaron ramos para darles la enhorabuena. Oprah les envió un regalo muy especial: una gran colección de libros infantiles, cada uno de ellos con una etiqueta que decía *Club de lectura de Archie*.

Uno de los primeros álbumes infantiles que tuvo Archie fue *El árbol generoso*, de Shel Silverstein, que a Meghan le gustaba muchísimo de pequeña, cuando se lo leía Doria. Los Mulroney les regalaron un moderno carrito de bebé en el que Meghan llevaba a Archie a pasear a diario por los jardines de Frogmore, acompañada por Guy y Pula, sus perros.

Las precauciones de ciberseguridad que tomaban los flamantes padres no les impidieron mostrar fotografías de su bebé a sus allegados, como hace cualquier padre primerizo. El Día de la Madre, Meghan desayunó en su habitación con

Doria y Archie, y Harry compartió públicamente una foto del bebé en Instagram, en la que aparecían los piececitos de Archie sostenidos por la mano de su madre. Los nomeolvides que aparecían de fondo eran un homenaje a la princesa Diana, de la que, como es lógico, Harry «se acordaba muchísimo» desde que era padre.

21

@SussexRoyal

El día de su primer aniversario de boda, Meghan y Harry disfrutaron de una tradicional comida dominical con Doria antes de que regresara a Los Ángeles. Sus cinco semanas en Frogmore habían pasado volando, pero tenía que volver al trabajo.

Meghan le estaba muy agradecida por todo el cariño y el apoyo que le había dado durante la recta final del embarazo y las primeras semanas de vida de Archie.

—Meg se maneja como pez en el agua con el bebé, pero la ha ayudado muchísimo que Doria estuviera allí para poder consultarle sus dudas —comentaba una amiga de la duquesa—. Esto es nuevo para ella.

Además, tener a su madre cerca durante esas primeras semanas era importante para poder compartir con ella los primeros recuerdos del bebé.

El 19 de mayo de 2019, Harry sorprendió a su esposa regalándole una sortija que había diseñado él mismo junto con Lorraine Schwartz, la joyera de las estrellas y una de las favoritas de Meghan. El anillo de eternidad, incrustado de diamantes libres de conflicto, rendía homenaje a su pequeña familia: incluía las gemas natales de Harry, Meghan y Archie (peridoto, esmeralda y zafiro) en el lado menos visible del anillo.

—Harry quería que fuera especial —comentaba la joyera—. Es la persona más encantadora del mundo. Tan romántico y atento.

(El príncipe incluso le pidió a Lorraine que agrandara el anillo de pedida de Meghan y le añadiera una franja de diamantes).

Antes de casarse, la pareja no podía imaginar que su primer año de matrimonio pasaría tan rápidamente y que conseguirían tantas cosas en un periodo de tiempo tan corto.

—Soñaban con tener ya un hijo cuando cumplieran su primer aniversario de boda, pero sabían que las cosas no siempre salen como las planeamos —cuenta una fuente cercana a la pareja—. Se sentían increíblemente dichosos. Meghan daba gracias a Dios todos los días por haberles dado a Archie. Casi no se creían que, de pronto, tuvieran consigo a un niño tan precioso. Estaban en ese momento en que se miraban el uno al otro como diciendo: «Esto lo hemos hecho nosotros». De repente eran tres en la familia.

Durante las primeras semanas de vida de Archie, recibieron en casa a amigos llegados de todo el mundo. Jessica y su hija, Ivy, viajaron expresamente a Londres para conocer al pequeño. Serena y Alexis, con su hija, Alexis Olympia, también fueron de visita una tarde. Charlie van Straubenzee y su mujer, Daisy Jenks, se pasaron por allí, igual que Ellen DeGeneres y su esposa, Portia de Rossi, que fueron a verlos una tarde de agosto.

—Una pareja monísima, y muy sencilla —declaró más tarde Ellen.

Tuvieron también muchas visitas de la familia, cercana y lejana. Guillermo y Kate los visitaron ocho días después de que naciera Archie, sin sus hijos. Las hermanas de Diana, *lady* Sara y *lady* Jane, también fueron a verlos y a llevarles regalos, al igual que Celia McCorquodale, la prima de Harry, y su marido, George Woodhouse. El príncipe Carlos, «ilusionadísimo», les hizo dos visitas, una solo y otra con Camilla.

Carlos procuraba ver a Archie tanto como le permitía su apretada agenda. Durante los primeros cuatro meses de vida de su nieto fue a verlos tres veces. Aunque Harry y su padre estaban más unidos que nunca, los muchos compromisos oficiales que tenían ambos les impedían verse a menudo. Carlos solía acudir, sobre todo, a los grandes acontecimientos familiares.

—No es una familia en la que uno se presente sin avisar en casa de otro para ver qué tal, o se manden mensajes para contarse cómo les va —revela una fuente—. Es todo mucho más formal.

La bisabuela Gan-Gan (como llaman a la reina sus bisnietos más pequeños) veía mucho más a Archie. Isabel II pasaba mucho tiempo en el castillo de Windsor, que está solo a kilómetro y medio del Frogmore Cottage, de modo que era mucho más fácil que coincidieran. Eugenia y Jack también se pasaron varias veces a ver a Archie.

Aunque al principio Meghan y Harry prefirieron no tener niñera, tras el regreso de Doria a Los Ángeles decidieron contratar a una cuidadora de noche para establecer un horario de descanso y tener un poco de ayuda. Pero la cuidadora les duró poco. A la segunda noche, se vieron obligados a despedirla por considerarla poco responsable y profesional.

Contrataron entonces a otra cuidadora que hacía bien su

trabajo, pero, debido a lo ocurrido con la primera, ninguno de los dos se sentía cómodo durmiendo toda la noche de un tirón sin estar pendientes de Archie. Pasadas unas semanas, decidieron volver a hacerse cargo de atender a su hijo por las noches y prescindir de la cuidadora nocturna. Contrataron, en cambio, a una niñera para los días de entre semana. La nueva niñera se sumó al servicio de Frogmore Cottage, formado por una asistente y una limpiadora que no vivían en la casa.

La pareja había acordado no tener servicio interno. Harry conocía la vida cotidiana de los Cambridge, que tenían una asistenta y una niñera internas, y no quería eso para su familia. Meghan y él preferían estar solos con su hijo cuando se iban a la cama por las noches, en un ambiente acogedor e íntimo.

El príncipe solía preparar el café por las mañanas. En cambio, cuando se reunían en la espaciosa cocina con miembros de su personal, normalmente era Meghan quien se encargaba de preparar té y un plato con bombones o bolitas energéticas para picar.

Meghan siguió de baja maternal durante el verano. Solo participó en un par de compromisos oficiales y acontecimientos familiares importantes, como el Desfile del Estandarte para conmemorar el cumpleaños de la reina, el 8 de junio, el primer acto oficial en el que se la vio tras dar a luz. Harry renunció a la baja de dos semanas por paternidad que le correspondía legalmente, pero redujo su agenda a uno o dos compromisos oficiales a la semana y procuró centrar su actividad en las iniciativas por las que más se interesaban Meghan y él.

Había muy pocas cosas que pudieran alejar a la pareja de su hijo recién nacido. Harry se dio cuenta enseguida de lo rápidamente que crecen los niños.

—¡Era diminuto cuando lo trajimos a casa y ya ha crecido un montón! —les dijo a sus amigos.

Con todo, ayudar a niños menos afortunados cobró aún más importancia, si cabe, dentro de la actividad oficial de los Sussex. El 9 de mayo Harry viajó a los Países Bajos para presentar oficialmente la siguiente edición de los Invictus Games, que estaba previsto que se celebraran en La Haya en 2020. Cinco días después, estuvo en Oxford para visitar un hospital infantil y el centro deportivo para discapacitados OXSRAD que inauguró su madre en 1989.

El 24 de mayo, Harry viajó a Roma para participar durante dos días en el torneo de polo Sentebale ISPS Handa a beneficio de la ONG que, desde su fundación en 2006, proporciona apoyo educativo, sanitario y psicológico a niños afectados por el sida y el VIH en el sur de África. La organización celebra campamentos, clubes juveniles y cursos para más de cuatro mil seiscientos adolescentes que tienen que aprender a convivir con el virus, y atiende a más de dos mil niños en el Mamohato Centre, su sede en Lesoto.

Para Guillermo y Harry, los partidos de polo son una herramienta fundamental de recaudación de fondos para sus iniciativas filantrópicas. Harry, un consumado jugador de polo, llevaba dos semanas entrenando para el evento en el parque del castillo de Windsor, donde montaba a caballo con regularidad. El entrenamiento dio fruto. Su equipo ganó 9 a 6. Gracias al partido y a la gala posterior en el hotel Saint Regis, donde Harry se alojó dos noches, Sentebale consiguió recaudar más de un millón de dólares.

Esa noche, en el transcurso de una cena privada, Harry explicó lo que esperaba conseguir con la ONG.

—Estos niños reciben ayuda y apoyo para comprender que el VIH ya no supone una condena a muerte, que no están solos en esta lucha y que pueden tener una buena calidad de vida, no solo sobrevivir —dijo—. Además de proporcionarles la seguridad en sí mismos y la tranquilidad que necesitan para convivir con el VIH, nuestro campamento les proporciona herramientas para que hablen sobre el virus y animen a sus compañeros a aprender sobre él e impedir su propagación.

Antes del partido, su amigo íntimo y embajador de Sentebale, el famoso jugador de polo Nacho Figueras, habló de cómo le estaba sentando la paternidad a Harry.

—Se le ve muy muy feliz —declaró—. Tenía muchas ganas de ser padre y creo que le está encantando. Siempre he pensado que sería un padre estupendo, porque se comunica muy bien con los niños.

Esa noche, Harry, que compartía con su mujer la responsabilidad de las tomas nocturnas de Archie, pudo dormir por primera vez a pierna suelta desde el nacimiento de su hijo, como comentó también Nacho en la entrevista. La conversación, sin embargo, dio un brusco giro cuando un periodista le preguntó:

—No hay muchos padres que se marchen al extranjero dos semanas después de haber tenido un hijo. ¿Qué opina la madre al respecto?

—¿Cómo se atreve ese tipo a decirle a un padre que adora a su hijo y que se ausenta de casa veinticuatro horas para recaudar dinero con el que ayudar a miles de niños vulnerables en África, cómo se atreve a decir algo así? —se quejaba Nacho en la CBS unos días después.

Figueras no era el único enfadado por el comentario del periodista. A los colaboradores de Harry en palacio les pareció indignante, porque los esfuerzos del príncipe por promover la lucha contra el sida no solo eran una labor humanitaria importante, sino que además eran una forma de recordar a Diana y proseguir su tarea.

—Después de que mi madre y muchas otras personas hicieran campaña durante años para concienciar al mundo sobre esta epidemia, por fin estamos en un momento crucial —declaró Harry—. O acabamos lo que hemos empezado y resolvemos este problema de una vez por todas, o tendremos que hacer frente al bochorno de darnos por satisfechos y dejar que este virus vuelva a atacar con fuerza justo cuando estábamos empezando a tenerlo controlado.

Para Harry se trataba de una misión profundamente personal. De ese modo, retomaba la labor que la princesa Diana no había tenido ocasión de acabar.

—Nuestra esperanza es que esta sea la generación que revierta el estigma del sida —prosiguió—. Que sea la generación que hable de sexo seguro y que apoye a quienes conviven con el VIH. La generación que impida de una vez por todas que el VIH siga propagándose.

Sin embargo, las críticas que recibió Harry por ir a Roma a jugar al polo tras el nacimiento de su hijo no fueron nada comparadas con el vapuleo mediático del que fueron objeto los Sussex ese verano, con motivo de sus vacaciones. El problema comenzó cuando el príncipe, famoso por su conciencia ecologista, usó un avión privado para desplazarse a tres destinos distintos en el plazo de un mes.

Su primera parada fue el Google Camp, un congreso de tres días celebrado durante la última semana de julio en un exclusivo hotel de la costa siciliana, donde destacados empresarios, filántropos y estrellas de cine como Barack Obama y Leonardo DiCaprio se reunieron para promover la lucha contra el cambio climático. El gigante tecnológico corría con todos los gastos, incluido el viaje de ida y vuelta al resort. Harry tenía pensado en principio volar en un avión comercial y volver a casa el mismo día, pero estando allí aceptó la invitación de otro asistente al evento para regresar a Londres en su *jet* privado y así poder quedarse un día más en Sicilia y hablar de una iniciativa de turismo sostenible en la que estaba trabajando y que aún no había presentado en público.

Más adelante, tras el treinta y ocho cumpleaños de Meghan, el 4 de agosto, los Sussex volaron a Ibiza, donde se alojaron en una urbanización de lujo. Desde allí, se trasladaron en el avión privado de Elton John a la casa del cantante en Niza, donde estaban invitados a pasar unos días.

La prensa arremetió contra el príncipe, acusándole de ser un hipócrita por defender públicamente el respeto al medioambiente y al mismo tiempo volar en aviones privados que consumían ingentes cantidades de combustible. A eso se sumaba el hecho de que los Sussex habían decidido no ir a visitar a la reina a Balmoral a principios de verano, alegando, al parecer, que Archie era demasiado pequeño para viajar. Parte de la prensa aprovechó esa circunstancia para acusarlos de desairar a la reina.

Elton John salió de inmediato en defensa de los Sussex. El cantante aclaró que había pagado no solo el viaje en avión privado, sino también una compensación por las emisiones de CO_2 producidas durante el trayecto (una práctica que permite a los usuarios de este tipo de vuelos invertir en proyectos como paneles solares y bosques sostenibles que reduzcan la misma cantidad de dióxido de carbono que arroja a la atmósfera un determinado desplazamiento en avión privado).

El cantante tuiteó:

> *Le pido a la prensa que ponga fin a ese ensañamiento implacable y mendaz al que los somete inventando noticias espurias casi a diario.*

La polémica estalló en vísperas de la presentación de Travalyst, el proyecto de turismo sostenible en el que Harry llevaba trabajando casi un año. El príncipe lamentó amargamente no haber seguido el consejo de Sara, su asesora de comunicación, que le había advertido del peligro de que se levantara una tormenta mediática si regresaba en avión privado del Google Camp, al que asistió para una primera presentación del proyecto. Harry, con su seriedad característica, fue el primero en admitir que se había equivocado.

Entretanto, el palacio de Buckingham mantuvo un completo silencio, lo que contribuyó a reforzar el deseo de Meghan y Harry de cambiar su dinámica de trabajo. Uno de sus principales problemas era no poder hablar por sí mismos y tener que delegar en la lenta y aparatosa maquinaria de la institución monárquica. Para una americana como Meghan, acostumbrada a llevar una vida independiente, resultaba especialmente frustrante. Por eso le hacía tanta ilusión la cuenta de Instagram *@SussexRoyal* que Harry y ella habían hecho pública esa primavera.

—Lanzar esa cuenta fue en cierto modo una experiencia liberadora para Meghan —cuenta un asistente de palacio—. No tener una plataforma propia para hablar directamente con el público fue uno de los cambios que más le costó asimilar, sobre todo después de haber tenido tanto éxito creando su propia marca en Instagram y en su blog. Con *@SussexRoyal* por fin tenía un lugar en el que expresarse.

La pareja comenzó a planear el lanzamiento de la cuenta más o menos en la época en que anunció que tendría su propia oficina de prensa bajo los auspicios del palacio de Buckingham. La Casa Real ya estaba familiarizada con el funcionamiento de Instagram, puesto que Guillermo, Kate y Harry habían creado la cuenta *@KensingtonRoyal* en 2015. Cuando se casó con Harry, Meghan también empezó a publicar mensajes en la cuenta compartida. Incluso la reina había participado en la plataforma al enviar su primer *post* (una foto de los Reales Archivos del Museo Británico de la Ciencia) en marzo de ese año.

Para los duques de Sussex, las redes sociales eran mucho más que una forma de llegar a una nueva generación de personas interesadas por la vida de la familia real.

—Podemos informar directamente a la gente —dijo Meghan en una reunión de planificación con su equipo en la que se barajaron distintos tonos de azul para el emblema de la cuenta, hasta que Harry y ella se decantaron por el que les parecía más adecuado.

Además de decidir qué fotos se publicaban —siempre con un reborde blanco—, Meghan se encargó al principio de redactar muchos de los mensajes que se publicaban en la cuenta. Fue una de las cosas que la mantuvieron ocupada durante sus últimas semanas de embarazo.

David Watkins, el gestor de redes sociales de la pareja, que había abandonado la firma Burberry para trabajar con los Sussex, los acompañaba a menudo en sus compromisos oficiales y grababa contenido exclusivo destinado a la cuenta, que, siguiendo los deseos de Meghan y Harry, debía tener un aire informal y cercano. A David se lo había recomendado Isabel May, la exdirectora de comunicación de Burberry, que había trabado amistad con Meghan desde que Markus Anderson las presentó en 2017. Isabel (Izzy para los amigos) formaba parte del círculo más íntimo de Meghan, era supuestamente una de las madrinas de Archie y visitaba Frogmore Cottage con frecuencia. De hecho, se había convertido en una de las pocas personas en las que Meghan sentía que podía confiar por completo en el Reino Unido.

Con la ayuda de un asistente de palacio, Meghan y Harry crearon una presentación de fotografías inéditas de su boda para publicarla en su cuenta de Instagram la semana anterior a su primer aniversario. Disfrutaron muchísimo revisando aquellos momentos captados por la cámara un año antes y viendo vídeos de aquel día tan especial por primera vez desde que se casaron.

Instagram se convirtió rápidamente en una parte fundamental de la nueva estrategia de comunicación de los Sussex. Su cuenta batió un récord al acumular un millón de seguidores en apenas unas horas, superando incluso al papa. De hecho, al cabo de veinticuatro horas tenían ya 2,1 millones de seguidores, casi los mismos que Guillermo y Kate, que seguían utilizando la cuenta *@KensigtonRoyal*.

—Está costando un poco, pero empiezo a ver la impronta de Meg en muchísimas cosas —comentaba una amiga de la duquesa—. A veces los *posts* de la cuenta me recuerdan a su blog, y me encanta. Su voz se escucha con más fuerza cada día que pasa.

La cuenta de Instagram podía haber sido una herramienta muy eficaz para que Meghan y Harry tuvieran un mayor control sobre la información que circulaba sobre ellos, pero también era un lugar en el que compartir algunos de sus momentos favoritos, como cuando conocieron a Jay-Z y Beyoncé en el estreno europeo de *El rey león* en Leicester Square, el 14 de julio. La cantante le cogió la mano a Meghan y dijo: «Nos encantáis, chicos». Aunque solo fuera por eso, valió la pena planear cuidadosamente la salida de tres horas entre toma y toma de Archie.

El estreno fue otro ejemplo de cómo se tergiversaba la información sobre los Sussex. Las cámaras grabaron al príncipe hablando con Bob Iger en la alfombra roja. Se le oyó decirle en broma al entonces consejero delegado de Disney: «Ya sabes que hace doblaje», refiriéndose a Meghan, que había aceptado ser la narradora del documental *Elephant* de Disneynature. Cuando se publicó el vídeo en enero de 2020, los tabloides lo utilizaron para acusar a la pareja de estar «vendiéndose» a un ejecutivo de Hollywood. En realidad, Meghan ya había aceptado narrar el documental, cuya locución grabó en otoño de 2019 a cambio de que Disney hiciera una donación a la ONG Elefantes Sin Fronteras.

Instagram era, además, otro vehículo para promocionar las iniciativas sociales que patrocinaban los Sussex, como la Cumbre Nacional de Mentorías para Jóvenes que presidió Harry el 2 de julio, en el marco de los premios Diana.

—Ser un ejemplo y un mentor puede ayudarte a restañar las heridas de tu pasado y a mejorar el porvenir de otra persona —afirmó en su discurso—. A un nivel íntimo, tiene el poder de cambiar el curso de una vida, de convertirte en la Estrella Polar de una persona joven que tiene dificultades para abrirse camino por sí sola.

Meghan y Harry disfrutaban pudiendo expresarse con voz propia, y hasta cierto punto estaban pudiendo hacerlo.

—Les gusta controlar su discurso —comentaba una fuente.

Por eso, tener que aceptar que su equipo estuviera integrado en el palacio de Buckingham en lugar de contar con una oficina propia en Windsor, como querían, fue un varapalo para ellos.

Harry, que quería hacer muchísimas cosas, empezaba a sentirse frustrado porque Meghan y él a menudo quedaran en segundo plano, relegados por las iniciativas y las prioridades de otros miembros de la familia real. Aunque ambos respetaban la jerarquía de la institución, era duro que, cuando querían volcarse en un proyecto concreto, la administración de la Casa Real los informara de que tendrían que esperar porque un miembro de mayor rango —como el príncipe Guillermo o el príncipe Carlos— iba a anunciar una iniciativa o una gira oficial que coincidía en fechas con su propuesta.

Mientras tanto, su popularidad seguía creciendo, y a ellos cada vez les costaba más entender por qué había tan pocas personas dentro de la Casa Real que velaran por sus intereses. A fin de cuentas, eran un activo importantísimo para la familia real. Según un artículo de *The New York Times* que comparaba la popularidad en Internet de los Sussex y los Cambridge entre noviembre de 2017 y enero de 2020, Meghan y Harry acumulaban el 83 % del porcentaje total de búsquedas relacionadas con las dos parejas.

Ellos trataban de solventar estas frustraciones a puerta cerrada, sin que trascendieran fuera de palacio, pero las conversaciones no solo no llegaban a ninguna parte, sino que casi siempre acababa filtrándose algún detalle de su contenido a la prensa británica. En aquel momento, solo había un puñado de personas trabajando en la Casa Real en las que pudieran confiar; entre ellas Sara, el asistente de comunicación James Holt, la secretaria de comunicación Marnie Gaffney (a la que en junio de 2019 la reina concedió la Real Orden Victoriana, una condecoración que reconoce los servicios personales prestados a la soberana o a otros miembros de la familia real) y su principal asistente y secretaria privada, Samantha Cohen. Fuera de este pequeño grupo de personas, ninguna información estaba a salvo. Un amigo de la pareja se refería a la vieja guardia como «las víboras», y un miembro del personal de la Casa Real, igual de molesto por la situación, describía al equipo de los Sussex como «la tercera rueda chirriante» de palacio.

Así de enrarecido estaba el ambiente cuando, a finales de septiembre, Harry, Meghan y Archie, que tenía casi cinco meses, viajaron a Ciudad del Cabo para iniciar una gira real por cuatro países del sur de África.

Al llegar al municipio de Nyanga, en Ciudad del Cabo, para dar inicio a su viaje oficial por Sudáfrica, recibieron una alegre bienvenida por parte de los bailarines y músicos locales y de los niños y jóvenes que se habían reunido para charlar, bailar e intercambiar abrazos con los duques. Nada que ver con el hostigamiento al que la prensa británica los sometió casi a diario durante ese verano.

No hubo llegada oficial con alfombra roja en el aeropuerto, como las que solían verse en las visitas de los *royals* a otros países. El viaje de diez días tuvo un cariz mucho más familiar y relajado. Por decisión de ambos, Meghan —que llevó un guardarropa formado por conjuntos muy sencillos y cómodos que ya se había puesto en otros compromisos oficiales— dejó su anillo de pedida en el Reino Unido. Su objetivo era conectar de verdad con la gente, no impresionar a nadie con su regio tren de vida.

—Permitidme decir que, aunque estoy aquí con mi marido y como miembro de la familia real —dijo Meghan durante el discurso que pronunció en Nyanga—, quiero que sepáis que, para mí, estoy aquí, con vosotros, como madre, como esposa, como mujer, como mujer de color y como hermana.

La gira fue también una oportunidad para que se viera a Archie por primera vez en público desde su bautizo el 6 de julio en la capilla privada de la reina en el castillo de Windsor. A la ceremonia asistieron veintidós invitados; entre ellos, los Cambridge, Carlos y Camilla, Doria, las hermanas de la princesa Diana, los padrinos de Archie y unos pocos amigos, como Genevieve y Lindsay. Archie llevó el mismo faldón de encaje de Honiton que vistieron George, Charlotte y Louis en su bautismo. Se trata de una réplica del faldón que encargó la reina Victoria para el bautismo de su primogénita y que han usado sesenta y dos bebés de la familia real, incluidos cinco reyes, a lo largo de ciento sesenta y tres años. El bautizo fue una celebración completamente privada, lo que molestó a parte de los medios, que estaban acostumbrados a que se les permitiera fotografiar la llegada de los invitados. Los comentarios que circularon por la prensa durante días alegaban que el bautizo de Archie «rompía con la tradición» e incumplía el acuerdo tácito que la familia real tiene con los contribuyentes que costean en parte el sostenimiento de la monarquía.

—El público tiene derecho a ver a Archie —afirmaba un tertuliano televisivo.

A Meghan no le importó.

—Los mismos que no dejan de acosarme quieren que les sirva a mi hijo en bandeja de plata —le dijo a una amiga—. A un niño que no va a estar protegido ni tiene título. ¿Qué sentido tiene? Que se lo digan a cualquier madre del mundo.

La pareja también optó por mantener en el ámbito de lo privado su encuentro con el arzobispo Desmond Tutu, al que no tuvieron acceso los trescientos ochenta periodistas que cubrían el viaje oficial. Los Sussex se limitaron a publicar una imagen tomada por su equipo en la que se veía a Archie (al que sus padres llamaban cariñosamente Bubba o Arch) riéndose y haciendo gorgoritos para regocijo del sacerdote anglicano.

Por el bien de su hijo, Meghan se quedó en Sudáfrica con dos asistentes mientras Harry proseguía la gira oficial, que le llevó a Malaui, Angola y Botsuana. En Angola, el príncipe insistió en la necesidad de eliminar las minas antipersonas, continuando así la labor que inició su madre en 1997, cuando, como es sabido, cruzó caminando un antiguo campo de minas que había despejado la ONG Halo Trust, a fin de concienciar a la gente del grave daño que causaban estas armas entre la población civil. El activismo de Diana no cayó en saco roto: un año después de su muerte, un tratado internacional prohibió el uso de todo tipo de minas antipersonas, y en 2013 Harry se prometió a sí mismo que continuaría la iniciativa emprendida por su madre.

La agenda de Meghan, en cambio, giraba en torno a la alimentación y las horas de sueño de su bebé.

—Es un trasto, pero cada momento es un tesoro —le comentó a una amiga.

Ese verano, poco antes, Archie había empezado a ir a la piscina (después de que sus padres vieran varios vídeos en YouTube sobre cómo contienen la respiración los bebés debajo del agua). Durante el viaje, Archie siguió cumpliendo hitos de desarrollo, como cuando comenzó a balbucear imitando el sonido de los animales durante su estancia en la residencia del alto comisionado británico en Ciudad del Cabo.

Tras recorrer más de ocho mil kilómetros en cinco días (el periodo más largo que había estado separado de Archie hasta ese momento), Harry volvió a reunirse con su mujer y su hijo. Durante el viaje, el príncipe hizo algunas declaraciones ante las cámaras, pero en general mantuvo las distancias con la prensa. Le alegraba que la cobertura informativa que había recibido la gira oficial hubiera sido positiva, pero le costaba relacionarse con naturalidad con los enviados especiales de ciertas publicaciones que llevaban casi dos años y medio criticando a su esposa y su familia y publicando noticias a menudo falaces. Durante nueve de los diez días que duró el viaje, Harry se calló lo que sentía, pero la verdad salió a la luz el 2 de octubre, cuando dejó caer una bomba que muy pocos esperaban.

22

Ni dentro ni fuera

A las siete y trece minutos de la tarde del 2 de octubre, cuando quedaban solo dos días para que concluyera la exitosa gira de los duques de Sussex por el sur de África, sus asistentes de comunicación mandaron un mensaje a *#SussexRoyalAfrica*, el grupo de WhatsApp que habían creado para informar a los cerca de veinticinco periodistas acreditados en el viaje acerca de detalles logísticos como horarios de autobuses o itinerarios de vuelo.

Buenas tardes a todos. Para vuestra información, decía el enigmático mensaje, que contenía un enlace a una página web desconocida para los periodistas especializados en la Casa Real británica: *sussexofficial.uk*. La página web, de hecho, se había creado expresamente para la ocasión y contenía una carta abierta de Harry, acompañada de un escrito de demanda contra el periódico sensacionalista *Mail on Sunday*.

Lamentablemente, mi esposa se ha convertido en una de las últimas víctimas de determinada prensa sensacionalista que emprende campañas contra particulares sin pensar en las consecuencias, una campaña despiadada que se ha intensificado durante el pasado año, mientras estaba embarazada y criaba a nuestro hijo recién nacido, decía la carta.

Esta propaganda incesante tiene un coste humano, sobre todo cuando es intencionadamente falsa y dañina, y aunque hemos intentado sobreponernos —como tantas personas que se hallan en una situación parecida—, no alcanzo a describir lo doloroso que ha sido. Porque en la era digital actual, las falsedades de la prensa se difunden globalmente, reconvertidas en verdades. Las noticias de hoy no son ya el papel de envolver de mañana (una referencia al hecho de que, en el Reino Unido, antes solía envolverse el pescado con patatas en papel de periódico).

Hasta ahora, hemos sido incapaces de poner coto a esas tergiversaciones continuas, cosa de la que es consciente ese grupo reducido de medios escritos y de la que se ha aprovechado día a día, y en ocasiones hora a hora.

Por ese motivo, vamos a emprender acciones legales, un proceso que lleva muchos meses en marcha.

La batalla estaba servida.

El documento adjunto era una demanda de Meghan contra el *Mail on Sunday* por invadir su intimidad, revelar datos personales e infringir la ley de propiedad intelectual por publicar extractos de la carta privada que escribió a su padre en agosto de 2018.

Aunque Harry no lo hizo público en ese momento, el príncipe también había presentado sendas demandas contra otros dos tabloides, *The Sun* y *The Mirror*, acusándolos de interceptar ilegalmente sus mensajes de voz entre 2001 y 2005. Los miembros de la Casa Real solían recurrir al bufete Harbottle & Lewis para sus asuntos legales, pero Meghan y Harry querían que sus demandas se tramitaran al margen de la Casa Real y de las miradas indiscretas de ciertas personas del entorno del palacio de Buckingham, donde se les había desaconsejado emprender acciones legales. De ahí que contrataran los servicios del bufete Clintons para Harry y de Schillings —el principal despacho del Reino Unido especializado en demandas por difamación y otras cuestiones legales relacionadas con la prensa— para Meghan.

El equipo jurídico de la duquesa (del que formaba parte el abogado David Sherborne, que también había representado a Diana) preparó una larga lista de informaciones «falsas» y «absurdas» publicadas por el tabloide, a fin de poner de manifiesto la persistencia de su conducta difamatoria. En esa lista figuraban, por ejemplo, numerosos artículos que contenían detalles falsos o inexactos acerca de las reformas acometidas en Frogmore Cottage, como la construcción de una pista de tenis y un estudio de yoga, las quinientas mil libras que presuntamente habían gastado los Sussex en insonorizar la casa, o las cinco mil libras que habían invertido en comprar una bañera de cobre. En el escrito de demanda, los abogados incluyeron como ejemplo un artículo que...

... establecía una relación en extremo tenue y premeditadamente demagógica entre el hecho de que a la

Demandante le guste comer aguacates y preparara una
tostada con aguacate para una persona allegada que la
visitó, y la violación de los derechos humanos, el asesinato
y la degradación del medioambiente.

No era nada nuevo que un miembro de la Casa Real denunciara a una empresa editorial. En 1849, el pleito iniciado por el príncipe Alberto contra un impresor británico por vender copias ilegales de una colección de grabados privados hechos por él mismo y por la reina Victoria dio origen a la llamada Ley de Confianza. La princesa Diana se sirvió de ese precedente legal en 1993, cuando interpuso una demanda contra el *Sunday Mirror* por publicar unas fotografías en las que se la veía haciendo ejercicio en un gimnasio vestida con mallas, demanda por la que obtuvo una indemnización de cerca de un millón y medio de libras. Incluso la reina ha pleiteado contra la prensa amarillista: en 1992 demandó a *The Sun* por publicar su discurso de Navidad antes de que se emitiera por televisión.

Las demandas interpuestas por Meghan y Harry eran, no obstante, distintas a las que se habían dado anteriormente en la historia de la familia real británica. O, al menos, era distinta su manera de abordar el proceso. Normalmente, los comunicados de esa índole los emitía formalmente la Casa Real a través de su correo electrónico y los publicaba posteriormente en *royal.uk*, el sitio web oficial del palacio, como sucedió en 2012 cuando Guillermo demandó a la revista francesa *Closer* por publicar unas fotos de Kate en toples. El pleito que querían entablar los Sussex, sin embargo, no contaba con el apoyo de numerosas personas del entorno de la Empresa, y la pareja se vio obligada a actuar por su cuenta. Ninguno de los periodistas presentes en el viaje a África esperaba recibir una noticia de ese calado mediante un mensaje de WhatsApp.

El momento elegido para anunciar la demanda también causó desconcierto entre la prensa, teniendo en cuenta el éxito que había cosechado la gira. Había, no obstante, un motivo de peso para que el anuncio se hiciera ese día y no otro.

El 1 de octubre de ese año entraban en vigor una serie de modificaciones administrativas en el Alto Tribunal de Londres que habrían hecho que las demandas de los Sussex le correspondieran a una división cuyos jueces tendían a favorecer a las empresas editoriales. Diversas fuentes han confirmado que los abogados de Meghan y Harry adelantaron la presentación de las demandas a finales de septiembre para intentar que se hiciera cargo de ellas un juzgado más proclive a defender el derecho a la intimidad de las personas.

—Estaban los dos sumamente nerviosos —asegura una fuente—. Tenían que ir a por todas.

Al margen de la fecha en que se emitió, Harry deseaba que el comunicado incomodase a numerosos miembros de la prensa, incluidos muchos de los que le acompañaron en el viaje a África. El príncipe declaró que estaba harto de «hacerles el juego», como era típico entre los *royals,* que a menudo se veían obligados a permitir cierto acceso exclusivo a los tabloides a cambio de un poco de paz e intimidad. Estaba harto, además, de la hipocresía de los medios que tan pronto ponían a Meghan por las nubes como la arrastraban por el fango.

La cobertura positiva de esta última semana por parte de esas mismas publicaciones pone de manifiesto el doble rasero que emplea ese tipo de prensa, que ha vilipendiado a mi esposa casi a diario durante los últimos nueve meses, escribía Harry en su comunicado. *Para ese reducido grupo de medios se trata de un juego en el que nosotros no hemos querido entrar desde el principio. He asistido en silencio al sufrimiento íntimo de mi esposa durante demasiado tiempo. Cruzarse de brazos y no hacer nada sería ir en contra de todo aquello en lo que creemos.*

Según un amigo, Harry deseaba proteger a su esposa y a su familia, pero también aspiraba a propiciar un cambio de actitud en los medios, con la esperanza de que fueran más honestos e imparciales. Los príncipes y las princesas no eran los únicos que se hallaban a merced de las malas prácticas de la prensa amarillista. En 2011, un gran escándalo sacudió al Reino Unido cuando se supo que empleados del tabloide *News of the World* y otros periódicos británicos propiedad del magnate de la prensa Rupert Murdoch habían intervenido los teléfonos móviles de numerosos personajes famosos, así como de políticos y víctimas de delitos, para escuchar sus mensajes de voz. Este método ilegal de conseguir información dio lugar a una de las investigaciones y de los procesos legales más costosos de la historia judicial de Inglaterra, y concluyó con el cierre del tabloide, que tenía ciento sesenta y ocho años de trayectoria.

—Harry está convencido de que la prensa sensacionalista es un elemento tóxico de la sociedad británica al que hay que poner freno —afirmaba ese mismo amigo del príncipe.

A pesar de que cabía la posibilidad de que tuviera que declarar en el proceso, Meghan estaba decidida a seguir adelante con la demanda contra el *Mail on Sunday*. No fue ninguna sorpresa que Thomas Markle anunciara poco después en ese mismo tabloide que estaba dispuesto a testificar contra su hija. Posteriormente, diversos documentos legales revelaron que el periódico planeaba basar su defensa en pruebas proporcionadas por Thomas, que sentía que *tenía todo el derecho a contar su versión de lo ocurrido entre su hija y él, incluso divulgando el contenido de la carta.*

Meghan ya no reconocía en él al hombre que la había criado. En esa misma época, Thomas pasó seis días en compañía de un equipo de realización para rodar un documental de hora y media titulado *Thomas Markle: su historia.*

—Deberían darme una recompensa por todo lo que he tenido que pasar —aseguraba Thomas, de setenta y cinco años.

Ni Harry ni Meghan vieron el documental, que trataba de retratar a Thomas como una víctima de la injusticia de los Sussex.

—De lo que de verdad es víctima es de su propia conducta —comentaba un amigo de la pareja.

Ya antes de anunciar que iban a demandar a los tabloides, Meghan y Harry habían intentado cambiar su forma de relacionarse con la prensa. Cuestionaron el férreo control que mantenía sobre la información relativa a ellos la *royal rota*, el selecto grupo de periodistas que decide qué enviados de los medios británicos acuden a los actos oficiales de la familia real, bajo la premisa de que compartirán el material informativo con los demás.

—Para mí no tiene ningún sentido —comentó Meghan cuando ciertos asistentes de palacio le hicieron saber que permitir que la prensa estadounidense tuviera el mismo nivel de acceso a los actos oficiales de la monarquía que la *royal rota* estaba descartado, pese a ser ella norteamericana.

Esa misma norma excluía a los medios internacionales y a la prensa vinculada a movimientos cívicos que se interesaba por la labor social de los duques. La regla que reservaba acceso exclusivo a la *royal rota* implicaba, además, que se esperaba tácitamente que la pareja compartiera con los periódicos británicos —incluidos cuatro tabloides— fotografías personales que ellos habrían preferido publicar exclusivamente en sus cuentas en la redes sociales. No les gustaba tener tan poco control sobre el contenido informativo en torno a sus actividades.

—Estoy cansado de que los periodistas que cubren los actos oficiales luego se dediquen a escribir chorradas sobre lo que lleva tal o cual persona —le comentó Harry a un amigo.

El único modo de cambiar de verdad las cosas era empezar a pagar de su bolsillo los actos que organizaran, en lugar de recurrir a la Sovereign Grant, la asignación que el estado destina al sostenimiento de la familia real.

—Si el dinero no fuera problema, claro —comentaba Harry.

Era un círculo vicioso. Meghan y él no tenían sueldo, pero, como trabajaban a tiempo completo para la monarquía, tampoco podían conseguir ingresos por otros medios.

La pareja no estaba lista para desvincularse de la monarquía. Era aún un paso demasiado drástico para ellos. Finalmente, decidieron tratar de tomar las riendas en la medida de lo posible, utilizando, por ejemplo, su nueva cuenta de Instagram para controlar el acceso de los medios a contenido privado, como las fotografías de su hijo, e idearon una manera de sortear de vez en cuando a la *royal rota* convocando «actos privados», distintos de los actos oficiales de la monarquía. Cuando Meghan solo compartió en Instagram y con determinados medios las fotografías de su visita a la Luminary Bakery de Londres —una pastelería que proporciona trabajo y formación básica en redes sociales a mujeres en riesgo de exclusión social—, el resto de la prensa montó en cólera. Fue una pequeña victoria de la pareja sobre el Cártel, como llamaban en broma a la *royal rota*.

Pero enemistarse con algunos de los medios de comunicación más poderosos del mundo implicaba graves riesgos.

—Es jugársela llevando todas las de perder —comentaba un asistente del palacio de Buckingham acerca de la guerra que habían emprendido Meghan y Harry contra los tabloides—. Uno no se enfrenta a la prensa británica.

Harry había confiado en que su familia estuviera dispuesta a apoyar públicamente su postura frente a la prensa, pero el silencio de la Corona era atronador. A pesar de que Carlos respetaba la decisión de su hijo, el príncipe de Gales sería rey algún día y necesitaba contar con el respaldo de la prensa.

Aunque quizá este paso no sea el más prudente, es el que hemos de dar, afirmaba Harry en el comunicado en el que anunciaba la demanda de Meghan. *Porque mi mayor miedo es que la historia se repita. He visto lo que pasa cuando a una persona a la que quiero se la cosifica hasta el punto de que ya no se la trata ni se la ve como a una persona. Perdí a mi madre y ahora veo a mi esposa caer víctima de esas mismas fuerzas poderosas.*

Sus sentimientos se hicieron evidentes el 15 de octubre, cuando se le quebró la voz mientras dirigía unas palabras al público durante la entrega de los premios WellChild.

—El año pasado, cuando mi esposa y yo estuvimos aquí, sabíamos que estábamos esperando nuestro primer hijo. Nadie lo sabía entonces, salvo nosotros —dijo en la gala de esa ONG, dedicada a apoyar a niños y jóvenes con necesidades de salud especiales—. Recuerdo que le apreté muy fuerte la mano a Meghan durante los premios, y que los dos pensamos cómo sería ser padres algún día, y, sobre todo, cómo sería hacer todo lo que estuviera en nuestra mano para proteger y ayudar a nuestro hijo si nacía con alguna dificultad o si desarrollaba algún problema de salud con el paso del tiempo.

El príncipe agachó la cabeza y se interrumpió unos segundos para recobrar la compostura. Entre el aplauso del público asistente, añadió:

—Y ahora que somos padres, estar aquí, hablando con vosotros, me conmueve de un modo que no habría podido entender hasta que nació mi hijo.

Harry quería contribuir a crear un mundo más seguro para todos los niños, incluido Archie. Y para eso tenía que proteger a su hijo de los traumas que había tenido que afrontar él durante su infancia.

El comunicado y las demandas legales fueron solo el principio de la campaña emprendida por la pareja. El 20 de octubre, el mundo se quedó boquiabierto cuando la cadena británica ITV emitió un largo reportaje acerca de los viajes de los Sussex por el sur de África en el que Meghan y Harry hacían una serie de declaraciones sorprendentes.

—No basta con sobrevivir a algo, ¿verdad? Eso no es lo importante en la vida. Hay que prosperar y florecer, hay que ser feliz. He intentado de verdad hacer mía esa sensibilidad tan británica de mantener la compostura cueste lo que cueste, pero creo que en un sentido íntimo es seguramente muy perjudicial —confesaba Meghan en el documental, titulado *Un viaje por África*—. Nunca he pensado que esto sería fácil, pero sí pensaba que sería justo.

Cuando Tom Bradby, el realizador del reportaje y amigo de la pareja, le preguntaba a la duquesa qué tal lo estaba sobrellevando, ella contestaba:

—Gracias por preguntármelo, porque no hay mucha gente que se haya interesado por saber si estoy bien.

Los asistentes de la Casa Real interpretaron esas palabras como un dardo dirigido contra la familia real por no haberle demostrado apoyo suficiente como nuevo miembro de la Empresa.

—¿Y la respuesta sería que no ha ido bien del todo, podríamos decir? —añadía Tom—. ¿Que ha sido muy duro?

—Sí —respondió Meghan.

En el documental, Harry reconocía también por primera vez, públicamente, que había cierta tensión entre su hermano y él.

—Es inevitable que haya roces cuando se ocupa este papel, cuando se hace este trabajo, teniendo en cuenta la presión a la que está sometida esta familia —dijo—. Pero somos hermanos, siempre vamos a ser hermanos. Ahora mismo cada uno sigue su camino, desde luego, pero yo siempre estaré ahí para apoyarle a él y sé que él también estará siempre ahí para apoyarme. No nos vemos tanto como antes porque estamos muy ocupados, pero le quiero muchísimo, y además la mayoría de las cosas no tienen ningún fundamento, se levantan de la nada. Como hermanos, hay días buenos y días malos.

Al día siguiente de que se emitiera el reportaje, un funcionario de palacio reveló lo que opinaba Guillermo al respecto. Varios medios, entre ellos la BBC y *The Sun*, informaron de que, según esa fuente, el príncipe estaba «preocupado» por Harry y creía que los Sussex se hallaban «en una situación delicada».

Una fuente próxima a Harry afirmó después:

—Es de ese tipo de jugadas de lo que querían alejarse Meghan y Harry. En lugar de ponerse en contacto con ellos directamente, alguien del entorno de Guillermo informaba a la prensa de lo que opinaba el príncipe sobre el estado psicológico de Harry. A él le pareció un golpe bajo expresar una opinión así tan públicamente.

Un amigo del príncipe añadía:

—Harry opinaba que a Guillermo y a la gente de su entorno les preocupaba demasiado la cobertura mediática.

El príncipe tenía las emociones a flor de piel y sentía una necesidad feroz de proteger a su esposa y a su hijo. Estaba, de hecho, agotado por las circunstancias que rodeaban a su familia, que, como comentaba una fuente, «no tiene oportunidad de funcionar como una familia normal». Aunque toda dinámica familiar es compleja, las relaciones internas entre los miembros de la familia real británica, y entre Guillermo y Harry, están lastradas por sutilezas políticas excepcionales.

—Cada conversación, cada problema, cada desacuerdo personal, sea el que sea, implica a personas ajenas a la familia que forman parte del servicio de la Casa Real —explica esa misma fuente refiriéndose a los asistentes que se encargan de la comunicación entre los distintos palacios—. Eso genera un ambiente muy extraño que no permite que la gente resuelva las cosas por sí misma.

Saltaba a la vista que Meghan y Harry estaban emocionalmente agotados, al margen de que fuera responsabilidad suya o estuvieran siendo víctimas de una maquinaria implacable.

—Estaban muy agobiados —comenta una fuente—. Y tenían la sensación de estar solos.

Entre tanto estrés, su única alegría era Archie, que crecía «a la velocidad de la luz». Cuando fueron de viaje por el sur de África, el pequeño ya tenía dos dientes y estaba empezando a gatear. Le encantaba que sus padres le leyeran cuentos y disfrutaba especialmente con el libro de rimas y acertijos *¿Tu mamá es una llama?* de Deborah Guarino. Como a muchas madres jóvenes, a Meghan le encantaba llevarle a actividades, como la clase de música y movimiento a la que asistieron en Windsor en octubre (sus escoltas se quedaron fuera). Las mamás —y dos papás— presentes en la sala se quedaron pasmados cuando la duquesa de Sussex se unió a su corro con Archie, que se fue derecho a por una pandereta. Según Meghan, al pequeño «le encantó».

Archie era también el motivo de que quisieran empezar a modificar las «fuerzas negativas» de su existencia, como ellos las llamaban. Al avanzar el otoño, mientras se agudizaban las tensiones con ciertos sectores de la Casa Real, llegaron a la conclusión de que les hacía falta alejarse del Reino Unido una temporada. Las Navidades estaban a la vuelta de la esquina y no les apetecía pasar esos días de vacaciones en Sandringham, rodeados de miembros de la familia real.

Decidieron pasar en Canadá la segunda quincena de noviembre y todo diciembre. Pensaron en ir a Estados Unidos, pero les pareció más adecuado instalarse en un país de la Commonwealth. Había muchos ejemplos anteriores de miembros de la familia real que se habían saltado las tradicionales festividades familiares en Sandringham. En 2012 y 2016, los Cambridge celebraron la Navidad con la familia de Kate en la casa de los Middleton en Berkshire. En 2017, Zara Phillips y Mike Tindall pasaron las fiestas con la familia de él en Australia. Aun así, la prensa se ensañó con los Sussex por su decisión.

Vapuleados y dolidos por el hostigamiento de los tabloides y la falta de apoyo de la familia real, Meghan y Harry se marcharon a la finca de dieciocho millones de dólares que su amigo Ben Mulroney les había ayudado a alquilar a través del productor musical David Foster en la isla de Vancouver. Foster era íntimo amigo del millonario inversor que había puesto a la venta la casa y que accedió a alquilársela a la pareja por mucho menos de su valor de mercado.

En la finca de Mille Fleurs —situada en la zona residencial de North Saanich, cerca de la ciudad de Victoria, en la Columbina Británica—, con sus dos playas privadas y sus casi dos hectáreas de terreno, pudieron descansar por fin después de un periodo tan estresante y disfrutar de la visita que les hizo Doria por Acción de Gracias. (A pesar de que algunos medios afirmaron que la madre de Meghan había dejado su trabajo, lo cierto es que solo se tomó unas breves vacaciones para estar con ellos).

Pasaron el mes de diciembre disfrutando de su apacible vida familiar, ellos tres solos. Daban largos paseos por el campo con los perros, que habían viajado con ellos desde Inglaterra, y, aunque tenían una asistenta y una niñera, casi siempre se hacían ellos la comida. (Le sacaron, de hecho, mucho partido al horno de *pizzas* de la mansión). También fueron a cenar un par de veces al restaurante Deep Cove Chalet. Muchos de los riquísimos residentes de la zona llegaban en helicóptero al lujoso restaurante. Ellos, en cambio, llegaban dando un paseo. Por lo demás, apenas salieron de la finca.

Lejos de los funcionarios de la corte británica y de todo lo que conllevaba la vida en palacio, tuvieron tiempo para reflexionar. Repasaron los acontecimientos que habían tenido lugar desde su boda y hablaron de cómo podían —si es que era posible— crear una situación que les permitiera sentirse más a gusto en el futuro. Un futuro en el que deseaban volcarse aún más en sus labores humanitarias.

—No necesito para nada ese momento de película en el que salimos del coche y saludamos a cientos de fotógrafos antes de meternos en un edificio —le comentó Harry a un amigo, hablando de las frustraciones que le producía el papel que desempeñaba entonces—. Lo único que debería interesar es el trabajo que se hace dentro. Tenemos que concentrarnos en lo que de verdad importa.

Antes de abandonar el Reino Unido, Harry había hablado varias veces con su abuela, su padre y algunos altos cargos de palacio sobre la necesidad urgente de modificar el lugar que ocupaban su mujer y él dentro de la estructura de la Casa Real. Se sentía al mismo tiempo utilizado por la popularidad de ambos, acosado por la prensa debido a la fascinación del público por esta nueva generación de la familia real y minusvalorado dentro de la institución por ser excesivamente sensible e impulsivo. Meghan y él no querían desvincularse por completo de la monarquía. Lo que querían era encontrar un espacio dentro de ella en el que pudieran sentirse cómodos.

De hecho, confiaban en aprovechar el tiempo que iban a pasar fuera para ultimar la Sussex Royal Foundation, con intención de presentarla en 2020. Al igual que la Royal Foundation, ese organismo agruparía todas sus iniciativas benéficas y su labor social. Para ello tenían que crear una página web, *SussexRoyal.com*, que se encargaría de promocionar la fundación. Habían contratado a un equipo externo a la Casa Real para que sus planes no trascendieran y Meghan trabajaba con Made by Article, la misma compañía de diseño web de Toronto que se había encargado de diseñar su blog, *The Tig*, y con un pequeño equipo de Sunshine Sachs, la agencia de comunicación cuyos servicios utilizaba antes de integrarse en la familia real británica.

Se tomaron algunos descansos para atender a los amigos que iban a visitarlos, como la actriz Janina Gavankar, vieja amiga de Meghan que, al ver a Archie por primera vez, le hizo una foto con sus padres de fondo que acabaría siendo la tarjeta de felicitación navideña de los Sussex ese año.

Con el paso de las semanas, la pareja fue comprendiendo que no podía volver a la situación anterior. Por difícil que fuera tomar una decisión, los dos sabían que tendrían que renunciar a su papel como miembros activos de la familia real y desvincularse de la monarquía, lo que suponía prescindir de los ingresos de la Sovereign Grant. Ganarse la vida por su cuenta para financiar sus actividades filantrópicas era un reto abrumador, pero también estimulante. Estaban acostumbrados a participar en grandes proyectos con gran impacto social y mediático. Harry había organizado los primeros Invictus Games en menos de un año y todos los proyectos de Meghan habían batido récords. Estaban preparados para seguir así e incluso para intensificar su actividad, pero a su ritmo. Al desgajarse de la dinámica de trabajo en la que habían estado inmersos hasta entonces, también podrían vivir parte del año en Norteamérica, lejos de los tabloides británicos y de la negatividad que acumulaba la institución monárquica. Solo por eso merecía la pena asumir ese reto.

Querían, aun así, seguir cumpliendo sus responsabilidades para con la reina. Era lo único de lo que no querían prescindir, no solo por el cariño y el respeto que Harry le tenía a su abuela, sino porque Meghan sentía que había renunciado a muchas cosas para poder emprender una vida de servicio a la monarquía. Y cuando se comprometía a algo, llegaba hasta el final. Por otro lado, la reina, que tenía ya noventa y tres años, necesitaba el apoyo de los jóvenes de la familia para perpetuar su legado, y la pareja deseaba representar con orgullo ese espíritu de continuidad de la Corona cumpliendo con su deber tanto en el Reino Unido como en el resto de la Commonwealth. Confiaban en que el ejemplo de otros miembros de la familia real (como el príncipe Michael de Kent, que en ocasiones había representado oficialmente a

Isabel II en el extranjero y había asumido multitud de compromisos oficiales durante la década anterior, pero que no recibía ninguna asignación del Parlamento y podía ganarse la vida por su cuenta como presidente de su propia empresa de consultoría) se considerara un precedente válido de que era posible compaginar el trabajo particular con el deber hacia la Corona.

Eran conscientes, no obstante, de que encontrarían muchos obstáculos en el camino. Habría que debatir, por ejemplo, el tema de la seguridad, que hasta entonces les había proporcionado la Policía Metropolitana en su calidad de «personas internacionalmente protegidas». Tenían, sin embargo, la suficiente confianza en que todos los escollos podrían allanarse como para que, antes de las Navidades, Harry escribiera un correo electrónico a su abuela y a su padre para informarlos de que Meghan y él habían tomado la decisión de cambiar su forma de trabajar, ocupando un segundo plano dentro de la monarquía para poder pasar más tiempo en el extranjero. No quiso entrar en más detalles porque le preocupaba que algún miembro del personal de palacio filtrara la noticia. El resto, les dijo, podían hablarlo en persona.

Tras informar a su abuela y a su padre, solicitó a la oficina del príncipe de Gales que fijara una fecha para que se reunieran los dos con la reina —que se hallaba instalada en Sandringham para pasar las fiestas— tan pronto como los Sussex volvieran al Reino Unido, el 6 de enero. Su viaje a Londres sería breve, pero Harry quería asegurarse de que, cuando volvieran a Canadá al finalizar esa semana, podrían empezar un nuevo capítulo de sus vidas.

Harry tenía razón al preocuparse por la posibilidad de que hubiera filtraciones. Ciertos pormenores del correo electrónico que mandó a su abuela y a su padre acabaron al poco tiempo en manos de un periodista de un tabloide, que a finales de año empezó a preguntar por los planes de la pareja de pasar más tiempo en Canadá. Eso era, sin embargo, lo que menos les preocupaba. A pesar de que consultó en numerosas ocasiones con la oficina de su padre, Harry no conseguía fijar una fecha para reunirse con la reina. Su abuela, le dijeron, no estaría disponible hasta el 29 de enero.

—Tuvo la sensación de que le estaban poniendo trabas —cuenta una fuente próxima al príncipe.

Cuando su avión de Air Canada aterrizó a primera hora de la mañana en Heathrow sin que supieran aún si iban a poder entrevistarse con Isabel II, Meghan y Harry consideraron la posibilidad de ir directamente a ver a la reina. Pero, como no querían crearse problemas y presentarse sin previo aviso se consideraría una inconveniencia, finalmente optaron por convocar a su equipo a una reunión en Frogmore Cottage. En presencia de Sara Latham y de su secretaria privada, Fiona Mcilwham, la pareja reveló por vez primera con cierto detalle sus planes de futuro. No sabían si la rapidez con que pretendían resolver la situación era la más acertada, pero estaban más decididos que nunca a seguir adelante.

—Sentían que ya habían planteado la cuestión suficientes veces ante distintos miembros de la familia durante el año anterior y estaban hartos de que nadie se los tomara en serio —afirma una fuente cercana a la pareja—. Todo el mundo tuvo ocasión de ayudar, pero nadie lo hizo.

Entre las distintas dependencias de la Casa Real hay pocas cosas que puedan permanecer en secreto y, al poco tiempo de que Harry escribiera a su abuela y a su padre, los planes de los Sussex eran ya la comidilla entre los miembros del personal de palacio y los integrantes de la familia real. Preocupado porque la situación se le escapara de las manos, Harry se puso en contacto directamente con su abuela para explicarle sus preocupaciones, y ella accedió a que publicaran un comunicado consensuado. La pareja dudaba en involucrar a los otros palacios; no sabía si todos los implicados tendrían buenas intenciones, pero aceptó que los asistentes de las distintas oficinas se reunieran al día siguiente para ponerse al tanto de la situación.

Con un plan ya trazado, al día siguiente Meghan y Harry procuraron no perder la sonrisa mientras charlaban con dignatarios y probaban barritas de Nanaimo en un acto oficial presidido por Janice Charette, la alta comisionada de Canadá en el Reino Unido. Le agradecieron a ella y a su personal la cálida acogida que habían recibido durante su estancia en Canadá, pero en el fondo estaban muy nerviosos por lo que estaba a punto de ocurrir. Habían visto ya un primer borrador del comunicado que pensaba emitir el palacio de Buckingham inmediatamente después de que ellos hicieran público el suyo, y la «falta de calidez» de la respuesta que estaba preparando el palacio era clara señal de que no todo el mundo estaba de acuerdo con su decisión.

Tuvieron, no obstante, muy poco tiempo para considerar el asunto. Apenas un par de horas después de que se marcharan de Canada House, *The Sun* anunció en su página web que los Sussex tenían pensado quedarse a vivir en Canadá. No se daban más datos, pero estaba claro que alguien de dentro del palacio había informado al tabloide. Una fuente de la Casa Real desmintió rotundamente que así fuera y culpó a la pareja de haber filtrado la noticia porque «estaban molestos por las conversaciones que estaban teniendo lugar en palacio y querían forzar la decisión haciendo público el asunto». Ellos negaron la acusación.

Al saltar la noticia, todos los grandes medios de comuni-

cación del mundo comenzaron a pedir aclaraciones a la Casa
Real. Era necesario, por tanto, emitir un comunicado cuanto
antes. El 8 de enero, la pareja recurrió a Instagram para compartir la noticia con el mundo entero.

*Tras muchos meses de reflexión y debates internos, he-
mos decidido iniciar este año un proceso de transición para
empezar a labrarnos un nuevo lugar dentro de la institución monárquica. Tenemos la intención de pasar a un segundo plano dentro de la familia real y de trabajar para
ser económicamente independientes, sin dejar por ello de
prestar todo nuestro apoyo a Su Majestad la reina. Gracias a vuestros ánimos, sobre todo durante estos dos últimos
años, nos sentimos preparados para abordar este cambio.
Tenemos planeado equilibrar nuestras estancias entre el
Reino Unido y Norteamérica mientras seguimos cumpliendo
con nuestros deberes para con la reina, la Commonwealth
y las organizaciones que patrocinamos.*

Junto con el comunicado, Meghan y Harry lanzaron su
sitio web, *SussexRoyal.com*, que no era ya una página promo-
cional de su nueva fundación, sino una descripción detallada
del nuevo «modelo de trabajo» que pensaban poner en marcha. El contenido de la página web hacía hincapié en su decisión de ser económicamente independientes, no solo para
poder disfrutar de mayor libertad en su trabajo, sino también
para que los tabloides no tuvieran justificación alguna para
acceder a su vida privada. Si te financias con dinero público,
eres propiedad pública.

El lanzamiento de la página web pilló a todo el mundo
desprevenido, incluso al equipo de comunicación de los Sussex. Sus asistentes y familiares sabían que la pareja quería pa-

sar a un segundo plano, pero la página web, que exponía con detalle ese nuevo modelo mixto de trabajo como si fuera cosa hecha, puso a la reina en un aprieto.

Desconcertados, los funcionarios del palacio de Buckingham tiraron a la basura el borrador que habían redactado y publicaron una sucinta declaración quince minutos después de que los Sussex emitieran la suya.

Las conversaciones con los duques de Sussex se encuentran en una fase temprana. Entendemos su deseo de abordar la situación de manera distinta, pero se trata de cuestiones complejas que tardarán en solucionarse.

Los funcionarios de palacio —entre ellos, el secretario privado de la reina, Edward Young— estaban indignados.

—Ese tipo de comportamiento está muy mal visto en los gabinetes privados de la Casa Real —comentaba una fuente conocedora de las negociaciones—. Es profundamente molesto y dañino.

Más perturbadora aún fue, sin embargo, la reacción de la propia familia real al lanzamiento de la página web.

—Para la plana mayor de palacio, que tiene mucho cuidado con estas cosas, como es lógico, fue sumamente desconcertante, por el factor sorpresa y porque pilló desprevenida a la reina —afirma un alto cargo de la Casa Real.

Varios miembros de la familia comentaron que tanto la reina como su marido, Felipe de Edimburgo, estaban «muy afectados».

—La familia es muy reservada y la reina estaba muy dolida porque hubieran aireado el asunto a pesar de que se les había dicho que no lo hicieran —añade esa misma fuente—. Los Sussex habían hecho públicas sus condiciones mediante un comunicado, sin consultar primero con la reina, que es la cabeza visible de la monarquía.

La Casa Real se esforzó por dilucidar si las cosas que planteaba la hoja de ruta de la pareja eran factibles, incluido su deseo de gozar de autonomía financiera para trabajar fuera del ámbito de la monarquía. Todo aquello estaba muy lejos de su idea de pasar más tiempo en el extranjero, tal y como la habían presentado en un principio. Había complicaciones de seguridad y presupuestarias, además de problemas fiscales y administrativos. ¿Cómo iban a dedicarse a actividades comerciales y al mismo tiempo representar a la reina?

—Fue un enorme quebradero de cabeza —comenta un asistente de palacio, exasperado.

Incluso una fuente cercana a la pareja reconoció que, aunque Meghan y Harry habían meditado mucho el paso que iban a dar, también podían ser «impacientes e impulsivos».

—En cierto modo se ofuscaron —asegura esa fuente—. La reacción no es la misma en el momento, claro, que pasadas unas semanas o un mes.

La reina estaba muy disgustada. A pesar de la tristeza que le causaba prescindir de los Sussex como miembros activos de la familia real, era consciente de que la pareja debía desvincularse por completo de la institución. No se debe forzar a nadie a hacer algo que no quiere hacer. Pero si Harry creía que con su declaración pública iba a conseguir exactamente lo que querían Meghan y él, «estaba muy equivocado», afirma un alto cargo de la corte.

—La reina era consciente de las dificultades a las que se enfrentaban, pero las reglas no pueden ser incumplidas *por nadie*.

El palacio de Buckingham emitió posteriormente otro comunicado en el que afirmaba que se llegaría a una solución *en cuestión de días, no semanas.*

Tras tres días de discusiones entre los distintos palacios y diversos representantes del estado —incluido el Gobierno canadiense—, la reina le pidió a Harry que fuera a Sandringham para reunirse con ella, Carlos y Guillermo.

En la Cumbre de Sandringham, como la denominó la prensa, se aclararía de una vez por todas el futuro de los Sussex.

23

Reunión familiar

Cuando el Range Rover enfiló la avenida que conduce a Sandringham House, Harry notó que empezaba a ponerse nervioso.

El palacio en el que la reina estaba instalada para pasar las fiestas y en el que se habían forjado tantos recuerdos navideños iba a ser el escenario de la reunión más importante de su vida como miembro de la familia real.

Sería también la más difícil. Al intentar encontrar un modo de vida sostenible para su esposa y para él, Harry se hallaba más enfrentado a su familia que nunca. No era fácil plantar cara a las normas ancestrales de la monarquía, pero para Harry era la única posibilidad de que «su pequeña familia pudiera vivir tranquila», como comentaba una fuente cercana a la pareja.

—Todo esto le está afectando mucho anímicamente. Harry quiere mucho a la reina, pero su mujer se siente agraviada, y él adora a su hijo. Archie es su vida entera. Es un padre fabuloso.

Meghan no estuvo presente en la reunión del 13 de enero. Había regresado a Canadá, donde Archie se había quedado con Jessica y su niñera. Harry tenía, en cambio, a su lado a su secretaria privada, Fiona, y a Samantha Cohen o Sam, como la llamaba él. Aunque Samantha había abandonado la Casa Real en octubre, tras dos décadas de trabajo, para ocupar el puesto de directora ejecutiva del Consejo de Empresas e Inversiones de la Commonwealth y copresidenta de la junta directiva de la ONG Cool Earth, seguía asesorando a la Corona. No solo había dirigido la oficina de los Sussex, sino que había sido una de las asistentes de mayor confianza de la reina. Harry necesitaba su apoyo en aquellas circunstancias. Samantha era una de las pocas personas que conocía a todas las partes implicadas, y el príncipe siempre había confiado en su criterio.

Harry y sus dos colaboradoras habían pasado la mañana repasando los puntos que el príncipe expondría en la reunión. Confiaba en que, al estar solo presentes en las negociaciones los secretarios privados (o jefes de personal) de la reina, el príncipe Carlos y el príncipe Guillermo, no se filtrara ninguna información a los medios. Aunque para la Empresa aquella era una cuestión de negocios, también era un asunto personal, y Harry prefería que quedara en familia.

Pero, aunque solo estuviera presente la familia, Harry iba a ver cara a cara a la reina, al príncipe Carlos y a Guillermo por primera vez desde que Meghan y él habían hecho públicas sus intenciones. (Felipe de Edimburgo se marchó a su casa de campo, situada dentro del término de Sandringham, poco antes de que empezaran las deliberaciones, a pesar de que casi todo el mundo esperaba que asistiera a la reunión).

En los días transcurridos desde el lanzamiento de la web *SussexRoyal.com*, dentro de la Casa Real la consternación inicial había dado paso a la determinación de hallar una solución adecuada y avanzar lo más rápidamente posible para ponerla en práctica. El modelo híbrido de realeza que proponían Meghan y Harry planteaba enormes dificultades que muy pocos pensaban que pudieran superarse, pero según afirmaba una fuente lo que más estaba perjudicando a la monarquía era «el espectáculo y la división».

Antes de la reunión en Sandringham, los asistentes de palacio habían asegurado a Harry que la reina quería ayudarlos a encontrar una solución, aunque no pudiera concederles todo lo que querían. Y si bien Harry ya no sabía a quién creer, le tranquilizó un poco que su abuela tomara en cuenta sus preocupaciones.

Carlos, Guillermo y él se reunieron con la reina en la biblioteca, una de las estancias más acogedoras del palacio. La cómoda sala había sido una bolera hasta 1901, cuando se reconvirtió en biblioteca (una modificación de la que la reina Alejandra, que residió en Sandringham hasta su muerte en 1925, siempre se arrepintió). Meghan se hallaba a la espera en Vancouver, lista para sumarse a la reunión mediante conferencia telefónica, pero, cuando Harry se ofreció a llamarla, se consideró innecesario.

Según una fuente, imperaba un «enfoque práctico y profesional» de la situación cuando los *royals* iniciaron las conversaciones para llegar a un acuerdo. Harry sentía que Meghan y él habían quedado relegados dentro de la monarquía y que ya no formaban parte fundamental de su futuro. No había más que ver las fotografías familiares de las que se rodeó Isabel II en su discurso navideño, grabado en el Salón Verde del palacio de Buckingham. Solo había fotografías de los Cambridge y sus hijos, de Carlos y Camilla, de Felipe de Edimburgo, y una imagen en blanco y negro del padre de la soberana, el rey Jorge VI. En cambio, de Harry, Meghan y su bebé no había ninguna. El entorno de la Casa Real aclaró que las fotografías estaban escogidas para representar la línea directa de sucesión al trono, pero Meghan y Harry lo interpretaron como otra señal de que debían pensar en seguir su propio camino.

Carlos le dejó claro a su hijo que Meghan y él formaban parte del futuro de la familia real, pese a la necesidad de «aligerar la monarquía» reduciendo el número de miembros de la familia real que desempeñaban funciones oficiales.

—Harry siempre ha formado parte de la visión que tenía el príncipe de Gales de una Casa Real más reducida —asegura una fuente cercana a la familia—. Esa visión incluía a sus dos hijos. Guillermo siempre tendrá precedencia sobre Harry, pero únicamente por una cuestión de derecho dinástico.

Guillermo, por su parte, no se había tomado bien la noticia de que su hermano pensaba cambiar de rumbo, pero era Isabel II quien debía decidir, y la reina era muy consciente de que el resultado de aquella reunión marcaría la norma para las generaciones venideras de los Windsor.

Finalmente, Isabel II dejó claro que el modelo mixto que proponían Meghan y Harry no podía funcionar.

—Era insostenible —comenta una fuente de palacio—. Si hubieran cumplido solo a medias sus funciones oficiales, habría habido que supervisar todo lo que hacían a título privado, y un comité habría tenido que aprobar sus negocios y los actos a los que acudían.

Al acabar la reunión, Harry informó de inmediato a sus asistentes y mandó un mensaje de texto a Meghan. Más tarde, ese mismo día, la reina emitió una declaración excepcionalmente sincera y personal.

Mi familia y yo apoyamos por completo el deseo de Harry y Meghan de tener una nueva vida, como una familia joven que son. Si bien habríamos preferido que siguieran trabajando a tiempo completo como miembros de la Casa Real, respetamos y entendemos su deseo de llevar una vida familiar más independiente sin dejar por ello de ser una parte valiosa de mi familia.

El comunicado oficial aclaraba también que los Sussex no querían seguir percibiendo dinero público durante el periodo de transición que iban a iniciar, durante el cual vivirían a caballo entre Canadá y el Reino Unido.

Son cuestiones complejas que mi familia ha de resolver, y aún queda trabajo por hacer, continuaba la reina, *pero he pedido que se alcance una decisión definitiva en los próximos días.*

La reina se quedó muy corta al decir que aún quedaba trabajo por hacer. Harry pasó los días siguientes inmerso en intensas reuniones y teleconferencias con altos cargos de las tres casas: el palacio de Buckingham, el de Kensington y Clarence House. El encargado de dirigir las reuniones fue el secretario privado de Carlos, Clive Alderton. Guillermo no tuvo ningún inconveniente en delegar la cuestión en los funcionarios de la Casa Real. Según el *Sunday Times*, el duque de Cambridge le habría comentado a un amigo:

—Llevo toda la vida teniendo a mi hermano bajo mi ala y ya no puedo hacerlo más. Somos entidades separadas.

Lo mismo podía decirse de Meghan y Kate, cuya relación seguía siendo tan cortés y distante como en su primer encuentro. La distancia que había entre ellas, pese a ser cordial, se hizo evidente cuando el verano anterior asistieron juntas al torneo de polo King Power Royal. Aunque se pudo ver a las dos madres juntas con sus hijos, dio la impresión de que apenas se dirigían la palabra. Aun así, tuvieron una última ocasión de estrechar lazos cuando los asistentes de palacio sugirieron que fueran juntas a Wimbledon tres días más tarde. Las dos tenían pensado asistir al torneo de tenis. Meghan iba a animar a su amiga Serena Williams en la final femenina, y Kate es patrona del All England Lawn Tennis Club. Durante el partido —al que también asistió Pipa Middleton, la hermana de Kate—, las dos duquesas estuvieron charlando y riendo en el palco real de la pista central. Kate incluso le frotó la espalda a Meghan para consolarla cuando Serena perdió la final.

—Se lo pasaron de maravilla —afirmó una fuente cercana a la duquesa de Cambridge—. Fue un día precioso.

La relación entre las dos mujeres no era más que una ramificación del verdadero problema: el conflicto entre Harry y la institución monárquica. El príncipe llegó a decir que durante las reuniones que mantuvo durante esa semana se había sentido como si estuviera delante de un pelotón de fusilamiento.

—Hubo muchos reproches por ambas partes a cuento de las filtraciones —comenta un asistente de la Casa Real—. Era todo muy malsano.

Cuando Harry hablaba de que no se sentía arropado por su familia, se refería a esto. Cumplieron con su papel durante la reunión familiar en Sandringham y luego dejaron que se las compusiera con sus asistentes, que era justamente lo que él quería evitar.

—Harry siente que ha habido muchas ocasiones en que la institución y su familia podrían haberles echado un cable, haberlos defendido o respaldado, y no lo hicieron —comenta una fuente.

Los cortesanos consideraban que la propuesta del príncipe era totalmente inviable. Decir que no aceptarían dinero de los fondos públicos asignados a la monarquía era muy fácil; que pudieran cumplirlo era otra cosa bien distinta.

—El principal motivo de conflicto era el dinero, como siempre —afirma una fuente que siguió de cerca las negociaciones.

Un asistente de palacio bromeó maliciosamente con que Meghan podía lanzar una línea de productos de belleza para financiarse.

En realidad, la pareja confiaba en poder ganarse la vida dedicándose a la intervención en diversos foros como oradores, al negocio de la producción artística y a otras iniciativas comerciales que tuvieran impacto social. Aun así, había que hacer cálculos complicados. Si cumplían alguna función oficial para la Corona, tendrían que calcular qué parte de sus gastos —por ejemplo, los gastos profesionales y el dinero para seguridad o ropa— pertenecían a su actividad privada y no estaban sujetos a exenciones fiscales.

—Le están dando quebraderos de cabeza a todo el mundo —se quejaba un asistente, agotado, el quinto día de reuniones.

Más complicados aún que los cálculos fiscales eran los sentimientos heridos que había por ambas partes. Incluso fuentes cercanas a la pareja reconocían que la manera en que los Sussex habían forzado la situación (sobre todo, al ocultar a la familia y a su equipo que estaban preparando su página web) había «generado mucha inquina en la Casa Real, y especialmente dentro de la familia».

—Habrían conseguido un acuerdo más beneficioso para ellos que les permitiera llevar la vida que querían si hubieran llevado este asunto en privado y de una manera más digna —explicaba un alto cargo del palacio de Buckingham.

—Simplificaron en exceso lo que pedían —añadía otro cortesano—. Creían que le expondrían a Carlos sus condiciones, que negociarían por correo electrónico, que se presentarían en Londres para dar un preaviso de tres meses y que volverían a Canadá.

Meghan y Harry, sin embargo, sentían que tanto la familia como el personal de la Casa Real llevaba demasiado tiempo tratándolos con condescendencia. Todos ellos les habían seguido la corriente cuando habían expresado sus quejas, sin pensar que harían de verdad algo drástico. Aquella reacción explosiva era resultado directo de una frustración acumulada. Si otros miembros de la familia y las personas que trabajaban para la Casa Real y sus distintos palacios se hubieran tomado más en serio sus peticiones, no se habría llegado a ese extremo.

En cualquier caso, añadía esa misma fuente, «los cortesanos culpan a Meghan, y parte de la familia también».

Los medios responsabilizaban a Meghan de la decisión de los Sussex de desvincularse de la monarquía, pero muy pocos sabían cuánto había sacrificado ella para intentar que las cosas salieran bien. Como le dijo, llorosa, a una amiga en marzo:

—He renunciado a mi vida entera por esta familia. Estaba dispuesta a hacer lo que hiciera falta. Y aquí estamos. Es muy triste.

Los medios británicos tendían a culpar a las esposas de los príncipes, pero lo cierto era que Harry siempre había deseado alejarse del escrutinio público. Por eso se sentía atraído por el ejército, evitaba la pompa y el boato todo lo que podía y no había querido que su hijo llevara un título nobiliario.

Ansiaba una vida alejada de la mirada intrusiva de los medios de comunicación. Meghan se había limitado a animarle a dar ese paso y le apoyaba en cualquier circunstancia.

—Básicamente, Harry quería marcharse —asegura una fuente próxima a la pareja—. En el fondo, siempre se había sentido incómodo en ese mundo. Y Meghan le abrió la puerta para que lo hiciera.

Harry acababa el día agotado después de horas y horas de reuniones. Meghan, que seguía en Canadá, procuró mantenerse ocupada, y el 14 de enero tomó un hidroavión para visitar el Centro Downtown Eastside de Vancouver, una casa de acogida para mujeres y niños situada en una de las zonas más pobres del país. El trabajo la distraía, y quería conocer las asociaciones que trabajaban con mujeres en la región donde había establecido temporalmente su hogar. En el fondo, se sentía impotente. De vez en cuando recibía noticias de Harry, agotado, desde Inglaterra, y trataba de animar a su marido enviándole fotos y vídeos de Archie; entre ellos, uno de la primera vez que el niño vio la nieve.

Cinco largos días después de la primera reunión, Isabel II emitió un comunicado anunciando que se había acordado *una solución constructiva y solidaria* para permitir la independencia de Harry y su familia, que se haría efectiva a partir de la primavera de 2020. El comunicado de la reina fue seguido por otro de Meghan y Harry en el que la pareja resumía los términos del acuerdo, que estipulaba su completa desvinculación de la monarquía. Dejarían de ser miembros activos de la familia real y ya no podrían utilizar el título de Alteza Real ni el término *royal* en ninguna de sus futuras iniciativas. Harry perdería sus honores militares y su puesto como Embajador de la Juventud de la Commonwealth.

Se les permitía, en cambio, mantener sus patronatos privados. Aunque ya no podrían representar oficialmente a la reina, Meghan y Harry dejaron claro que en todas sus futuras iniciativas seguirían *promoviendo los valores de Su Majestad*. En cuanto a la cuestión del dinero, al abandonar sus funciones reales dejarían de percibir fondos públicos. La pareja llevó está cláusula más allá al ofrecerse a *reembolsar los gastos derivados de la reforma de Frogmore Cottage, que seguirá siendo su domicilio familiar en el Reino Unido*. Parte de la opinión pública británica había puesto el grito en el cielo cuando, el mes de julio anterior, el informe de la Sovereign Grant correspondiente al periodo 2018-2019 confirmó que se habían invertido 2,4 millones de libras de dinero de los contribuyentes en la remodelación de la casa. Las críticas constantes desde los medios en torno a la cuestión de las obras no habían contribuido precisamente a rebajar la tensión, y a ambos les alivió poder dejar eso atrás. Al ofrecerse a devolver el dinero ponían de manifiesto hasta qué punto deseaban cortar sus lazos con la monarquía. En privado, el príncipe Carlos se comprometió a ayudarlos económicamente, de su bolsillo, si lo necesitaban. Hablaba en su calidad de padre preocupado, no en su papel de príncipe de Gales.

Quizás el gesto de apoyo más significativo, sin embargo, procedió de la propia reina, en un comunicado.

Soy consciente de las dificultades que han tenido que afrontar debido al intenso escrutinio de estos últimos dos años y apoyo su deseo de llevar una vida más independiente.

La reina siempre había tratado de comprender las necesidades de su nieto durante aquel periodo de angustia e infelicidad. Aquel gesto significó mucho para Harry, porque demostraba que su abuela le había escuchado durante la Cumbre de Sandringham cuando expresó, de nuevo, su frustración y su enfado porque nadie de la familia real hubiera reaccionado a pesar de lo mal que lo habían pasado Meghan y él desde que se hizo pública su relación.

Pero, aunque el apoyo de su abuela fuera un consuelo, el acuerdo supuso un duro golpe para Harry al despojarle de los honores militares que se le habían concedido en su calidad de príncipe. Harry podría seguir llevando sus medallas, como veterano del ejército, pero ya nunca podría volver a lucir el uniforme de capitán general de los Marines Reales, el de comandante honorario de la Base Aérea de Honington, o el de comodoro en jefe honorario de la División de Operaciones de Barcos Pequeños y Buceo de la Marina. Eso se había terminado.

—Ha sido un trago muy amargo para él, y para Meghan ha sido muy doloroso verle pasar por eso —comenta una fuente cercana a la pareja—. Es lo que más ha afectado a Harry.

El príncipe dejó entrever sus emociones el 19 de enero, al día siguiente de hacerse públicos los comunicados, cuando dirigió unas palabras a los asistentes a una cena celebrada en el centro de Londres a beneficio de Sentebale. Habló sin rodeos de su tristeza por haber tenido que renunciar a su papel como miembro activo de la familia real, una decisión que Meghan y él no habían tomado «a la ligera», y dejó claro que no «abandonaba» sus compromisos —incluido el que tenía con Sentebale—, sino que «continuaría trabajando para ejercer un impacto real y duradero en la vida de quienes se hallan en situación de vulnerabilidad».

—Ha sido un privilegio serviros, y seguiremos dedicando nuestra vida al servicio de la sociedad. Siempre he sentido el mayor respeto por mi abuela, mi comandante en jefe, y le estoy enormemente agradecido, a ella y a mi familia, por el apoyo que nos han demostrado a Meghan y a mí estos últimos meses —afirmó el príncipe en su discurso, que también compartió en la cuenta de Instagram de los Sussex—. Seguiré siendo la misma persona que ama a su país y dedicaré mi vida a promover las causas, las organizaciones humanitarias y los cuerpos militares que tan importantes son para mí. Juntos, me habéis enseñado a vivir.

Esta última frase recordaba a otra que pronunció su madre en diciembre de 1993, un año antes de que se anunciara en el Parlamento que Diana y Carlos se separaban. También ella anunció su retirada de la vida pública en un discurso durante un acto benéfico (para Headway, la Asociación Nacional de Lesiones Cerebrales de la que era patrona).

—Puedo decir sinceramente que, en los últimos doce años, uno de mis mayores placeres ha sido poder relacionarme con personas como vosotros —dijo Diana—. Durante estos años he conocido a miles de personas maravillosas y extraordinarias, tanto aquí como en el resto del mundo. A los que cuidan y a los que reciben cuidados. Puedo decir que he hecho muchos amigos entre la gente en general. Se me ha permitido compartir vuestros pensamientos y vuestros sueños, vuestros desengaños y vuestra felicidad. Y además me habéis dado una educación, al enseñarme más sobre la vida y el vivir de lo que podría haberme enseñado cualquier libro o maestro.

No era una coincidencia que los discursos de despedida de madre e hijo se parecieran tanto. Antes de escribir el suyo, Harry revisó lo que había dicho su madre al tomar la decisión de abandonar una vida de la que, como bien sabía el príncipe, había sido un privilegio formar parte, pero cuyas circunstancias podían resultar asfixiantes.

A sus treinta y seis años —la edad que tenía su madre al morir—, Harry había recibido la misma «educación».

24

En libertad

Hasta que llegara el 31 de marzo —la fecha prevista para que pusieran fin a sus funciones oficiales como miembros de la familia real— era importante que Meghan y Harry siguieran trabajando con normalidad. Tenían compromisos oficiales adquiridos mucho antes del anuncio de su renuncia en enero, y para ambos era fundamental no defraudar a nadie. Además, les sentaba bien mantenerse ocupados.

Aunque desde el anuncio de su desvinculación de la monarquía habían pasado la mayor parte del tiempo en Canadá, tuvieron que regresar a Inglaterra para asistir a sus últimos actos oficiales. En aquel momento se temía ya que el brote de coronavirus detectado en China se extendiera por Europa, y pensaron que era demasiado arriesgado que Archie viajara con ellos. Preferían, además, no someter a su hijo a largos trayectos en avión si no era imprescindible. Acordaron, por tanto, que Meghan se quedara en Canadá hasta el último momento.

El regreso de Harry al Reino Unido el 25 de febrero fue un baño de realidad instantáneo. Tras llegar a Heathrow, el príncipe siguió viaje hacia Escocia en tren, acompañado por sus escoltas. Al llegar a la estación de Waverley, en Edimburgo, le salieron al paso tres fotógrafos a los que alguien había avisado de su llegada. Harry hizo una mueca de fastidio al oír el sonido de los obturadores de las cámaras.

—Venga, chicos, ¿a qué viene esto? —dijo cuando uno de los *paparazzi* le pidió que sonriera.

El príncipe rechinó los dientes y apretó el paso hasta llegar al Range Rover que le esperaba. Era exactamente el recibimiento que temía al llegar a casa.

Harry estaba en Edimburgo para asistir a un congreso que debía definir la siguiente fase de desarrollo de Travalyst, la iniciativa de turismo sostenible que había lanzado el verano anterior junto con varios pesos pesados del sector turístico, como Tripadvisor, Visa, Booking.com y Skyscanner. Durante la reunión, el príncipe iba a presentar un nuevo sistema de calificación *online* que informaría al usuario de hasta qué punto sus viajes eran respetuosos con el medio ambiente y le orientaría sobre cómo ejercer un impacto positivo en los destinos que visitaba. La idea se la habían inspirado sus muchos viajes a Botsuana. Según les confesó a los autores de este libro, cada vez que volvía al país africano su experiencia como turista mejoraba, y sin embargo las comunidades que generaban esa experiencia permanecían estancadas.

—Era muy sorprendente ver lo poco que revertía el dinero en esas comunidades —dijo—. Hay grandes empresas que se benefician del turismo, pero la gente que vive en esas zonas no siempre puede decir lo mismo. El dinero del turismo tiene que servir para mejorar las condiciones de vida de la población local.

Cuando, al día siguiente, subió al escenario para hablar delante de cien delegados del sector turístico, el príncipe se sentía seguro de sí mismo, pese a que no estaba rodeado de asistentes de palacio ni se había encontrado la acostumbrada nube de turistas esperando para hacerle fotos a la entrada. A su lado tenía solo a dos ayudantes: James Holt, el exsecretario de comunicación de la Royal Foundation, que seguía colaborando con el príncipe a título privado, y Heather Wong, su antigua subsecretaria privada, que ahora trabajaba para Travalyst.

—Sienta bien volver a centrarse en el trabajo —comentó—. Es lo que importa.

(Más adelante, en marzo, Harry decidió incorporar otra línea de trabajo al proyecto para dar respuesta a la crisis del coronavirus. La interrupción de los viajes en todo el mundo que había producido la epidemia, explicó en una reunión, daría lugar a «un cambio fundamental» en el modo en que la gente viajaría a partir de entonces. Quería que la iniciativa —convertida en una organización sin ánimo de lucro independiente de la monarquía— ayudara a la recuperación global y asesorara a los consumidores sobre cómo apoyar a las comunidades más necesitadas cuando se pudiera volver a viajar por el mundo).

—Tenemos la oportunidad de cambiar las cosas a mejor —afirmó.

La reunión de Escocia fue un éxito, y también un recordatorio de que, pese a haber perdido tantas cosas, Harry tenía aún mucho que ofrecer. Su legado empezaba a cobrar forma lejos de la familia real. Pero al volver a Frogmore Cottage, en

Windsor, Harry no se sintió tan a gusto como durante los primeros meses que había pasado allí con Meghan y Archie. La casa le pareció fría y vacía, a pesar de que sus cosas seguían allí. Los frondosos jardines que la rodeaban continuaban sumidos en el frío invernal, y había pocos indicios de que la primavera estuviera a la vuelta de la esquina.

—Han cambiado tantas cosas desde la última vez que estuvimos aquí... —le confesó a un amigo.

El príncipe pasó gran parte de su estancia en Inglaterra reunido con miembros del personal de la Casa Real para ultimar los términos de su salida de la institución, pero también sacó tiempo para visitar a la familia. Apenas había tenido contacto con su hermano desde que se vieron por última vez en Sandringham. En cambio, solía hablar por teléfono con su padre, cuyo secretario privado, Clive Alderton, seguía supervisando los pormenores del proceso de transición. Pese a que la línea divisoria entre la familia y la Corona era más borrosa que nunca, las cosas se pusieron en su lugar cuando la reina invitó a Harry a comer el 1 de marzo. Si bien su último encuentro se había dado en un ambiente mucho más formal, esta vez se trataba de disfrutar de una comida de domingo, ellos dos solos.

—Sin títulos —dijo un asistente—. Solo abuela y nieto.

Sentarse a la mesa del comedor de la residencia privada de la reina en el castillo de Windsor fue como volver al pasado. Durante sus años más solitarios, a Harry siempre le apetecía pasar un rato con su abuela, para comer o tomar el té. A pesar de la extraña dinámica que imperaba en la familia, tan difícil de entender para quienes no formaban parte de esa burbuja, Harry siempre querría a su abuela. Se había llevado una decepción con parte de la institución monárquica, y hasta con ciertos miembros de la familia en algunos momentos, pero la reina seguía siendo una de las mujeres más importantes de su vida. Mientras disfrutaban de un asado, Isabel II le dijo que siempre le apoyaría en todo lo que decidiera hacer. Aunque a principios de año ya se le había prometido un periodo de doce meses de prueba, aquella conversación sirvió también para recordarle que, si en algún momento Meghan y él querían retomar su papel en la institución, serían bienvenidos.

—Se les ha dejado muy claro que pueden volver cuando quieran, en cuanto estén preparados —afirma una fuente que tomó parte en las negociaciones.

Dos días más tarde, Harry se reencontró con Meghan. (Archie se quedó en Vancouver con su niñera y con Jessica, que había viajado desde Toronto para echarles una mano). Esa tarde, la pareja invitó a su equipo del palacio de Buckingham, formado por quince personas, a comer en el hotel Goring de Londres, uno de los restaurantes preferidos de la reina y donde, según se dice, sirven el mejor solomillo Wellington de la capital británica. Sería una de las últimas veces que se reunieran con todos sus colaboradores. Aunque les estaban muy agradecidos por el apoyo que les habían prestado, al instalarse en el extranjero y prescindir de los fondos públicos asignados a la Casa Real no podrían conservar a todo su equipo. Meghan y Harry se turnaron para agradecerles a todos su esfuerzo y su dedicación, especialmente durante lo que la duquesa describió como «un periodo duro y difícil».

Al día siguiente la pareja asistió a la gala de los premios Endeavour Fund, que evidenció de manera espectacular la fascinación que ejercían los Sussex sobre el público en general. Daniel Martin (que, al planear los estilismos que luciría Meghan a lo largo de la semana bromeó diciendo «¡Márchate a lo grande!») fue el encargado de maquillar a la duquesa, y George Norwood se encargó de peinarla.

La gala era un homenaje al personal militar y a los veteranos del ejército heridos o enfermos que habían avanzado en su recuperación gracias al deporte y a las actividades de aventura. Las imágenes de la pareja sonriendo bajo su paraguas al llegar al evento se hicieron virales en todo el mundo. El brillo de la lluvia que aparecía en las fotografías fue pura casualidad, pero su entrada con paso firme y decidido en Mansion House y el vestido azul de Victoria Beckham que lucía Meghan obedecían a una planificación cuidadosa.

A pesar de que a su llegada los Sussex concitaron todas las miradas, la ceremonia tuvo como protagonistas a los veteranos del ejército, que en sus intervenciones tuvieron palabras de elogio y agradecimiento para el duque (o el capitán Wales, como se le conoce entre los veteranos del ejército). Harry deseaba seguir apoyando al personal de las Fuerzas Armadas en su nuevo papel, tanto en el Reino Unido como en Norteamérica, y para ello tenía pensado aunar el trabajo del Endeavour Fund y los Invictus Games, las dos iniciativas que había ayudado a crear con ese fin.

—Está profundamente comprometido con esas causas —comenta un amigo del príncipe—. Aunque haya perdido sus honores militares al dar este paso, su implicación sigue siendo tan firme como antes.

Debido a su larga vinculación con el ejército, el Festival de Música Mountbatten que se celebró tres días después fue para él un trance especialmente difícil. Allí lució por última vez su uniforme de capitán general de los Marines Reales. Al llegar, durante una conversación entre bastidores, Harry le comentó al general Matthew Holmes:

—Me da muchísima pena tener que dejar esto.

—Era completamente innecesario —le dijo después Meghan a una amiga refiriéndose a la decisión de la Corona de despojar a Harry de sus honores militares—. Y no es solo que se lo hayan quitado a él; también se lo han quitado a todo el colectivo de veteranos del ejército. Se nota lo mucho que quieren a Harry. Así que ¿por qué lo han hecho? Por desgracia, [la institución] tiene mucha más fuerza que yo.

Aunque la velada fue un emotivo tributo a las Fuerzas Armadas, también brindó a los veteranos la oportunidad de agradecer al príncipe sus muchas contribuciones a la comunidad militar. El público presente en el Royal Albert Hall se puso en pie para ovacionar a Harry cuando Meghan y él entraron en el palco real, a pesar de que esas muestras de entusiasmo solían reservarse para el final del concierto. Mientras escuchaban la ovación llena de cariño con la que el público se despedía de ellos, los Sussex, cogidos de la mano, hicieron lo posible por contener las lágrimas.

Durante los días siguientes, la pareja siguió alternando reuniones privadas y apariciones públicas. Con motivo de la celebración del Día de la Mujer, Meghan apareció por sorpresa en un colegio del este de Londres, para alegría de los niños, a los que habló del papel que desempeñan los hombres en el empoderamiento femenino. Y la visita de Harry a los estudios Abbey Road para participar junto a Jon Bon Jovi en la grabación del tema *Unbroken* con el coro de los Invictus Games, a fin de recaudar fondos para la fundación que patrocina los juegos, resultó una experiencia divertida y estimulante.

Como es lógico, la pareja tuvo que asistir a otros actos públicos más convencionales. Harry inauguró el Museo de Automovilismo del circuito de Silverstone junto al campeón de fórmula uno Lewis Hamilton.

—No hay nada como inaugurar oficialmente un edificio que ya está abierto —bromeó el duque.

(En efecto, el museo había abierto sus puertas en octubre de 2019).

El 8 de marzo, los Sussex asistieron al funeral en recuerdo de un soldado muerto en Afganistán trece años antes. También estuvo presente la reina, que no veía a Meghan desde que la pareja había anunciado por sorpresa su deseo de desvincularse de la Corona. Harry condujo el coche en el que Meghan y él se trasladaron desde Frogmore Cottage a la capilla real del parque de Windsor. La reina se mostró cordial y cariñosa con Meghan, a la que trató como a una nieta, no como a una desertora. El funeral se celebraba en memoria de Ben Reddy, fallecido a los veintidós años cuando la Compañía K del Comando 42 fue atacada por un grupo de milicianos en la turbulenta provincia de Helmand, el 6 de marzo de 2007. Durante el acto —en el que Harry lució la corbata del Real Cuerpo de Marines— se descubrió una placa en honor del soldado fallecido. Ben no solo era un miembro de las Fuerzas Armadas. Su padre, además, había trabajado muchos años como jardinero de la reina.

Meghan tenía las emociones a flor de piel al día siguiente, durante su último acto privado en representación de la monarquía: una reunión con los veintidós estudiantes becados por la Asociación de Universidades de la Commonwealth, de la que era patrona desde 2019, cuando tomó el relevo de la reina. La duquesa, que había disfrutado de becas durante sus años de estudiante y seguía siendo vicepresidenta de la Commonwealth Trust, se comprometió a seguir promocionando a la entidad después de abandonar sus funciones oficiales.

La reunión tuvo lugar en el Salón 1844 del palacio de Buckingham, una de las estancias más importantes de las setecientas cincuenta y cinco que tiene la residencia oficial de Isabel II. Es un salón rebosante de historia, en el que Isabel II y la familia real suelen recibir a sus invitados más distinguidos, como los Obama, el presidente chino Xi Jinping o Angelina Jolie, y en más de una ocasión ha sido el escenario del discurso navideño de la reina.

A pesar de que fue un día difícil, Meghan consiguió sobreponerse y tuvo unas palabras para todos los estudiantes que asistieron al acto. De pie a un lado de la sala, la secretaria general de la ACU, Joanna Newman, contemplaba la escena con orgullo. Había llegado a conocer bien a la duquesa debido a los muchos actos oficiales y reuniones de la ACU a los que habían asistido juntas, y le emocionaba que esa relación se prolongara en el futuro porque era consciente del poder de Meghan.

—Lo importante no es qué ropa lleva nuestra patrona, ni si el acto oficial empieza a tal hora y termina a tal otra, o si tomamos té entremedias —declaró Joanna—. Lo importante es por qué hacemos lo que hacemos y por qué existe la ACU. Meghan ha sido una verdadera defensora de la labor que hacen las universidades.

Tras la reunión, llegó el momento de asistir al servicio religioso que iba a celebrarse en la abadía de Westminster para conmemorar el Día de la Commonwealth. Harry entró discretamente en el Salón 1844 para saludar y fue entonces cuando la realidad se hizo patente y se desbordaron las emociones. Meghan se volvió para despedirse con un abrazo de las últimas personas que quedaban en el salón, entre ellas uno de los autores de este libro. Con el salón del palacio ya casi vacío, rodeada solo por unas pocas caras amigas, la duquesa dio rienda suelta a las lágrimas que había estado conteniendo. Abrazó a algunos de los miembros de su equipo cuyos esfuerzos incansables por promocionar el trabajo de la pareja, por lanzar nuevas iniciativas y lidiar con las crisis que provocaban casi a diario los tabloides tocaban así, bruscamente, a su fin.

—No puedo creer que se haya acabado —dijo al abrazar a una de las asistentes más jóvenes, con la que había trabado una estrecha amistad.

Desde su creación un año antes, el *Team Sussex* —mucho más reducido que las sofisticadas oficinas de Clarence House y Buckingham— se había convertido en una segunda familia para los duques.

Al acabar el acto, Harry se acercó a Meghan y la abrazó. Después, ella corrió a cambiarse de ropa para asistir a la misa en la abadía de Westminster.

—¡La última pamela que me pongo en mucho tiempo, chicos! —exclamó con una sonrisa tras secarse las lágrimas.

A continuación, Meghan y Harry se trasladaron en coche a la abadía para el que sería su último acto oficial como miembros de pleno derecho de la familia real.

Si necesitaban constatar que hacían bien en desvincularse de la Corona, las maquinaciones que precedieron a la ceremonia anual en honor de la Commonwealth sirvieron para reforzar su determinación. Aunque los años anteriores habían formado parte de la procesión de miembros de la familia real que entraba en la iglesia acompañando a la reina, ese año descubrieron que se les había excluido de la comitiva. La decisión se había tomado sin consultarles, y se les notificó mucho después de que se imprimieran los dos mil programas para los invitados a la ceremonia, en los que no figuraban sus nombres. Ese año, solo los duques de Cambridge, el príncipe de Gales y la duquesa de Cornualles acompañarían a la soberana cuando entrara en la abadía. Parecía un desaire intencionado.

—Harry estaba más que decepcionado —comenta un amigo—. Protestó, pero el daño ya estaba hecho.

En un intento de suavizar las cosas, los Cambridge aceptaron ocupar sus asientos al mismo tiempo que los Sussex y que el príncipe Eduardo y su esposa, la condesa Sofía de Wessex. Pero, a juzgar por sus caras, Guillermo y Kate no estaban muy contentos con la decisión. Aunque Meghan y Harry los saludaron con una sonrisa, los Cambridge obviaron casi por completo su presencia. Era la primera vez que se veían desde enero.

—Harry —dijo Guillermo con una inclinación de cabeza, haciendo caso omiso de Meghan.

Durante los minutos que transcurrieron hasta que llegó la reina, Guillermo y Kate siguieron dando la espalda a la pareja. Solo se volvieron para charlar con Eduardo y Sofía, que estaban sentados detrás de ellos, junto a los Sussex. Aunque Meghan trató de atraer la mirada de Kate, su cuñada no se dio por enterada.

A pesar de que la relación entre las dos parejas se había hecho algo más estrecha tras el nacimiento de Archie, volvió a deteriorarse en enero, mientras se llevaban a cabo las negociaciones para definir el nuevo papel de Meghan y Harry. Guillermo, explicaba una fuente del palacio de Kensington, seguía disgustado porque los Sussex hubieran hecho público un asunto que a su modo de ver debería haberse resuelto en el seno de la familia.

—No es que esté enfadado —aclaraba esa misma fuente—. Está dolido.

—La familia real debería haber aprovechado aquel acto para arropar a la pareja y demostrarle públicamente su apoyo —comenta una persona del entorno de los Sussex—. Pero, por el contrario, decidieron excluirlos de la procesión de entrada y mostrarse distantes. Fue sumamente desagradable.

Un portavoz del palacio de Buckingham restó importancia al cambio de planes respecto a la procesión de entrada al templo, alegando que no había «un formato establecido» para el acto.

Después del servicio religioso, Meghan regresó a Canadá. Había reservado el primer vuelo de vuelta tras la misa en la abadía de Westminster para reunirse cuanto antes con su hijo.

—Meg solo quería volver a casa —afirma una amiga, que añade que la duquesa se sentía agotada y vapuleada emocionalmente—. En ese momento no quería ni pensar en volver a tener nada que ver con la realeza.

Harry se quedó en el Reino Unido tres días más para asistir a las últimas negociaciones sobre su salida de la familia real y ultimar detalles con su nuevo equipo, en el que se encontraban James y Heather. En ese tiempo no volvió a tener contacto con su hermano o su cuñada.

—Restañar esa relación llevará su tiempo —comenta un amigo de Harry—. Ven las cosas de manera distinta. Analizan la experiencia de estos dos últimos años partiendo de puntos de vista muy diferentes. Guillermo tendrá que asumir que su hermano se ha desvinculado de la monarquía. Los dos están molestos, pero, como dijo el propio Harry, al final el vínculo entre hermanos es mucho más importante que todo lo demás.

De vuelta en Vancouver, Meghan y Harry sintieron que por fin podían respirar tranquilos. Al principio habían pensado en publicar un comunicado al día siguiente de cerrar definitivamente su agenda oficial como *royals*, el 31 de marzo, «pero se dieron cuenta de que necesitaban tomarse las cosas con más calma», asegura un amigo de la pareja.

—Se dieron un poco de tiempo y enseguida se sintieron más contentos y relajados.

En ese momento, estar con Archie era mucho más importante que correr a labrarse una nueva vida. Aunque Harry les confesó a sus amigos que seguía sintiendo sobre los hombros el peso de los meses anteriores, estar de vuelta en Canadá, lejos de todo ese ruido, le sentaba de maravilla. Al volver a sumergirse en el frondoso entorno de Mille Fleurs —tras el ritmo frenético de sus últimos días en Londres, el aire fresco de la primavera era el bálsamo perfecto—, los dos llegaron a la conclusión de que tenían que tomarse las cosas día a día. Pero por más que quisieran seguir en aquel entorno idílico, la posibilidad de que se cerraran las fronteras durante varios meses debido a la expansión de la epidemia de coronavirus les obligó a pensar en adelantar sus planes de trasladarse a California en verano. Llevaban hablando de instalarse en Estados Unidos desde que empezaron a planificar su vida lejos de Inglaterra, de ahí que hubieran tenido la precaución de hablar de «Norteamérica» en sus declaraciones acerca de su futuro. De ese modo, tendrían la posibilidad de mudarse cuando llegara el momento adecuado.

Conscientes de que estaban a punto de cerrarse las fronteras, decidieron instalarse en California antes de lo previsto. Si no iban a poder viajar durante un tiempo, preferirían establecerse allí cuanto antes y estar cerca de Doria.

Con tantas cosas que planificar, la pareja procuraba no perder un minuto. Tras empezar juntos el día, con Archie, hablaban con su personal en el Reino Unido, del que James y Heather seguían formando parte. Las reuniones de las diez de la mañana por videoconferencia (les gustaba ver con quién hablaban) eran de rigor. A sus interlocutores les encantaba que Archie, lleno de curiosidad, hiciera un breve cameo asomando la cabeza delante de la cámara web. La incorporación más reciente al equipo de los duques era Catherine St. Laurent, su jefa de personal y directora ejecutiva de su fundación. Nacida en Montreal, Catherine había trabajado en Bruselas y Londres y durante varios años había sido la jefa de prensa de la Fundación Bill y Melinda Gates. Posteriormente se había encargado de los trabajos preparatorios para el lanzamiento de Pivotal Ventures, la incubadora de empresas creada por Melinda Gates.

—Estoy encantada y me siento muy honrada por poder contribuir a poner en marcha su proyecto ahora que van a embarcarse en este viaje de aprendizaje que nos servirá a todos de inspiración —declaró.

Otro pilar de su nuevo equipo era Keleigh Thomas Morgan, íntima amiga de Meghan y socia de la agencia de comunicación Sunshine Sachs. Keleigh había sido su agente durante dos años, hasta su ingreso en la familia real. Muy bien considerada en el mundo de las relaciones públicas, la asesora de comunicación era conocida, sobre todo, por su trabajo en el lanzamiento del movimiento Time's Up contra el acoso sexual en 2018 y por haber sido la agente de Jennifer Lopez, pero también había colaborado en la promoción del número del *Vogue* británico en el que Meghan hizo de editora invitada y en Travalyst, la iniciativa de ecoturismo de Harry.

Los tabloides británicos habían intentado desacreditar a Sunshine Sachs asegurando que previamente había representado a Michael Jackson y Harvey Weinstein, pero esas alegaciones eran inciertas. De hecho, la empresa, con sede en Nueva York, estaba formada en su mayor parte por asesores de comunicación con un amplio bagaje en cuestiones relacionadas con la política y el activismo social.

—Es lo que les atrajo de la agencia —asegura una fuente cercana a los Sussex.

El 14 de marzo, mientras la epidemia de coronavirus seguía acelerándose en todo el globo, Meghan y Harry, que habían mandado la mayor parte de su equipaje por adelantado, viajaron a Los Ángeles, donde se instalaron en un espacioso chalé de estilo mediterráneo, dentro de una urbanización privada en la que vivían numerosos pesos pesados de la industria del espectáculo. No pensaban instalarse allí de manera permanente (a los dos les apetecía encontrar un sitio más pequeño, cerca del mar, quizá), pero de momento era una solución perfecta. Allí, la pareja pudo habituarse a su nueva vida —y Archie familiarizarse con la piscina de la casa—, y tuvo tiempo de reflexionar sobre lo sucedido en los meses anteriores y sobre el nuevo rumbo que iba a tomar su vida.

Por emocionante que fuera este nuevo capítulo, Meghan y Harry no se hacían ilusiones: sabían que tenían por delante numerosas dificultades, tanto personales como colectivas. Esas dos esferas confluyeron la tarde del 24 de marzo, cuando recibieron una llamada de palacio para informarlos de que Carlos había dado positivo por coronavirus y debía pasar unos días en aislamiento. Harry había estado temiendo que pasara algo así. Su padre —que tenía ya setenta y un años y estaba, por tanto, más expuesto a las complicaciones de salud que causaba el virus— había seguido participando en actos públicos hasta un par de semanas antes. Si bien los médicos aseguraban que el príncipe de Gales estaba «de buen ánimo» y que sus síntomas no revestían gravedad, Harry estaba muy preocupado. Llamó inmediatamente a Carlos a Birkhall, su residencia escocesa, donde el príncipe de Gales estaba pasando la cuarentena, y durante las semanas siguientes se mantuvo en comunicación constante con el palacio, hasta que Carlos se recuperó por completo y salió de la cuarentena, al igual que Camilla, que se había aislado por precaución. Harry también llamó a la reina para desearle buena suerte antes de su discurso televisado sobre la crisis del coronavirus.

A pesar de que una pandemia se extendía por el planeta, los tabloides no dieron tregua a los Sussex. Las demandas judiciales que Meghan y Harry habían interpuesto contra tres tabloides británicos todavía no se habían resuelto —de hecho, el proceso aún sigue deparándoles sorpresas— cuando el 10 de marzo *The Sun* reveló que el príncipe había sido víctima de dos bromistas rusos que le habían llamado por teléfono haciéndose pasar por Greta Thunberg y su padre. En las dos llamadas, grabadas en diciembre y enero, Harry habló abiertamente de la tensión que se había instalado entre su familia y él.

—Nos hemos desvinculado completamente de la mayoría de mi familia —afirmó.

Cuando le preguntaron por la amistad del príncipe Andrés con Jeffrey Epstein, contestó:

—No tengo mucho que decir sobre eso.

(La pareja siempre había evitado comentar ese tema; prefería reservarse su opinión).

El príncipe no se mordió la lengua, sin embargo, al hablar sobre Donald Trump.

—Tiene las manos manchadas de sangre por el solo hecho de estar impulsando la industria del carbón, que es tan grande en Estados Unidos.

Aunque todo lo que dijo podría haberlo expresado abiertamente en otros foros de haber tenido la menor oportunidad, Harry se sintió humillado por haber caído víctima de una broma telefónica, y le indignó descubrir que *The Sun* había pagado una suma sustanciosa por la exclusiva.

Quizá, debido a esta filtración, el presidente Trump, que tiene fama de ser muy susceptible, no ocultó lo que opinaba de la pareja cuando intervino en el debate acerca de sus gastos de seguridad ahora que habían dejado de representar a la monarquía británica. El tema se había tratado en numerosos artículos de opinión en el Reino Unido, y la mayoría de la ciudadanía británica se oponía a que la pareja siguiera recibiendo fondos públicos, ni siquiera para costear su seguridad.

Soy gran amigo y admirador de la reina, escribió Trump en un tuit el 19 de marzo. *Pero ahora que han dejado Canadá por Estados Unidos, nosotros no vamos a hacernos cargo de su seguridad. ¡Que la paguen ellos!*

La reacción de Meghan al conocer el tuit del presidente norteamericano fue poner los ojos en blanco. Los Sussex nunca habían pedido apoyo al Gobierno de Estados Unidos. Tenían previsto desde el principio pagar de sus bolsillos sus gastos de seguridad a partir del 30 de marzo.

—Se han tomado las medidas necesarias para costear con fondos propios su dispositivo de seguridad —afirmó un portavoz de la pareja.

Tener la libertad de desmentir informaciones imprecisas o falsas era muy liberador, y tanto Meghan como Harry estaban deseando poder ejercer ese derecho.

Esa sensación de libertad caracterizaba muchas facetas de su nueva vida, tanto en lo personal como en lo profesional. Ambos confiaban en contribuir a cambiar el mundo y planeaban aunar fuerzas para volcarse en proyectos que dieran solución a problemas concretos. Desde el momento en que comenzaron a hablar de crear una organización benéfica, supieron que Estados Unidos debía ocupar un lugar central en ella, no solo porque allí el panorama filantrópico era mucho más amplio, sino porque nadie los acusaría de competir con otros miembros de la familia real británica. Al principio, pensaron en seguir adelante con la creación de la Sussex Royal Foundation —una institución casi calcada de la Royal Foundation— tras su separación del palacio de Kensington en abril de 2019.

—Tenían cierta prisa por establecerse por su cuenta —afirma una fuente que conocía bien sus planes—. Pero durante los meses siguientes, al hablar con gente de las fundaciones de los Obama y los Gates, comenzaron a darse cuenta de qué era lo que realmente les interesaba y llegaron a la conclusión de que no querían invertir todo su tiempo en recaudar dinero para becas cuando ya hay otras organizaciones que lo hacen con tanta eficacia.

A finales de noviembre de 2019 empezaron a clausurar su fundación y a principios de 2020 ya habían empezado a montar una organización sin ánimo de lucro en la que pensaban volcarse durante los años siguientes. Tenían pensado el nombre de la organización desde que se casaron: Archewell.

—Antes de SussexRoyal, se nos ocurrió *arché*, una palabra griega que significa «principio de acción» —explicaba la pareja—. Nos pareció que cuadraba muy bien con el concepto de la organización benéfica que queríamos crear algún día.

Ese término griego les sirvió, además, como inspiración para elegir el nombre de su hijo.

Aunque se hayan desvinculado de la monarquía, Meghan y Harry nunca renunciarán a sus principios e ideales. A Harry siempre le interesará la defensa del medioambiente y el apoyo a quienes sufren enfermedades mentales, a los afectados por el virus del sida y a los veteranos del ejército. Meghan, por su parte, seguirá centrando sus esfuerzos en el empoderamiento de las mujeres y las niñas en todo el mundo.

—Quieren dejar un legado moderno y significativo para

las nuevas generaciones —explica una fuente cercana a la pareja—, dedicarse a una labor que no repita lo que ya están haciendo otras personas y que resista el paso del tiempo.

Están dispuestos a esperar para conseguirlo. Aunque los dos reconocen que a veces son impulsivos, han entrado en un periodo de reflexión y solo lanzarán Archewell «cuando llegue el momento oportuno».

Siempre curiosos y abiertos a nuevas ideas, Meghan y Harry quieren explorar el campo de la innovación tecnológica. De ahí que en enero participaran a título privado en una sesión de *brainstorming* en Palo Alto con profesores de la Escuela de Negocios y el Centro para la Innovación Social de la Universidad de Stanford. Han recibido el asesoramiento de líderes de todos los ámbitos, incluidos los Obama, que los han ayudado a establecer su red de trabajo y les han recomendado a nuevos colaboradores.

Por encima de todo, la pareja quiere continuar la labor a la que siempre ha aspirado: la de empoderar a otros «para conseguir que la gente reconozca el lugar que ocupa tanto en el mundo como en su entorno inmediato, y ponerlo en valor y celebrarlo», afirma una fuente cercana a Meghan.

El 30 de marzo, el palacio de Buckingham informó a la prensa de los últimos pormenores de la nueva situación de la pareja, más allá del periodo de transición que habían iniciado, así como de sus nuevos datos de contacto. Fue la última tarea de Sara Latham, que, tras ayudar a los Sussex a cerrar su oficina, había asumido el puesto de asesora de proyectos especiales del gabinete privado de la reina. Desde el 1 de abril, Meghan y Harry serían oficialmente independientes.

Minutos después, Meghan y Harry tomaron la palabra para publicar un último mensaje en *@SussexRoyal*. Aunque habrían preferido seguir utilizando la cuenta de Instagram, el palacio de Buckingham les dejó claro que, dado que hasta entonces les había servido para informar sobre sus funciones públicas como miembros de la Casa Real, debían clausurarla y empezar de cero. Conscientes de la crisis que atravesaba el mundo, declararon:

Mientras todos descubrimos qué papel hemos de desempeñar en esta crisis global y este cambio de hábitos, vamos a dedicar este nuevo capítulo a reflexionar sobre cómo podemos contribuir de la mejor manera posible. Aunque no nos veáis por aquí, seguimos trabajando. Gracias a todos por vuestro apoyo, vuestra inspiración y vuestro compromiso con la mejora del mundo. Esperamos reencontrarnos con vosotros dentro de poco. ¡Habéis sido geniales!

NOTA DE LOS AUTORES

Este libro abarca el periodo comprendido entre 2016 y 2020 y es resultado de más de dos años de labor periodística. Para narrar los acontecimientos descritos en estas páginas nos hemos basado en cientos de horas de entrevistas con más de un centenar de fuentes, así como en el tiempo que hemos pasado acompañando, observando e interactuando con los duques de Sussex en sus actos oficiales, tanto formales como informales. Los hemos acompañado en una gran variedad de viajes por el Reino Unido y el extranjero. Nuestro trabajo como enviados especiales nos ha llevado por todo el mundo: a Australia, Nueva Zelanda, Fiyi, Tonga, diversos países de África, Francia, Canadá, Nueva York o Los Ángeles. Hemos hablado con buenos amigos de Meghan y Harry, con asistentes y personal de la Casa Real (de antes y de ahora), con las entidades benéficas con las que los duques han entablado una relación duradera y, cuando así lo requerían las circunstancias, con la propia pareja.

En la mayoría de los casos, hemos preservado el anonimato de nuestras fuentes para que pudieran expresarse libremente sin temor a que se revelara su identidad (ya sea debido a la delicada posición que ocupan o para proteger su carrera profesional). Muchas personas han accedido a hablar con nosotros extraoficialmente. En esos casos, no hemos reproducido textualmente sus palabras, que solo nos han servido de guía para narrar los hechos. En algunos casos, las conversaciones han sido estrictamente confidenciales.

Algunas de las escenas que se describen en este libro las hemos presenciado en persona y otras nos las han descrito fuentes de confianza a las que hemos tenido acceso. Los diálogos que se reproducen en el libro están tomados directamente del relato de múltiples fuentes que han corroborado la misma información. Son versiones de acontecimientos que ambos consideramos fidedignas.

Como periodistas objetivos a los que impulsa el afán de conocer los hechos y que trabajan en una época de aceleración informativa y *clickbaits*, nos hemos ceñido al criterio estricto de verificar todas las informaciones que contiene el libro contrastándolas con dos fuentes, como mínimo. En los casos en que las fuentes de bandos en conflicto no han coincidido en su relato de los hechos, hemos optado por ofrecer ambas versiones.

El objetivo de este libro era hacer un retrato fiel de Meghan y Harry, una pareja a la que a menudo se ha retratado de manera inexacta y que ha sido víctima de intereses espurios. Nuestra misión ha estado motivada por el deseo de esclarecer las noticias tergiversadas de la prensa sensacionalista, que a menudo se han dado por válidas simplemente por la cantidad de veces que se han repetido. Gracias a la colaboración de las fuentes mencionadas en el libro, hemos podido dar a conocer a los lectores la que creemos es la historia definitiva de los duques de Sussex. Hemos contraído una eterna deuda de gratitud con todas las personas que han hecho posible que este libro, y la historia de los duques, cobrara vida.

AGRADECIMIENTOS

(de Omid)

No puedo empezar sin dar las gracias al maravilloso equipo de Dey Street y HarperCollins, que ha hecho realidad este libro tan especial, sobre todo en un momento tan difícil para nuestro mundo. Peter Kispert, Ben Steinberg, Heidi Richter, Kendra Newton; Kelly Rudolph, Ploy Siripant (¡me encanta la portada!), Andrea Molitor, Pam Barricklow, Carolyn Bodkin, Andy LeCount, Christine Edwards… Soy muy afortunado por contar con un equipo con tanto talento, dirigido con mano editorial firme por Carrie Thornton. Carrie, ha sido un placer aprender de ti. Y, naturalmente, nada de esto habría sido posible sin Liate Stehlik.

Albert Lee, después de tantos años, sigue alegrándome muchísimo que todavía podamos trabajar juntos. Gracias por estar siempre ahí para darme el consejo justo y servirme de guía en cada nuevo reto. ¡Esos especiales fueron solo el principio! Zander Kim y David Weiner, de UTA, gracias por toda vuestra ayuda. Rebecca Paley, gracias por ayudarme a encontrar mi voz. He aprendido muchísimo de ti ¡y estoy deseando llevarte a tomar un té con *crumpets*! Y a Reena Ratan, gracias por tu apoyo y por tu increíble labor de documentación fotográfica.

¡Carolyn, que lo hemos acabado de verdad! Me hace muy feliz que hayamos podido crear juntos *Meghan y Harry. En libertad*.

A toda la gente que ha contribuido con su labor a este libro, ya fuera sacando generosamente tiempo para atendernos o teniendo que aguantar el enésimo correo de *lo siento, solo una preguntita más*. ¡Qué periplo tan estupendo ha sido! Ojalá pudiera mencionaros a todos por vuestro nombre, pero para conservar el anonimato tendré que contentarme con decir que solo gracias a vuestra ayuda ha sido posible insuflar vida a estas líneas. Confío en poder devolveros algún día el favor.

A todos esos compañeros periodistas que tanto me han apoyado mientras compaginaba este proyecto con todos los demás en los que tengo la suerte de participar, muchísimas gracias. Gracias también a los maravillosos equipos de ABC News, *Good Morning America* y ABC Audio por hacer que mi trabajo sea tan divertido. Prometo llevar siempre a Yoshi al plató. A mi familia de *Harper's Bazaar*, estoy muy orgulloso de trabajar con todos vosotros. Gracias por mantenerme cuerdo a base de memes. Y a todos aquellos que leen, ven, escuchan o hacen clic en mi trabajo, gracias por vuestro apoyo. Hacéis que las largas horas de esfuerzo valgan la pena.

Tengo que dar las gracias, cómo no, a mis estupendos amigos por su paciencia y su comprensión mientras pasaba por todo un abanico de emociones al tratar de pergeñar estas páginas. ¡Os alegrará saber que ya no volveré a daros la lata con «el libro»!

Por último, gracias a mi preciosa familia por apoyarme siempre y creer en mí. Os quiero hasta la luna y vuelta otra vez.

AGRADECIMIENTOS

(de Carolyn)

Gracias de todo corazón a Liate Stehlik de HarperCollins y a Carrie Thornton de Dey Street Books por creer en este proyecto, por vuestra visión, vuestro asesoramiento y vuestra capacidad para reunir y liderar a un equipo tan fabuloso. Carrie, somos muy afortunados por haber encontrado una editora con tanto talento y experiencia.

Albert Lee, tu apoyo inquebrantable, tu entusiasmo y tu conocimiento del libro han sido insustituibles de principio a fin. Gracias también a Rebecca Paley por su creatividad y pasión a la hora de hacer realidad este libro. Nada de esto habría sido posible sin el increíble equipo editorial de HarperCollins y Dey Street Books, que incluye a Andrea Molitor, Peter Kispert, Heidi Richter, Kendra Newton, Kelly Rudolph, Ploy Siripant, Pam Barricklow, Andy LeCount, Christine Edwards, Beth

Silfin, Arthur Heard y Carolyn Bodkin. Gracias también a David Wiener, Steve Sadicario y Zander Kim, de UTA, y, en particular, a las muchas personas que accedieron a hablar conmigo y a sacar un hueco, a veces en repetidas ocasiones, para contestar a mis preguntas y despejar mis dudas para que pudiera pintar un retrato fiel de la vida de Meghan y Harry.

Brenda Rodríguez, gracias por tu fe en mí. Peter Hunt, Laura Day, Michael Hager, Mark Miller, Miguel Márquez, Michelle Dodd, Julie Bick, John Green, Santina Leuci, Alexa Miranda, Marc Eisenberg: soy muy afortunada por teneros en mi vida.

Omid, me siento muy agradecida por haber sido capaces de crear algo tan significativo y que tanto nos importaba a ambos.

Phyllis McGrady, creo que nada de esto habría pasado si no me hubieras mandado a ese increíble viaje por Londres hace dieciocho años. Has sido una mentora maravillosa y valoro muchísimo tu amistad. Mark Robertson, nunca dejas de asombrarme. Gracias por tu bondad y tu apoyo.

Anne Morris Salinas, siempre has estado ahí para darme ánimos, por grande que fuera el obstáculo. Sin ti no habría tenido la confianza necesaria para emprender este camino. David y Victoria Wright, gracias por estar siempre ahí y por haber enriquecido mi vida con vuestras tres hijitas. Moomer, Phinna y Deanna, por vosotras todo vale la pena. Karen Trosset, no sé cómo darte las gracias por tu apoyo constante y tu amistad en lo bueno y en lo malo. Anne Ferguson Foster, nunca podré expresar como es debido mi gratitud por la abrumadora generosidad que Dave y tú me habéis demostrado este último año.

Meghan Markle, con un año de edad, riéndose con su madre, Doria Ragland, en un pícnic familiar en Los Ángeles (California), en el verano de 1982.
Cortesía @meghanmarkle/Instagram

La princesa Diana de Gales con el príncipe Harry, de veintidós meses, y el príncipe Guillermo en los jardines de High Grove, en Gloucestershire, el 18 de julio de 1986.
Tim Graham/Getty Images

Meghan asistió en 2011 a la ceremonia de graduación en la que su madre recibió el título de posgrado en Trabajo Social por la Universidad del Sur de California-Los Ángeles.
Cortesía @meghanmarkle/Instagram

Harry, con diez años, sentado junto a su madre en The Mall (Londres), el 19 de agosto de 1995, durante el desfile que conmemoraba el 50 aniversario de la victoria sobre Japón.
Antony Jones/Julian Parker/Getty Images

¡Ya es oficial! Meghan y Harry hicieron público su compromiso matrimonial en un encuentro con la prensa que tuvo como escenario el Jardín Hundido del palacio de Kensington, el 27 de noviembre de 2017.
Chris Jackson/Getty Images

En el viaje a Botsuana en el que Harry pidió a Meghan que se casara con él, el príncipe le presentó a sus amigos del grupo ecologista Elefantes Sin Fronteras. En la imagen, la pareja coloca un collar de rastreo por satélite a un elefante durante la visita, el 12 de agosto de 2017.
Cortesía @SussexRoyal/ Instagram

El príncipe Harry y el presidente de Estados Unidos Barack Obama conversan durante un partido de baloncesto en silla de ruedas, en la edición de los Invictus Games celebrada en Toronto, el 29 de septiembre de 2017. *Samir Hussein/Getty Images*

Durante su «gira de pedida» por el Reino Unido, Harry presentó a Meghan a una serie de organizaciones benéficas con las que colaboraba. En la imagen, la pareja asiste a un acto con representantes de ONG en el castillo de Cardiff (Gales), el 18 de enero de 2018. *Ben Birchall/Getty Images*

La flamante duquesa de Sussex y el príncipe Harry, vestido con uniforme de gala, recorren The Mall en su primer Desfile del Estandarte —el día del cumpleaños oficial de la reina— en un landó Ascot tirado por caballos, el 9 de junio de 2018. *Max Mumby/Getty Images*

En 2017 Meghan visitó varias veces a título privado el comedor social Hubb del Centro Musulmán Al Manner, al oeste de Londres, y al año siguiente ayudó a sus promotoras a lanzar el libro de recetas *Together: Our Community Cookbook*. *Chris Jackson/Getty Images*

¡Sí quieren! Los duques de Sussex se dan su primer beso como marido y mujer en los escalones de la capilla de Saint George del castillo de Windsor tras su boda, el 19 de mayo de 2018. *Ben Stansall/Getty Images.* Después de la ceremonia religiosa, la pareja recorrió en carruaje las calles de Windsor (página de la derecha).
Yui Mok/Getty Images

Los duques de Sussex asisten junto a la reina a una exhibición de vuelo de la Royal Air Force en el palacio de Buckingham para celebrar el centenario de la RAF, acompañados por el duque de York, el príncipe de Gales y Camilla, duquesa de Cornualles, y los duques de Cambridge, entre otros miembros de la familia real, el 10 de julio de 2018.
Max Mumby/Getty Images

Meghan y Harry disfrutan de las vistas del puerto de Sídney, en Australia, mientras animan a los participantes de una regata de vela durante la segunda jornada de los Invictus Games de 2018.
Chris Jackson/Getty Images

En su calidad de capitán general de los Marines Reales, Harry visitó la base del Comando 42 en Devon con motivo de una exhibición de los Boinas Verdes, el 20 de febrero de 2019.
Finnbarr Webster/Getty Images

El 19 de octubre de 2018, poco después de anunciar que esperaban un hijo, Meghan y Harry se descalzaron para reunirse con miembros del grupo OneWave —una ONG dedicada a la concienciación sobre las enfermedades mentales—, durante su visita a la playa de South Bondi, el decimosexto día de su gira por Oceanía.
Chris Jackson/Getty Images

Guillermo y Harry durante el torneo benéfico de polo King Power Royal, celebrado en el club Billingbear de Wokingham el 10 de julio de 2019. *Max Mumby/Getty Images*

Meghan y Harry, muy sonrientes, asisten a un partido de fútbol de alumnos de secundaria durante su visita a la localidad marroquí de Asni, el 24 de febrero de 2019. *Samir Hussein/Getty Images*

El 14 de junio de 2018, tras pasar la noche en el tren real, Meghan acompañó a la abuela de su marido, Isabel II, en diversos actos oficiales, entre ellos la ceremonia de inauguración del puente de Mersey, en Cheshire. *Max Mumby/Getty Images*

¡La primera visita oficial de Archie! El hijo de Meghan y Harry, de casi cinco meses (fotografiado aquí en Ciudad del Cabo, el 25 de septiembre de 2019) acompañó a sus padres en su gira por el sur de África.
Samir Hussein/Getty Images

Meghan y Harry, los orgullosos padres, posan junto a Archie en la rosaleda del castillo de Windsor durante la sesión de fotos de su bautizo, el 6 de julio de 2019, tras la ceremonia religiosa oficiada por el arzobispo de Canterbury, Justin Welby, a la que solo asistieron unos pocos familiares y amigos.
Chris Allerton/SussexRoyal

Un momento histórico. Meghan y Harry presentan a la reina a su octavo bisnieto, Archie Harrison Mountbatten-Windsor, en el castillo de Windsor, el 8 de mayo de 2019, en presencia de Felipe de Edimburgo y Doria Ragland.
Chris Allerton/SussexRoyal

Guillermo, Kate, Meghan y Harry, apodados por entonces Los Cuatro Fantásticos, llegan juntos a la misa de Navidad que se celebra tradicionalmente en la iglesia de Saint Mary Magdalene de Sandringham (Norfolk), el 25 de diciembre de 2018. *Samir Hussein/Getty Images*

Meghan y Harry recorren la alfombra amarilla durante el estreno europeo de *El rey león* de Disney en Londres, el 14 de julio de 2019. *Max Mumby/Getty Images*

Meghan, con velo, durante la visita de la pareja a la mezquita Auwal, el segundo día de su visita oficial a Sudáfrica, el 24 de septiembre de 2019. *Samir Hussein/Getty Images*

Archie y el arzobispo. Meghan y Harry presentaron a su hijo al arzobispo Desmond Tutu y a su hija, Thandeka Tutu-Gxashe, durante su visita a la sede de la fundación Desmond & Leah Tutu en Ciudad del Cabo, el 25 de septiembre de 2019. *Samir Hussein/Getty Images*

El 27 de septiembre de 2019, durante su visita a Dirico (Angola), Harry atravesó un campo de minas despejado por la ONG Halo Trust. *Tim Graham/Getty Images*. Ese mismo día, el príncipe visitó un antiguo campo de minas de Huambo por el que la princesa Diana caminó en 1997, convertido ahora en una próspera zona urbana. *Dominic Lipinski/Getty Images*

(ARRIBA) En su último acto oficial, Meghan y Harry asistieron junto a otros miembros de la familia real a las celebraciones del Día de la Commonwealth en la abadía de Westminster, el 9 de marzo de 2020.
Gareth Cattermole/Getty Images

(ARRIBA, DERECHA) Harry dando un paseo con Archie, muy abrigado, por el estuario de Saanich en noviembre de 2019, durante su estancia de cuatro meses en la isla de Vancouver (Canadá).
Cortesía @SussexRoyal/Instagram

(DERECHA) Luciendo por última vez su uniforme de gala de capitán general de los Marines Reales, Harry asistió con Meghan al Festival de Música Mountbatten celebrado en el Royal Albert Hall de Londres el 7 de marzo de 2020.
Karwai Tang/Getty Images